"十二五"职业教育国家规划教材
经全国职业教育教材审定委员会审定

普通高等教育"十一五"国家级规划教材

高等职业教育专业基础课教材新系

Jingji Shuxue

经济数学

（第七版）

杨敏华　主　编

东北财经大学出版社
Dongbei University of Finance & Economics Press
大连

图书在版编目（CIP）数据

经济数学 / 杨敏华主编．—7版．—大连：东北财经大学出版社，2024.6

（高等职业教育专业基础课教材新系）

ISBN 978-7-5654-5275-8

Ⅰ.经…　Ⅱ.杨…　Ⅲ.经济数学-高等职业教育-教材　Ⅳ.F22

中国国家版本馆CIP数据核字（2024）第111507号

东北财经大学出版社出版

（大连市黑石礁尖山街217号　邮政编码　116025）

网　　址：http://www.dufep.cn

读者信箱：dufep@dufe.edu.cn

大连雪莲彩印有限公司印刷　　东北财经大学出版社发行

幅面尺寸：185mm×260mm　字数：296千字　印张：13.5　插页：1

2024年6月第7版　　2024年6月第1次印刷

责任编辑：魏　巍　赵宏洋　　责任校对：赵　楠

封面设计：原　皓　　版式设计：原　皓

定价：45.00元

教学支持　售后服务　　联系电话：（0411）84710309

如有印装质量问题，请联系营销部：（0411）84710711

第七版前言

《经济数学》是普通高等教育“十一五”国家级规划教材，也是“十二五”职业教育国家规划教材，本书是在第六版的基础上修订而成的。

党的二十大报告提出，“坚持为党育人、为国育才，全面提高人才自主培养质量，着力造就拔尖创新人才”。本书按照“立德树人”的目标，坚持理论联系实际，强化教材育人理念，着力培养担当中华民族复兴大任的时代新人。本次修订内容如下：

1.更新了每章的“名人名言”，增加了“伟大的数学家”二维码栏目，树立榜样，培养学生的爱国情怀，坚定文化自信。

2.在“素养提升”栏目强化法治意识、守正创新、自信自立、问题导向等核心素养，培养学生的创新精神和实践能力。

3.第5章至第7章补充了符号输入的计算机处理方法，使软件的使用更为方便。

众所周知，数学在经济领域已有很广的应用，经济数学的学习既是很好的思维训练，也是必不可少的素质训练。本次修订保持了本书原有的“重视基础，加强应用”的特色，以数学为基础，借助计算机软件，将数学方法有效地应用到经济领域中。同时，本书以经济案例作驱动、数学作理论体系、实际应用作为目标，内容更具有时代感和实用性。从数学思想中提炼对生活和工作的思维方式，再通过讨论使学生真正学以致用，带动学生思考更多的实际案例，提高分析问题、解决问题的能力。

本次修订由杨敏华完成，潘孔杰对修订内容进行校对。

在本书的修订过程中，我们参考了国内外优秀的教材，听取了有关专家的建议，并得到了东北财经大学出版社的热情支持和帮助，在此一并致谢!

对于本书中存在的问题，欢迎各位专家、同行和读者给予批评指正!

编　者

2024年4月

第七版前言

[illegible]

目　录

数字资源目录

续表

章名	数字资源	页码
第7章　多元函数的微积分	知识导图7-1　第7章	171
	伟大的数学家7-1　吴文俊：让全世界重新认识中国数学！	193
	参考答案7-1　基本训练	196
	参考答案7-2　单元实训	198
	参考答案7-3　复习提高	199

宇宙之大，粒子之微，火箭之速，化工之巧，地球之变，生物之谜，日用之繁，无处不用数学.

——华罗庚

第1章 函数

学习目标

知识目标： 了解集合与实数集、函数、复合函数、初等函数以及分段函数的概念.

技能目标： 掌握求函数的定义域、值域的方法，并能利用Mathematica软件计算函数值，绘制函数图形；认识到现实生活中的许多变量之间存在着函数关系，能用函数描述简单的实际问题.

素养目标： 提高学生的逻辑思维能力，培养学生独立思考、实事求是的科学态度.

知识导图1-1

第1章

1.1 集合与实数集

1.1.1 集合的概念

"集合"是一个重要的数学概念,它在现代数学的发展中起着非常重要的作用.

我们一般把具有某种特定属性对象的全体叫作**集合**,组成这个集合的对象称为该集合的元素.下面举几个集合的例子:

【例1-1】某班级的全体学生组成一个集合,该班的学生都是这个集合的元素.

【例1-2】自然数的全体组成一个集合,每一个自然数都是这个集合的元素.

【例1-3】直线 $x + 3y + 3 = 0$ 上所有的点组成一个集合.这里直线上的每个点都是这个集合的元素.

习惯上,我们用英文大写字母 A、B、C、X、Y 等表示集合,用英文小写字母 a、b、c、x、y 等表示集合的元素.如果 a 是集合 A 的元素,则记作 $a \in A$,读作 a 属于 A.如果 a 不是集合 A 的元素,则记作 $a \notin A$,读作 a 不属于 A.

对于一个给定的集合,其元素是确定的.某元素要么属于这个集合,要么不属于这个集合.

1.1.2 集合的表示法

1)列举法

把属于某个集合的所有元素一一列举出来,写在大括号($\{\}$)内.

【例1-4】由不大于4的正整数组成的集合 A.

用列举法可表示为:$A=\{1,2,3,4\}$ 或 $A=\{3,2,1,4\}$.

【例1-5】所有的奇自然数所组成的集合 B.

用列举法可表示为:$B=\{1,3,5,\cdots,2n-1,\cdots\}$.

2)描述法

把属于某个集合的元素所具有的某种共同属性描述出来写在大括号内.通常表示为:$A=\{x|x$ 具有的共同属性$\}$.

【例1-6】设A为由方程 $x^2-5x+4=0$ 的实根所组成的集合.

用描述法可表示为:$A=\{x|x^2-5x+4=0, x$ 为实数$\}$.

【例1-7】设B为由平面直角坐标系中第一、三象限内的点所组成的集合.

用描述法表示为:$A=\{(x,y)|\ xy>0; x, y$ 为实数$\}$.

由研究的所有对象构成的集合称为全集,记为 I 或 U.

不含任何元素的集合称为空集,记为 Φ.

注意:集合$\{0\}$不是空集,它含有一个元素"0".

【例1-8】$I=\{x|x^2\geq 0, x$ 为实数$\}$为全集,$A=\{x|x^2+1=0, x$ 为实数$\}$为空集.

1.1.3 集合与集合的关系

1）包含关系

设有集合 A、B，如果集合 A 的每一个元素都是集合 B 的元素，即"若 $a\in A$，有 $a\in B$"，则称集合 A 是集合 B 的子集，记为 $A\subseteq B$ 或 $B\supseteq A$，读作 A 包含于 B 或 B 包含 A. 如果 A 是 B 的子集，并且 B 中至少有一个元素不属于 A，则称 A 是 B 的真子集，记为 $A\subset B$ 或 $B\supset A$，集合与集合的包含关系可用图形（文氏图）来表示（如图 1-1 所示）. 一般规定空集是任何集合 A 的子集，即 $\Phi\subset A$；子集有以下性质：若 $A\subset B$，$B\subset C$，则 $A\subset C$.

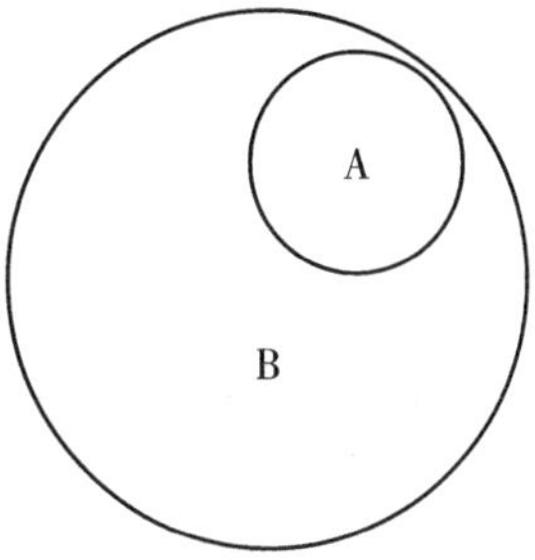

图 1-1

2）相等关系

设有集合 A、B，若 $A\subseteq B$ 且 $B\subseteq A$，则称集合 A 与 B 相等，记作 $A=B$.

【例 1-9】 设 $A=\{x|x>0\}$，$B=\{x|x^2>0\}$，则有 $A\subset B$.

【例 1-10】 设 $A=\{\{x|x^2-2x+1=0\}$，x 为实数$\}$，$B=\{1\}$，则 $A=B$.

1.1.4 集合的运算

1）集合的并

设有集合 A、B，由 A 与 B 的所有元素构成的集合称为 A 与 B 的并，记为 $A\cup B$，即 $A\cup B=\{x|\ x\in A$ 或 $x\in B\}$，如图 1-2 所示.

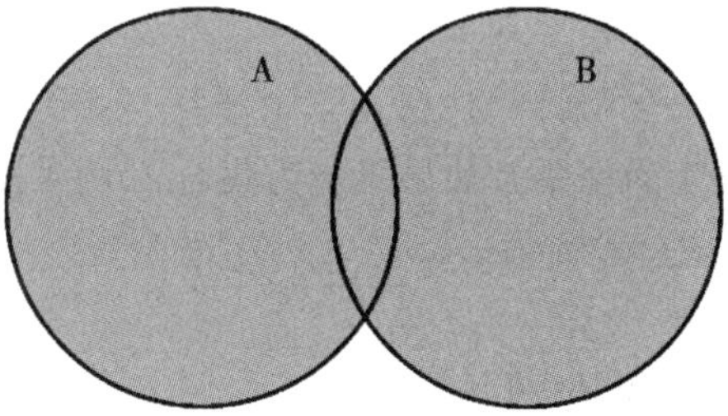

图 1-2

【例 1-11】 设 $A=\{1,3,5,7\}$，$B=\{2,4,6\}$，则：

$A\cup B=\{1,2,3,4,5,6,7\}$

集合的并有以下性质：

(1) $A\subset A\cup B$，$B\subset A\cup B$；

(2) 对任何集合 A，有：$A\cup\Phi=A$，$A\cup A=A$.

2）集合的交

设有集合 A、B，由 A 与 B 的公共元素构成的集合称为 A 与 B 的交，记为 $A\cap B$，即：

$A\cap B=\{x|\ x\in A$ 且 $x\in B\}$，如图 1-3 所示.

集合的交有以下性质：

(1) $A\cap B\subseteq A$，$A\cap B\subseteq B$；

(2) 对任何集合 A，有 $A\cap\Phi=\Phi$，$A\cap A=A$.

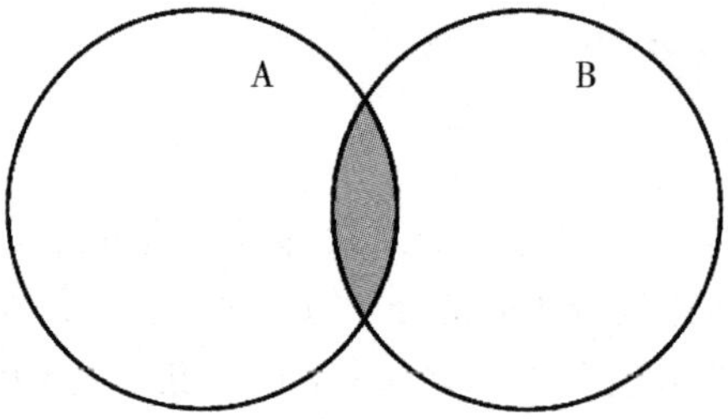

图 1-3

【例 1-12】设 $A=\{x|-1<x\leqslant 3\}$，$B=\{x|x>0\}$，则：

$A\cup B=\{x|x>-1\}$，$A\cap B=\{x|0<x\leqslant 3\}$.

【例 1-13】设 A 为全体有理数集合，B 为全体无理数集合，则：

$A\cup B$ 为全体实数集合，而 $A\cap B$ 为空集.

3）集合的差

设有集合 A 和 B，属于 A 而不属于 B 的所有元素构成的集合称为 A 与 B 的差集，记为 $A-B$.

4）补集

设 I 为全集，A 为 I 的子集，由全集 I 中不属于 A 的元素所组成的集合，称为 A 的补集，记为 $\bar{A}$，如图 1-4 所示.即：

$\bar{A}=\{x|x\in I$ 且 $x\notin A\}$

补集有以下性质：

（1）$A\cup\bar{A}=I$；（2）$A\cap\bar{A}=\Phi$.

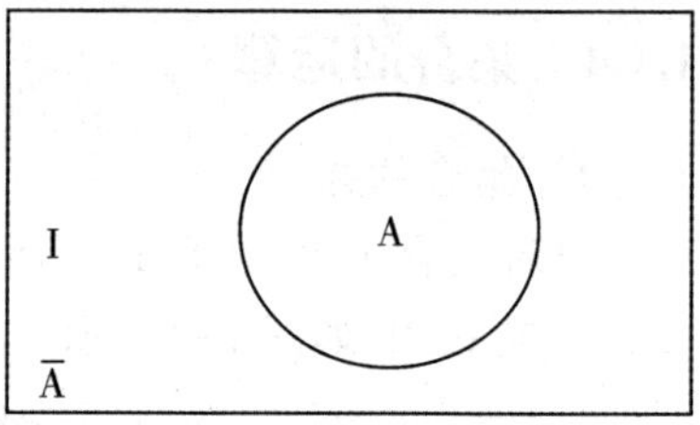

图 1-4

【例 1-14】设全体学生为全集 I，如果男生为集合 A，则 $\bar{A}$ 表示为女生集合.

1.1.5 集合的运算律

（1）交换律：$A\cup B=B\cup A$；$A\cap B=B\cap A$.

（2）结合律：$A\cup(B\cup C)=(A\cup B)\cup C$；$A\cap(B\cap C)=(A\cap B)\cap C$.

（3）分配律：$A\cap(B\cup C)=(A\cap B)\cup(A\cap C)$；$A\cup(B\cap C)=(A\cup B)\cap(A\cup C)$.

（4）对偶律（德·摩根公式）：

$\overline{A\cup B}=\bar{A}\cap\bar{B}$，$\overline{A\cap B}=\bar{A}\cup\bar{B}$.

1.1.6 实数集

人们对数的认识从自然数发展到有理数（包括正负整数，正负分数及零），再由有理数发展到无理数（例如 e，π，$\sqrt{3}$ 等），如果令 p，q 为整数，且 $q\neq 0$，则一般有理数可用 $\frac{p}{q}$ 表示，无理数不能用 $\frac{p}{q}$ 表示.

1）常用数集：实数集 R，有理数集 Q，整数集 Z，自然数集 N

【例 1-15】设 $I=R$，$A=\{x|1<x\leqslant 8\}$，$B=\{x|-1\leqslant x<4\}$，则有：

$\bar{A}=\{x|x\leqslant 1$ 或 $x>8\}$　　　　$\bar{B}=\{x|x<-1$ 或 $x\geqslant 4\}$

$A\cup B=\{x\mid -1\leqslant x\leqslant 8\}$　　$A\cap B=\{x\mid 1<x<4\}$

$\overline{A\cup B}=\{x\mid x<-1 或 x>8\}$　　$\overline{A\cap B}=\{x\mid x\leqslant 1 或 x\geqslant 4\}$

2）绝对值

在研究一些问题时，我们需要用到实数的绝对值的概念.

实数 x 的绝对值记为$|x|$，定义为$|x|=\begin{cases}-x & x<0\\ x & x\geqslant 0\end{cases}$.

$|x|$的几何意义为数轴上点 x 到原点的距离.

绝对值及其运算有以下性质：

(1) $|x|=\sqrt{x^2}$；

(2) $|x|\geqslant 0$；

(3) $|-x|=|x|$；

(4) $-|x|\leqslant x\leqslant |x|$；

(5)如果 $a>0$，则 $|x|<a\Leftrightarrow -a<x<a$；

(6)如果 $a>0$，则 $|x|>a\Leftrightarrow x<-a$ 或 $x>a$；

(7) $|a+b|\leqslant |a|+|b|$；

(8) $|a-b|\geqslant |a|-|b|$；

(9) $|ab|=|a|\cdot|b|$；

(10) $\left|\frac{a}{b}\right|=\frac{|a|}{|b|}b\neq 0$.

3）区间

设 a,b 为实数，且 $a<b$，则有下列定义：

(1)开区间：$(a,b)=\{x\mid a<x<b\}$.

(2)闭区间：$[a,b]=\{x\mid a\leqslant x\leqslant b\}$.

(3)半开区间：$(a,b]=\{x\mid a<x\leqslant b\}$，$[a,b)=\{x\mid a\leqslant x<b\}$.

(4)无穷区间：$(a,+\infty)=\{x\mid x>a\}$，$[a,+\infty)=\{x\mid x\geqslant a\}$；

$(-\infty,b)=\{x\mid x<b\}$，$(-\infty,b]=\{x\mid x\leqslant b\}$；

$(-\infty,b]=\{x\mid x\leqslant b\}$

以上的区间都是实数集合.

【例 1-16】解下列不等式，并用区间表示解集.

(1) $|x+2|<3$　　(2) $|x-1|>2$

(3) $|x^2-3x+2|<2$

解：(1)由 $|x+2|<3$ 可得 $-3<x+2<3$，所以 $-5<x<1$ 即 $x\in(-5,1)$.

(2)由 $|x-1|>2$ 可得 $x-1<-2$ 或 $x-1>2$.

得解为 $x<-1$ 或 $x>3$，即 $(-\infty,-1)\cup(3,+\infty)$.

(3)由 $|x^2-3x-2|<2$ 得：

$-2<x^2-3x-2<2$，即$\begin{cases}x^2-3x-4<0\\ x^2-3x>0\end{cases}$.

由 $x^2-3x-4<0$ 得 $-1<x<4$.

由 $x^2-3x>0$ 得 $x>3$ 或 $x<0$.

所以得交集为$\{x|-1<x<0$ 或 $3<x<4\}$,用区间表示为:$(-1,0)\cup(3,4)$.

1.2 函数概述

1.2.1 函数的概念

1）几个实例

在很多实际问题中,一个量的大小会依赖于另一个量.例如,消费者对牛肉的需求量依赖于市场上的牛肉的价格;市场上某种饮料的供应量依赖于气温的变化;一瓶葡萄酒的价格依赖于它的年份;等等.再看下面几个实际问题.

问题1 某销售员的月收入由两部分构成,第一部分是底薪:4 500元,第二部分是销售提成,设销售一件产品的提成是该产品销售价格的1%,则如果该产品销售价格为2万元,那么该销售员月收入y与月销售产品的件数x之间可以用一个关系式$y=4\,500+20\,000\times1\%\times x\ (x\geqslant0)$表示.

问题2 20××年夏天,上海出现了罕见的持续30天的高温天气.表1-1给出了当年8月11日至20日每天的最高气温,其中13日出现了40℃的极端高温天气.

表1-1

日期t	11	12	13	14	15	16	17	18	19	20
气温T（℃）	37.2	39.6	40.0	39.4	39.8	37.3	34.8	34.2	35.0	34.9

从表1-1中我们可以看到,有日期t和气温T两个变量,当变量t在某一范围内变化时,最高气温T依赖于日期t的变化,并且当t取某一日期时,就有唯一的最高气温T与之对应.要注意的是:这里不存在任何可以计算温度的公式,否则我们就不需要气象局了.

问题3 图1-5反映了上海证券交易所的上证指数从201×年10月1日到201×年12月31日的60个交易日的变化情形,由此图可以看出在这段时间内上证指数随时间的变化情况.

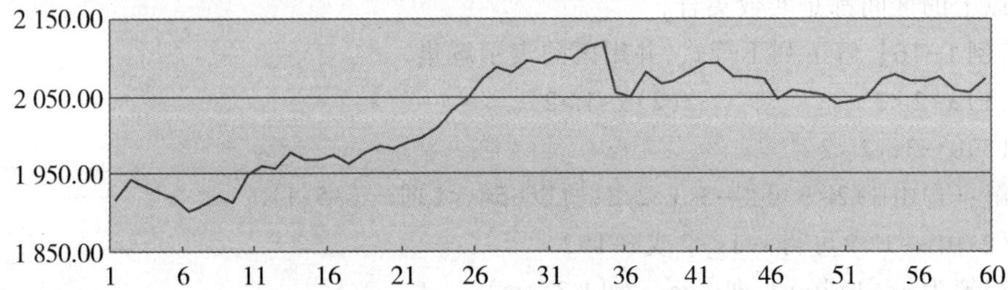

图1-5

从图1-5中我们可以看到,有日期t和指数I两个变量,当变量t在某一范围内变化时(201×年第四季度有60个交易日),指数I随着日期t的变化而变化,并且当t取某一日期时,有唯一上证指数I与之相对应.

2）函数的定义

在以上各实际问题中,撇开各个变量的实际意义,可以发现它们的共同点是:这些问题均涉及两个变量，而且两个变量之间都有一个确定的依赖关系(我们称之为对应规则)，虽然这种依赖关系的表达方式不同，但当其中一个变量在某一范围内取值时，另一变量按照对应规则就有确定的值与之对应．两个变量的这种对应关系，实质上就是函数关系．

定义1-1　设有两个变量x和y，D是一个给定的数集，$x\in D$．若对D中的每一个确定值x，变量y按照一定的法则总有唯一确定的数值与之对应，则称y为x的**函数**，记作$y=f(x)$．

数集D叫作这个函数的**定义域**，x叫作自变量，y叫作**因变量**或**函数值**．

当x取数值$x_0\in D$时，与x_0对应的y的数值称为函数$y=f(x)$在点x_0处的函数值，记作$f(x_0)$．当x取遍D的各个数值时，对应的函数值全体组成的数集为：

$$W=\{y|y=f(x),x\in D\}$$

我们将该数集称为函数的**值域**．

在平面直角坐标系中，自变量x在横轴上变化，因变量y在纵轴上变化，则平面点集$\{(x,y)|y=f(x),x\in D\}$即为定义在D上的函数$y=f(x)$的**图形**．

构成函数的两个基本要素是对应法则和定义域，而对应法则的表示方法一般有三种：解析式法(公式法)(如问题1)、表格法(如问题2)和图形法(如问题3)．

用解析式表示一个函数时，**通常函数的定义域是使该式有意义的自变量取值范围**．但在实际问题中，定义域不仅要保证解析式在数学上有意义，还要依照问题中的变量的实际意义进一步加以限制．如在问题1中，自变量x表示的是销售产品的件数，就只能取非负数．

在工程技术、经济活动等现实生活中，大量出现以表格形式表示的函数关系．如在问题2中，尽管我们可能还没有把如此难以预测的温度想象成一种函数，然而温度确实是日期的函数．因为每一天都产生一个唯一的最高气温确实满足函数的定义，即对于每个日期t，都有唯一的最高气温T与之对应，故气温T是日期t的函数，它们之间的关系是用一个表格表示的．

以图形表示的函数关系由于最直观常常被使用．如问题3中的图1-5显示了201×年第四季度上证指数的变化情况．我们不可能构造一个股票指数随时间变化的函数解析式(如果存在的话，每个股民就都能赚钱了)，但指数确实是随着时间的变化而变化的．

由于解析表达式含义准确，且便于使用数学手段进行处理，对进行深入研究具有特别重要的意义，因此我们一般提到函数时，总假定它有一个解析表达式，可记为$y=f(x)$，其中字母“f”就表示了一个对应法则．我们同时提到不止一个函数时，又可以用$y=f(x)$，$y=g(x)$，$y=h(x)$等加以区别．

下面是几个函数的例子：

【例1-17】常数函数$y=9$，其定义域是$(-\infty,+\infty)$，值域是$\{9\}$．

【例1-18】绝对值函数$y=|x|$，其定义域是$(-\infty,+\infty)$，值域是$[0,+\infty)$．

【例1-19】确定函数$y=\dfrac{1}{\ln(2x-3)}$的定义域．

解：当 $2x-3>0$ 且 $2x-3\neq1$ 时，即 $x>\dfrac{3}{2}$ 且 $x\neq2$ 时，函数 $y=\dfrac{1}{\ln(2x-3)}$ 才能取实数，因此 $y=\dfrac{1}{\ln(2x-3)}$ 的定义域为 $D=(\dfrac{3}{2},2)\cup(2,+\infty)$.

求函数定义域时，通常应遵循以下规则：

(1)分式函数的分母表达式不等于零；

(2)偶次根式函数的根式内表达式大于等于零；

(3)对数函数的真数内表达式大于零.

【例 1-20】 确定函数 $y=\dfrac{x\ln(x+2)}{x-1}+\sqrt{3-x}$ 的定义域.

解：

$$\begin{cases}x+2>0\\3-x\geqslant0\\x-1\neq0\end{cases}\Rightarrow\begin{cases}x>-2\\x\leqslant3\\x\neq1\end{cases}$$

因此，$y=\dfrac{x\ln(x+2)}{x-1}+\sqrt{3-x}$ 的定义域为 $D=(-2,1)\cup(1,3]$.

类似【例 1-20】的题目可按以下步骤求解：

(1)根据上述规则列出不等式或不等式组；

(2)解不等式或不等式组；

(3)用解集表示所求定义域.

1.2.2　函数的特性

1）函数的奇偶性

定义 1-2　函数 $f(x)$ 在对称域 D 上有定义（D 关于 O 点对称）且满足：

(1) $f(-x)=-f(x)$ 则称函数 $f(x)$ 为奇函数；

(2) $f(-x)=f(x)$ 则称函数 $f(x)$ 为偶函数.

很明显，偶函数图像（如图 1-6 所示）关于 Y 轴对称，奇函数图像（如图 1-7 所示）关于 O 点对称.

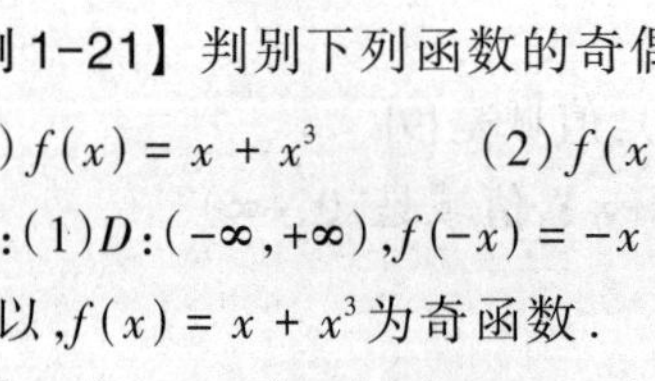

图 1-6

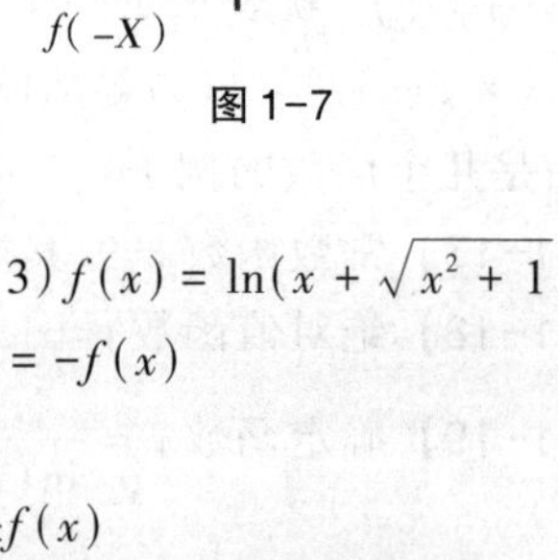

图 1-7

【例 1-21】 判别下列函数的奇偶性.

(1) $f(x)=x+x^3$　　(2) $f(x)=x+x^2$　　(3) $f(x)=\ln(x+\sqrt{x^2+1})$

解：(1) $D:(-\infty,+\infty)$，$f(-x)=-x+(-x)^3=-x-x^3=-f(x)$

所以，$f(x)=x+x^3$ 为奇函数.

(2) $D:(-\infty,+\infty)$，$f(-x)=-x+(-x)^2=-x+x^2\neq\pm f(x)$

所以，$f(x)=x+x^2$非奇函数也非偶函数．

(3) $D:(-\infty,+\infty)$，$f(-x)=\ln(-x+\sqrt{x^2+1})$

$$=\ln\frac{1}{x+\sqrt{x^2+1}}=-f(x)$$

所以，函数$f(x)=\ln(x+\sqrt{x^2+1})$为奇函数．

2） 函数的单调性

定义 1-3　设函数$f(x)$的定义域为D，区间$I\subseteq D$，如果对于区间I上任意两点x_1,x_2，当$x_1<x_2$恒有$f(x_1)<f(x_2)$，则称函数$f(x)$在区间I上单调增加，如图1-8所示．

定义 1-4　设函数$f(x)$的定义域为D，区间$I\subseteq D$，如果对于区间I上任意两点x_1,x_2，当$x_1<x_2$恒有$f(x_1)>f(x_2)$，则称函数$f(x)$在区间I上单调减少，如图1-9所示．

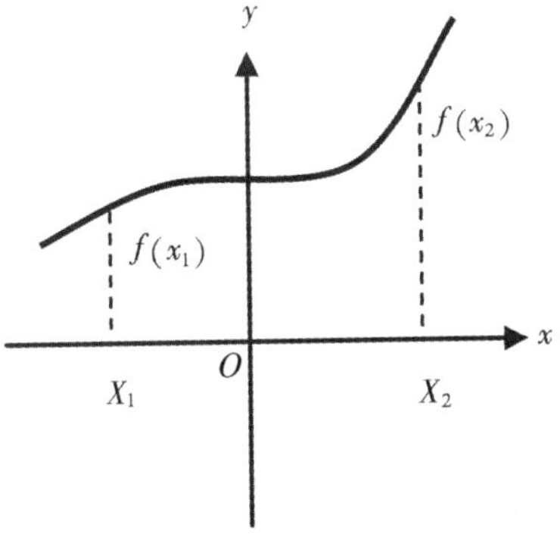

图1-8

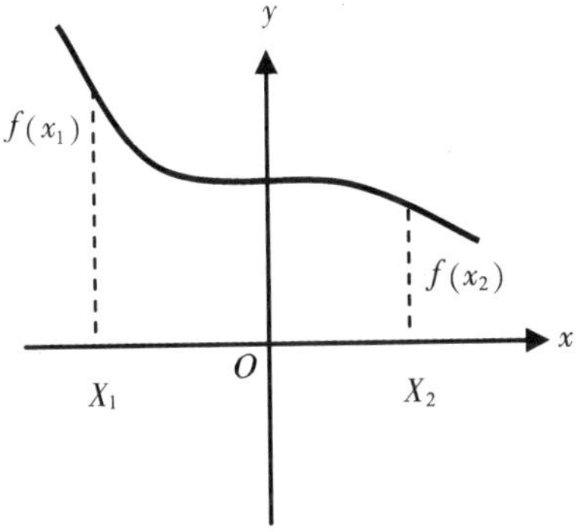

图1-9

【例1-22】讨论下列函数的单调性．

(1)$y=\sqrt{x}$　　　　(2)$y=x^2$

解：(1)函数定义域为$[0,+\infty)$，令$0\leqslant x_1<x_2$，$f(x_2)-f(x_1)=\sqrt{x_2}-\sqrt{x_1}$，即：$f(x_2)-f(x_1)=\dfrac{x_2-x_1}{\sqrt{x_2}+\sqrt{x_1}}>0$，所以$y=\sqrt{x}$单调增加．

(2)函数定义域为$(-\infty,+\infty)$，令$x_1<x_2$，$f(x_2)-f(x_1)=x_2^2-x_1^2$，即：$f(x_2)-f(x_1)=(x_2+x_1)(x_2-x_1)$，所以当$x<0$时，$f(x_2)-f(x_1)<0$，函数单调减少．

当$x\geqslant 0$时，$f(x_2)-f(x_1)>0$，函数单调增加．

所以，函数在定义域上不单调．

在本书第4章中我们有更有效的方法讨论函数的单调性．

3） 函数的周期性

定义 1-5　设函数$f(x)$的定义域为D，如果存在一个不为零的实数l，使得对于任意$x\in D$，$x+l\in D$恒有$f(x+l)=f(x)$，称$f(x)$为周期函数，如图1-10所示，l为$f(x)$的周期(但通常所说的“周期函数”的“周期”是指其最小正周期，用T表示)．

4） 函数的有界性

定义 1-6　设函数$y=f(x)$在区间I(I可以是整个定义域，也可以是定义域的一部分)上有定义，如果存在一个正数M，对于任意的$x\in I$，总有$|f(x)|\leqslant M$，则称函数$y=f(x)$在I上有界，否则称$y=f(x)$在I上无界．

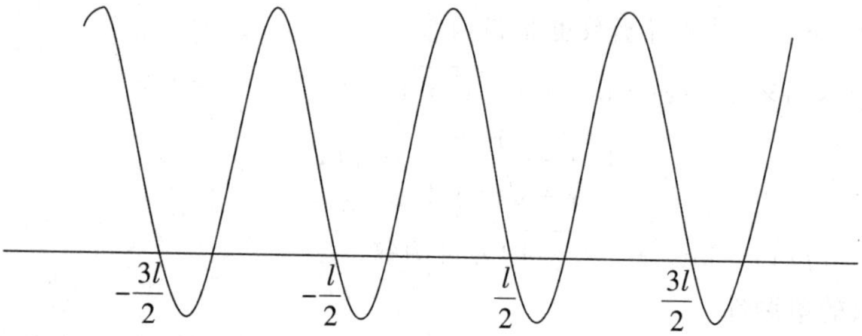

图 1-10

1.3 初等函数

1.3.1 反函数

定义 1-7 设 $y=f(x)$ 是定义在 D 上的函数，值域为 R，如果对每一个 $y \in R$ 有一个确定的 $x \in D$，且满足 $y=f(x)$，若将其对应规则记为 f^{-1}，则函数 $x=f^{-1}(y)$ 称为 $y=f(x)$ 的反函数.

在 $x=f^{-1}(y)$ 中，y 为自变量，x 为因变量，习惯上，用 x 作为自变量，y 作为因变量，所以通常将 $y=f^{-1}(x)$ 作为 $y=f(x)$ 的反函数. 反函数 $y=f^{-1}(x)$ 与 $y=f(x)$ 的图形关于 $y=x$ 对称，如图 1-11 所示.

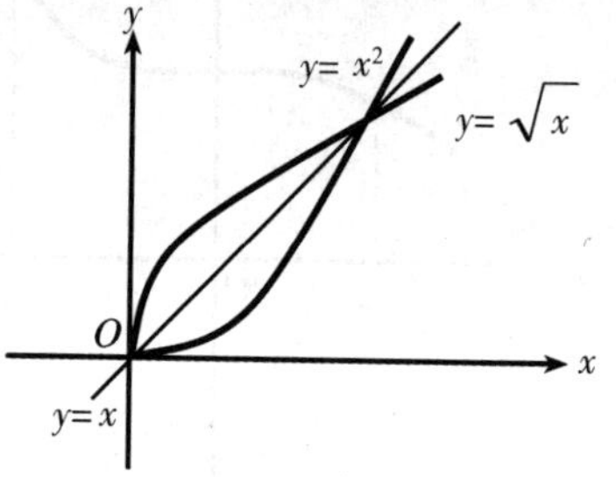

图 1-11

【例 1-23】求函数 $y=\dfrac{2x}{3x-1}$ 的反函数.

解：由 $y=\dfrac{2x}{3x-1}$，得 $x=\dfrac{y}{3y-2}$，反函数 $y=\dfrac{x}{3x-2}$.

【例 1-24】求 $y=\begin{cases}2x-1 & x<0 \\ x^2 & x \geqslant 0\end{cases}$ 的反函数.

解：当 $x<0$，$y=2x-1$，得 $x=\dfrac{y+1}{2}(y<-1)$.

$x \geqslant 0$，$y=x^2$，得 $x=\sqrt{y}\ (y \geqslant 0)$.

$$x=\begin{cases}\dfrac{y+1}{2} & y<-1 \\ \sqrt{y} & y \geqslant 0\end{cases}$$

反函数为 $y=\begin{cases}\dfrac{x+1}{2} & x<-1 \\ \sqrt{x} & x \geqslant 0\end{cases}$.

1.3.2 基本初等函数

1）常数函数

$y=c$

常数函数的定义域为 $(-\infty,+\infty)$，图形为平行于 x 轴的一条直线，值域为 $\{c\}$，由图形得知常数函数不增不减，是关于 y 轴对称的有界函数.

2）幂函数 $y=x^{\mu}$（μ 是实常数）

该函数如图1-12所示.

它的定义域与 μ 有关，但不管 μ 为何值，x^{μ} 总在 $(0,+\infty)$ 上有定义，且图形总过点 $(1,1)$，如 μ 为正整数，定义域为 $(-\infty,+\infty)$，该正整数为奇数则图形关于原点对称，是奇函数且单调增加，函数不具备周期性，在定义域上也无界. 如 μ 为负整数，则 $x\neq 0$，如 $y=\dfrac{1}{x}$ 为双曲线，也称反比例曲线，而 μ 为分数，如 $\mu=\dfrac{1}{2}$，$y=\sqrt{x}$，定义域为 $[0,+\infty)$.

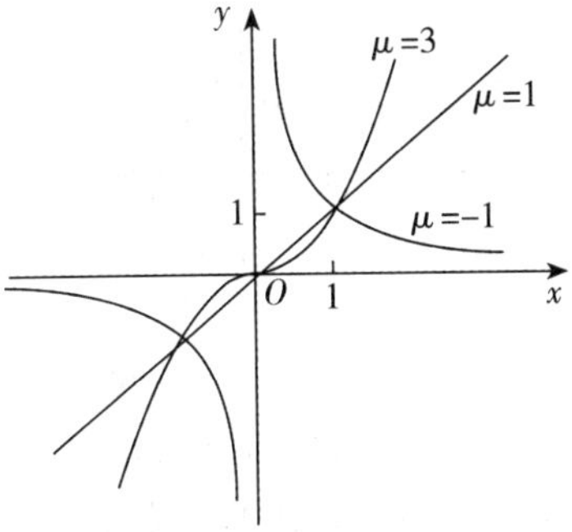

图1-12

3）指数函数 $y=a^{x}$（$a>0$，$a\neq 1$）

指数函数的定义域为 $(-\infty,+\infty)$，值域为 $(0,+\infty)$，图形均过点 $(0,1)$，当 $a>1$ 单调增加时，$0<a<1$ 单调减少. 该函数具体如图1-13所示.

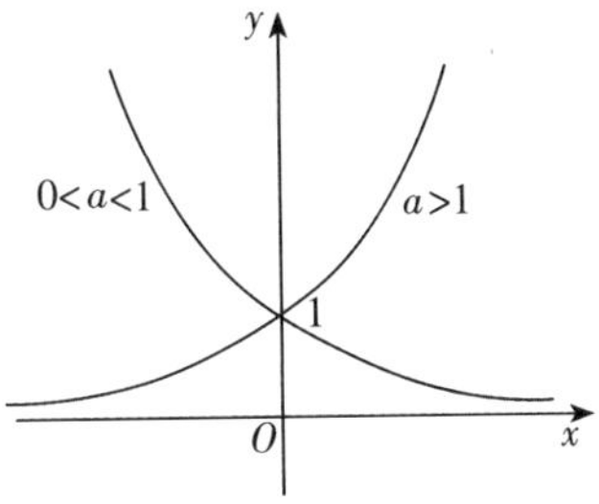

图1-13

4）对数函数 $y=\log_a x$（$a>0$，$a\neq 1$）

对数函数的定义域为 $(0,+\infty)$，都经过点 $(1,0)$，当 $a>1$ 时单调增加，$0<a<1$ 时单调减少.

$y=a^{x}$ 与 $y=\log_a x$ 互为反函数. 该函数具体如图1-14所示.

5）三角函数

正弦函数 $y=\sin x$，定义域为 $(-\infty,+\infty)$，值域 $[-1,1]$，所以 $y=\sin x$ 是有界的且 $T=2\pi$ 的周期函数，因为 $\sin(-x)=-\sin x$，所以该函数为奇函数. 该函数具体如图1-15所示.

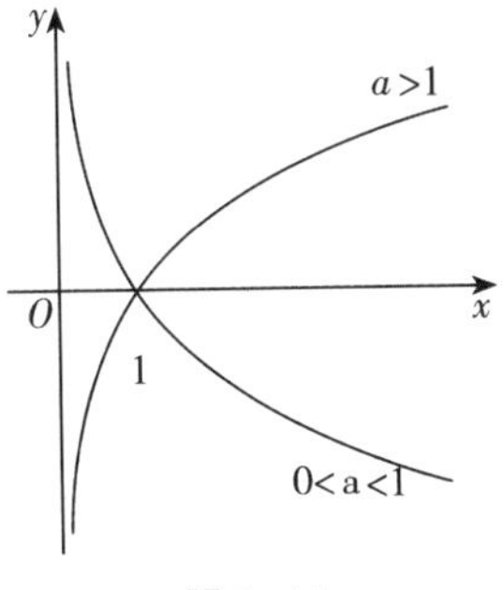

图1-14

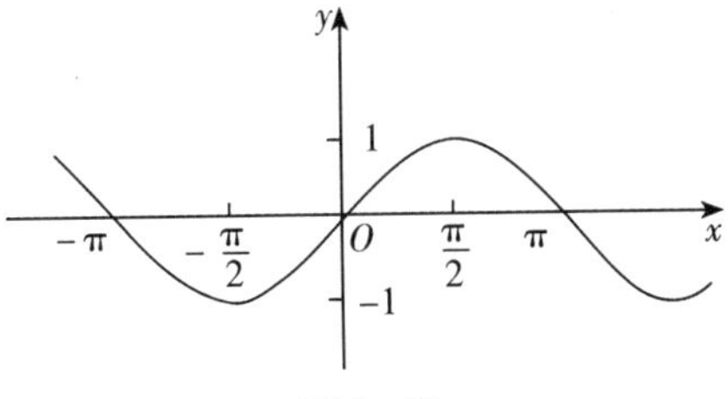

图1-15

余弦函数 $y=\cos x$，定义域为 $(-\infty,+\infty)$，值域 $[-1,1]$，所以 $y=\cos x$ 是有界的且 $T=2\pi$ 的周期函数，因为 $\cos(-x)=\cos x$，所以该函数为偶函数. 该函数具体如图1-16所示.

正切函数 $y=\tan x$，定义域为 $x\neq k\pi+\dfrac{\pi}{2}$（$k$ 为整数），值域 $(-\infty,+\infty)$，所以 $y=\tan x$ 是无界的且 $T=\pi$ 的周期函数，因为 $\tan(-x)=-\tan x$，所以函数为奇函数. 该函数具体如图1-17所示.

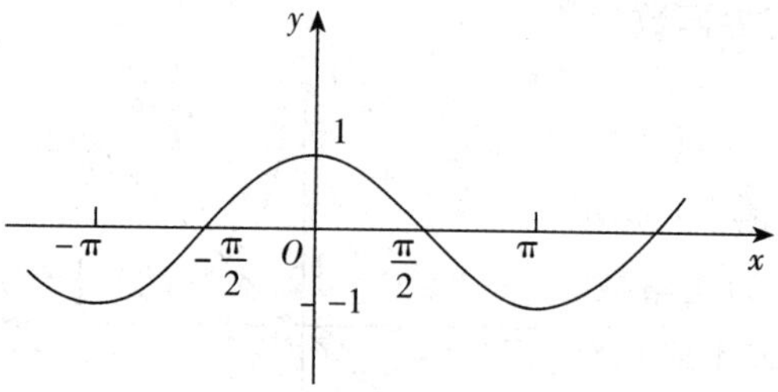

图 1-16

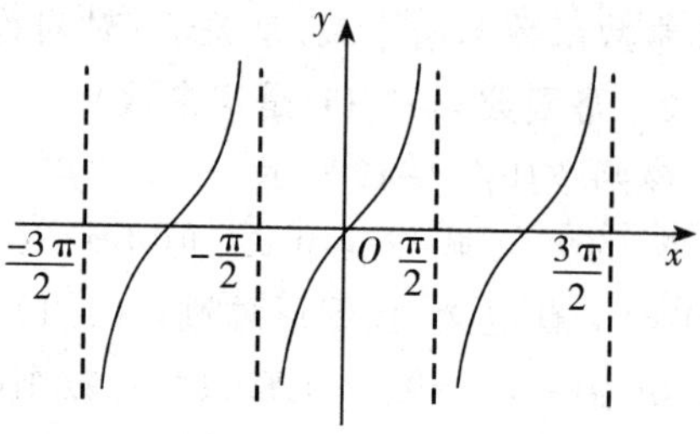

图 1-17

余切函数 $y=\cot x$，定义域为 $x\neq k\pi$（k 为整数），值域 $(-\infty,+\infty)$，所以 $y=\cot x$ 是无界的且 $T=\pi$ 的周期函数，因为 $\cot(-x)=-\cot x$，所以该函数为奇函数. 该函数具体如图 1-18 所示.

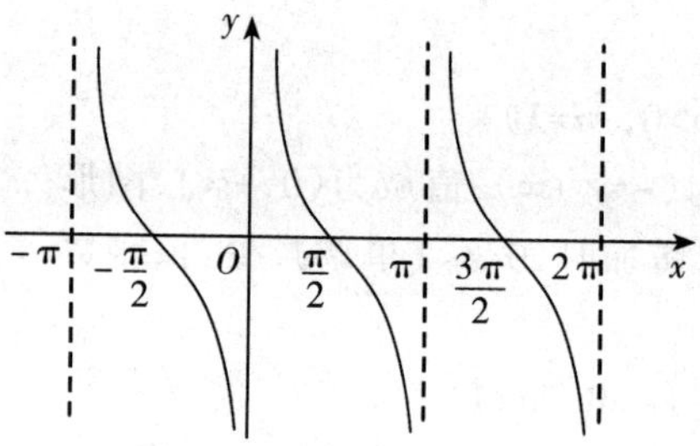

图 1-18

正割函数 $y=\sec x$，定义域为 $x\neq k\pi+\frac{\pi}{2}$（k 为整数），值域 $(-\infty,-1]$，$[1,+\infty)$，$\sec x=\frac{1}{\cos x}$，所以 $y=\sec x$ 是无界的且 $T=2\pi$ 的周期函数，因为 $\sec(-x)=\sec x$，所以该函数为偶函数. 该函数具体如图 1-19 所示.

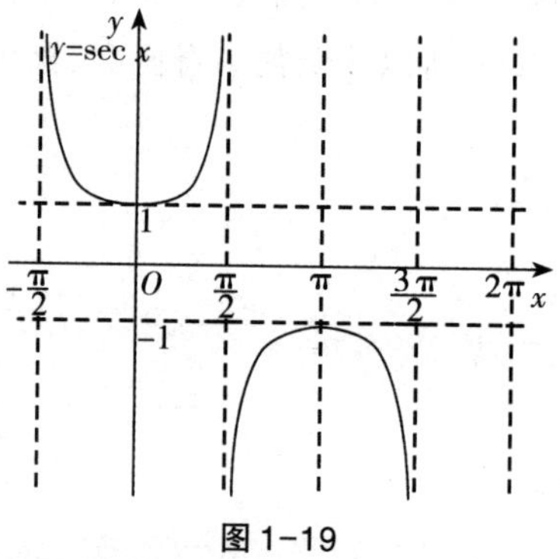

图 1-19

余割函数 $y=\csc x$，定义域为 $x\neq k\pi$（k 为整数），值域 $(-\infty,-1]$，$[1,+\infty)$，$\csc x=\frac{1}{\sin x}$，所以 $y=\csc x$ 是无界的且 $T=2\pi$ 的周期函数，因为 $\csc(-x)=-\csc x$，所以该函数为奇函数. 该函数具体如图 1-20 所示.

6）反三角函数

反三角函数有 $y=\arcsin x$，$y=\arccos x$，$y=\arctan x$，$y=\text{arccot}\, x$，由于三角函数为周期函数，不是一一对应关系，故不存在反函数，所以可固定其主值区间，分别为：

反正弦函数 $y=\arcsin x$，$x\in[-1,1]$，$y\in[-\frac{\pi}{2},\frac{\pi}{2}]$. 该函数具体如图 1-21 所示.

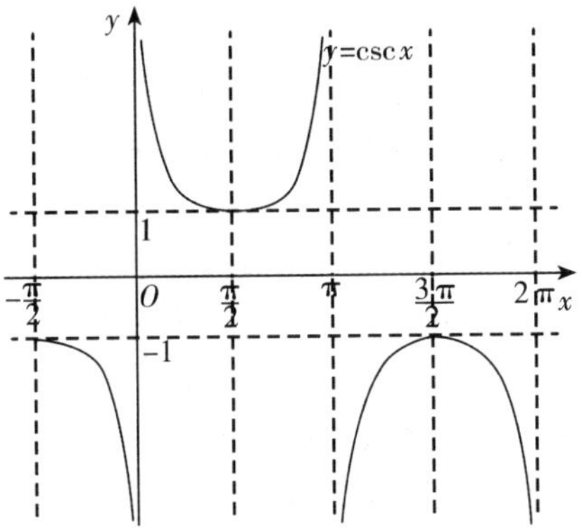

图 1-20

反余弦函数 $y=\arccos x, x\in[-1,1], y\in[0,\pi]$. 该函数具体如图 1-22 所示.

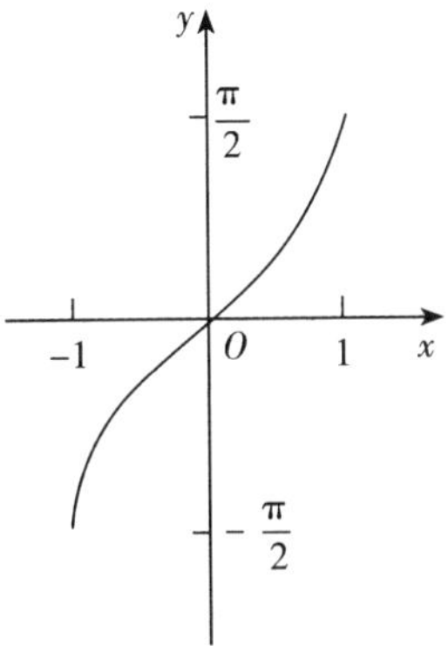

图 1-21

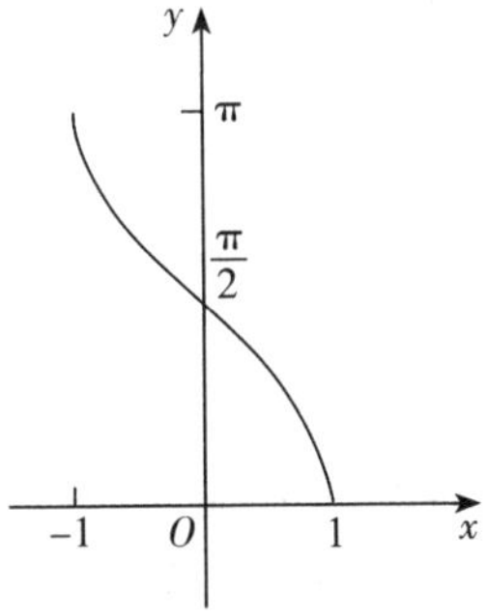

图 1-22

反正切函数 $y=\arctan x, x\in(-\infty,+\infty), y\in(-\frac{\pi}{2},\frac{\pi}{2})$. 该函数具体如图 1-23 所示.

反余切函数 $y=\text{arccot}\, x, x\in(-\infty,+\infty), y\in(0,\pi)$. 该函数具体如图 1-24 所示.

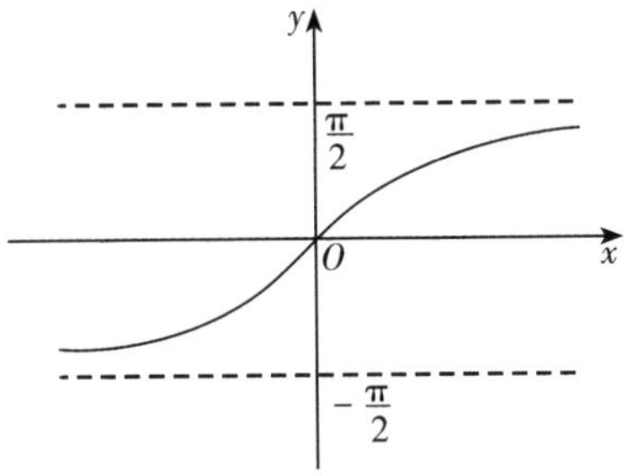

图 1-23

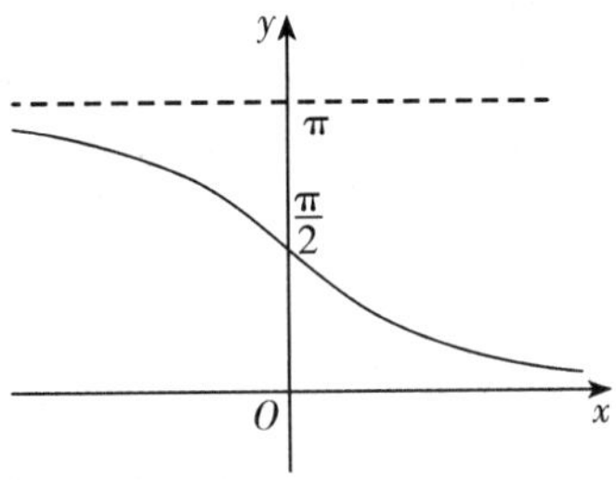

图 1-24

人们一般不用反正割和反余割,它们可用反正弦和反余弦来表示.

定义 1-8　常数函数、幂函数、指数函数、对数函数、三角函数和反三角函数统称为基本初等函数.

1.3.3　复合函数

先看一个实例,某厂生产某产品,一条生产线每天生产 Q 单位产品的总成本为 $C(Q)=Q^2+Q+900$(元),而在每一个正常的工作日内,一条生产线 t 小时可以生产

$Q(t)=25t$单位产品.

这里,总成本C随着产量Q的增加而增加,是Q的函数.产量Q随着时间t的增加而增加,是t的函数.我们将$Q=Q(t)=25t$代入到总成本$C(Q)$的表达式,得到:

$C[Q(t)]=(25t)^2+25t+900$

因此,作为产量Q的函数的总成本C也是时间t的函数.这样的过程称为函数的复合.

定义 1-9 如果函数$y=f(u)$,而$u=\varphi(x)$,并且函数$\varphi(x)$的值域包含或部分包含在函数$f(u)$的定义域中,那么y通过u的联系也是自变量x的函数,这个函数称为由函数$y=f(u)$和$u=\varphi(x)$复合而成的**复合函数**,记作$y=f[\varphi(x)]$,而u称为中间变量.

根据复合函数的概念,函数$C=(25t)^2+25t+900$可以看作由函数$C(Q)=Q^2+Q+900$与$Q(t)=25t$复合而成的复合函数.

注意:在复合函数的定义中,中间变量$u=\varphi(x)$的值域包含或部分包含在函数$f(u)$的定义域中的条件是必不可少的;否则随便把两个函数形式地复合起来,不一定就能得到一个新的函数.例如,把函数$y=\arcsin u$与$u=x^2+2$形式地复合得到$y=\arcsin(x^2+2)$,此表达式是没有意义的.这是因为,函数$u=x^2+2$的值域$[2,+\infty)$不包含在$y=\arcsin u$的定义域$[-1,1]$中,即不满足复合函数定义中的条件.

复合函数也可以是由两个以上的函数经过复合构成的,例如:$y=\sqrt{u}$,$u=\sin v$,$v=\frac{x}{2}$,则得复合函数$y=\sqrt{\sin\frac{x}{2}}$,这里u和v是中间变量.

由以上说明可知,复合函数是说明函数对应法则的某种表达方式的一个概念.利用这个概念,有时可以把一个函数分解成几个函数,另一方面也可利用它来产生新的函数.分析一个复合函数是由哪些函数经过怎样的过程复合而成的,称为复合函数的分解.分解的顺序通常是由外向内,一直分解到在引入中间变量后,使得每一个函数是基本初等函数或是由基本初等函数经过四则运算构成的函数时为止.

【例 1-25】设函数$f(u)=u^2+3u+1$,$g(x)=x+1$,求复合函数$f[g(x)]$.

解:将$g(x)=x+1$代替$f(u)=u^2+3u+1$中的u,可得:

$f[g(x)]=(x+1)^2+3(x+1)+1=x^2+5x+5$

【例 1-26】分解下列复合函数:

(1)$y=(1+x^3)^{100}$　(2)$y=\sqrt{3x-5}$　(3)$y=\frac{5}{x-2}+(x-2)^3$

(4)$y=\ln\tan\frac{x}{2}$　(5)$y=(\arcsin\sqrt{x})^2$

解:(1)$y=(1+x^3)^{100}$可看成由函数$y=u^{100}$与$u=1+x^3$复合而成的复合函数;

(2)$y=\sqrt{3x-5}$可看成由函数$y=\sqrt{u}$与$u=3x-5$复合而成的复合函数;

(3)$y=\frac{5}{x-2}+(x-2)^3$可看成由函数$y=\frac{5}{u}+u^3$与$u=x-2$复合而成的复合函数;

(4)$y=\ln\tan\frac{x}{2}$可看成由函数$y=\ln u$,$u=\tan v$及$v=\frac{x}{2}$复合而成的复合函数;

(5)$y=(\arcsin\sqrt{x})^2$可看成由函数$y=u^2$,$u=\arcsin v$及$v=\sqrt{x}$复合而成的复合函数.

【例 1-27】某小镇环境研究小组指出当该镇人口数为p时,空气中一氧化碳的平均含量水平为$c(p)=0.5p+1$(百万分之一).据估计,从现在起t年以后该小镇的人口数

为 $p(t)=10+0.1t^2$.

(1)求空气中一氧化碳的平均含量水平关于时间的表达式.

(2)什么时候空气中的一氧化碳平均含量水平达到百万分之六点八?

解:(1)将人口数 $p(t)=10+0.1t^2$ 代入一氧化碳平均含量表达式 $c(p)=0.5p+1$,即可得到一氧化碳的平均含量水平关于时间的表达式:

$c[p(t)]=0.5\times(10+0.1t^2)+1=6+0.05t^2$

(2)令 $c[p(t)]=6.8$,即 $6+0.05t^2=6.8$,可解得 $t=4$.所以,4年以后空气中一氧化碳的平均含量水平为百万分之六点八.

1.3.4　初等函数的定义

前面我们介绍了基本初等函数和复合函数,一般地,可定义如下:

定义1-10　由基本初等函数经过有限次的四则运算或有限次的复合步骤所构成的并可用一个式子表达的函数,称为**初等函数**.

例如,$y=\sqrt{x^2-1}$,$y=\sin^2 x$,$y=\ln\cos x$ 等都是初等函数.

1.4　分段函数

【例1-28】某市出租车收费标准见表1-2.

表1-2　**某市出租车收费标准**

公里数	日间段(5:00—23:00)	夜间段(23:00—次日5:00)
0~3千米	14元	18元
3~10千米	2.4元/千米(超过3千米部分)	3.1元/千米(超过3千米部分)
10千米以上	3.6元/千米(超过10千米部分)	4.7元/千米(超过10千米部分)

由表1-2可知,某市出租车价格计算关系式如下:

设 x 为实际行驶公里数,y 为收费金额.

日间段收费金额y与实际行驶千米数 x 之间的函数关系为:

$$y=\begin{cases}14 & (0<x\leqslant 3)\\ 14+(x-3)\times 2.4 & (3<x\leqslant 10)\\ 14+7\times 2.4+(x-10)\times 3.6 & (10<x)\end{cases}$$

夜间段收费金额y与实际行驶千米数 x 之间的函数关系为:

$$y=\begin{cases}18 & (0<x\leqslant 3)\\ 18+(x-3)\times 3.1 & (3<x\leqslant 10)\\ 18+7\times 3.1+(x-10)\times 4.7 & (10<x)\end{cases}$$

(上述关系式为连续行驶,没等候时间,如果停车等候,则每4分钟收取1千米相应的里程费)

由此我们可以看到两个变量:实际行驶千米数 x 和收费金额 y,在各时段,当 x 在大于零的范围内变化时,有唯一的收费金额 y 与之对应.

上面这个函数,对于其定义域内自变量 x 的不同值,不能用一个统一的数学表达式表示，而要用两个或两个以上的式子表示，我们称这类函数为**分段函数**.

注意：分段函数是将几个公式合起来表示一个函数，而不是表示几个函数.在实际应用中常常用到这种表示形式.

【例1-29】某品牌电扇每台售价90元，成本为60元.厂家为鼓励销售商大量采购，决定凡是订购量超过100台的，每多订购1台，售价就降低0.01元(例如，某大卖场订购了300台，订购量比100台多200台，于是每台就降价0.01×200=2(元)，大卖场可以按88元/台的价格购进300台)，但最低价为75元/台.

(1)把每台的实际售价p表示为订购量x的函数.

(2)把利润L表示成订购量x的函数.

(3)若某大卖场订购了1 000台该品牌电扇，厂家可获得多少利润？

解：(1)当$x\leqslant 100$时，售价为90元/台；又(90−75)÷0.01=1 500(台)，所以，当订购量x超过1 500+100=1 600(台)时，每台售价为75元；而当订购量在100台到1 600台之间时，售价为$90-0.01(x-100)$(元).因而实际售价p与订购量x之间的函数关系为：

$$p=\begin{cases}90 & (x\leqslant 100)\\ 90-0.01(x-100) & (100<x<1\,600)\\ 75 & (x\geqslant 1\,600)\end{cases}$$

即
$$p=\begin{cases}90 & (x\leqslant 100)\\ 91-0.01x & (100<x<1\,600)\\ 75 & (x\geqslant 1\,600)\end{cases}$$

(2)每台利润是实际售价p与成本之差，所以利润L与订购量x之间的函数关系为：

$$L=(p-60)x=\begin{cases}30x & (x\leqslant 100)\\ (31-0.01x)x & (100<x<1\,600)\\ 15x & (x\geqslant 1\,600)\end{cases}$$

(3)由(2)可知，当$x=1\,000$时，$L=(31-0.01\times 1\,000)\times 1\,000=21\,000$(元).

1.5 经济领域中常用的几个函数

1.5.1 成本函数

某产品的总成本是指生产一定数量的产品所需的全部经济资源投入(劳动力、原材料、设备等)的价格或费用总额.短期内的总成本可以分为固定成本和可变成本两部分.如生产中的设备费用、机器折旧费、一般管理费用等，与产品产量无关，都是固定成本.而原材料、水电动力支出及雇用工人的工资等，随产品产量的变化而变化，都是可变成本.可变成本是产量的函数.

平均成本是生产一定量产品平均每单位产品的成本.

设总成本为C，固定成本为C_0，可变成本为C_1，则：

总成本函数：$C=C(Q)=C_0+C_1(Q)$

平均成本函数：$\bar{C}=\bar{C}(Q)=\dfrac{C(Q)}{Q}=\dfrac{C_0}{Q}+\dfrac{C_1(Q)}{Q}$

【例1-30】某工厂生产某产品，每日最多生产200单位.它的日固定成本为150元，生产一个单位产品的可变成本为16元.求该工厂日总成本函数及平均成本函数.

解:假设该工厂每天生产某产品的产量为Q,由题意可知固定成本为150元,可变成本为$16Q$,根据总成本函数$C=C(Q)=C_0+C_1(Q)$,可得总成本函数为:

$$C(Q)=150+16Q \qquad (0\leqslant Q\leqslant 200)$$

平均成本为:

$$\bar{C}(Q)=\frac{C(Q)}{Q}=\frac{150}{Q}+16$$

1.5.2　供给函数与需求函数

社会经济的基本内容是生产和消费,也就是供给和需求.

"供给"是指在一定价格条件下,生产者愿意出售并且有可供出售的商品量.

"需求"是指在一定价格条件下,消费者愿意购买并且有支付能力购买的商品量.

影响某种商品的供给量与需求量的因素很多,但最重要的当属商品的价格.当我们将其他因素视为常量而仅研究价格与供给、价格与需求的关系时,就得到了供给函数和需求函数.

设P表示商品价格,Q表示需求量(或供给量),则称$Q_S=f(P)$为供给函数,称$Q_D=g(P)$为需求函数.

通常情况下,商品价格低,市场需求大;商品价格高,市场需求小.因此,需求函数$Q_D=g(P)$是单调减少函数(如图1-25所示).

因为$Q_D=g(P)$单调减少,所以有反函数$P=g^{-1}(Q)$,这个函数也称为需求函数.

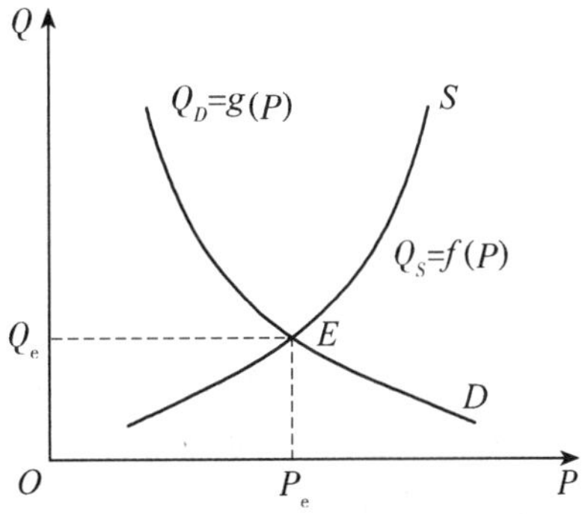

图1-25

根据观察可得到一些价格与需求的数据(P,Q),常用下列一些简单初等函数来拟合这组数据,建立需求函数经验曲线:

线性函数:$Q_D=b-aP \qquad (a,b>0)$

反比函数:$Q_D=\dfrac{k}{P} \qquad (k>0,P\neq 0)$

幂函数:　$Q_D=\dfrac{k}{P^a} \qquad (a,k>0,P\neq 0)$

指数函数:$Q_D=a\mathrm{e}^{-bP} \qquad (a,b>0)$

而在通常情况下,商品价格低,则生产者不愿生产,供给少;商品价格高,则供给多.因此供给函数一般为单调增加函数(如图1-25所示).

因为$Q_S=f(P)$单调增加,所以有反函数$P=f^{-1}(Q)$,它也称为供给函数.

常用下列一些函数拟合供给函数,建立经验曲线:

线性函数:$Q_S=aP-b \qquad (a,b>0)$

幂函数:　$Q_S=kP^a \qquad (a,k>0)$

指数函数:$Q_S=ae^{bP} \qquad (a,b>0)$

有时也用D表示需求曲线,用S表示供给曲线.

市场上需求量与供给量相等时的价格P_e称为均衡价格,此时的需求量与供给量Q_e

称为均衡商品量.

【例1-31】设某商品的需求函数为$Q=b-aP(a,b>0)$,供给函数为$Q=cP-d(c,d>0)$,求均衡价格P_e.

解:由$b-aP_e=cP_e-d$,$(a+c)P_e=b+d$,可得$P_e=\frac{b+d}{a+c}$.

1.5.3 收益函数和利润函数

总收益是指生产者出售一定量产品所得到的全部收入.

设商品的价格为P,商品量为Q,总收益为R.而商品价格是商品量的函数$P=P(Q)$,则$R=R(Q)=Q\cdot P(Q)$称为总收益函数.$\bar{R}=\frac{R(Q)}{Q}=P(Q)$称为平均收益函数.

总利润是指总收益减去总成本的差.$L=L(Q)=R(Q)-C(Q)$称为利润函数(其中Q为销售量).

【例1-32】某企业生产某种产品,其固定成本为1 000元,单位产品的变动成本为18元,市场需求函数为$Q=90-P$,求总利润函数.

解:由题意可知$C_0=1\ 000$,$C_1(Q)=18Q$,所以总成本函数为$C(Q)=1\ 000+18Q$.由需求函数$Q=90-P$可得$P=90-Q$,于是得总收益函数为$R(Q)=Q\cdot P=Q(90-Q)=90Q-Q^2$,因此,总利润函数为:

$$
\begin{aligned}
L(Q)&=R(Q)-C(Q)=90Q-Q^2-(1\ 000+18Q)\\
&=-Q^2+72Q-1\ 000
\end{aligned}
$$

如果要把总利润函数表示为价格P的函数$R(P)$,只要把$Q=90-P$代入上式就可以了.

【例1-33】某企业的成本可分为两部分:一是不受业务量影响的部分(如设备折旧费等),称为固定成本;另一部分随业务量成正比例增长,称为可变成本.该企业固定成本总额为1 500万元,产品单价为10万元,单位可变成本为6万元,若产品可以全部售出,且税率按10%计算,试求企业保本经营的最低产销量(或称盈亏临界点).

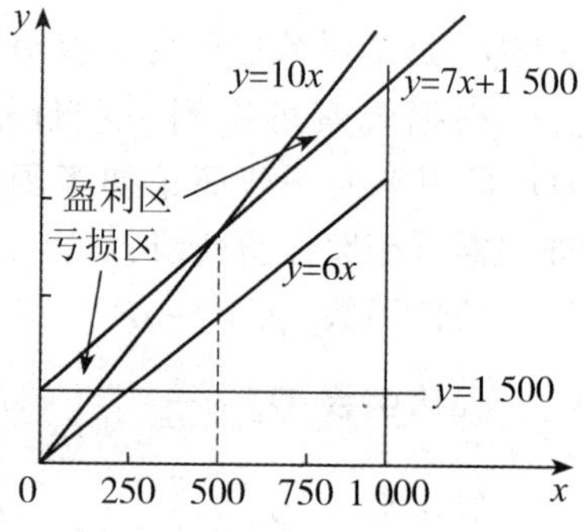

图1-26

解:如图1-26所示,横坐标表示产品销售量,纵坐标表示所发生的费用.设产量为x,故而$y=1\ 500$为固定成本,企业总支出为:y=固定成本+可变成本+税费=$1\ 500+6x+10x\cdot 10\%=7x+1\ 500$,销售总收入为$y=10x$.由图1-26可以看出,总支出线与总收入线在$x=500$处相交,所以$x<500$为亏损区,$x>500$为盈利区,$x=500$为盈亏临界点.

1.6 Mathematica软件介绍

1.6.1 定义函数

1)定义函数

命令格式:f [x_] =函数表达式

或 f [x_]：=函数表达式

或 f=Function [自变量，函数表达式]

【例 1-34】 定义函数$f(x)=x^2+1$，并求$f(0)$，$f(2)$的值以及$f\left(\frac{1}{x}\right)$的表达式.

解：计算机处理如下：

(1)定义函数：

In[1]：=f[x_]=x^2+1

Out[1]=$1+x^2$

或者

In[2]：=f[x_]：=x^2+1

或者

In[3]：=f=Function[x,x^2+1]

Out[3]=Function[x,x^2+1]

(2)求函数值与表达式：

In[4]：=f[0]

In[5]：=f[2]

In[6]：=f[1/x]

Out[4]=1

Out[5]=5

Out[6]=$1+\frac{1}{x^2}$

即$f(0)=1$，$f(2)=5$，$f\left(\frac{1}{x}\right)=1+\frac{1}{x^2}$

2）定义分段函数

命令格式：**Which [条件1，表达式1，条件2，表达式2，…，条件n，表达式n]**

【例 1-35】 定义符号函数 $\mathrm{sgn}(x)=\begin{cases}1 & (x>0)\\ 0 & (x=0)\\ -1 & (x<0)\end{cases}$

解：计算机处理如下：

In[7]：=Sgn[x_]=Which[x>0,1,x=0,0,x<0,-1]

Out[7]=Which[x>0,1,x==0,0,x<0,-1]

【例 1-36】 定义函数$f(x)=\begin{cases}x+1 & (x\leqslant 0)\\ e^x & (x>0)\end{cases}$，并求出$f(0)$，$f(-1)$，$f(2)$的值.

解：计算机处理如下：

In[8]：=y[x_]=Which[x<=0,x+1,x>0,E^x]

y[0]

y[-1]

y[2]

Out[8]=Which[x≤0,x+1,x>0,e^x]

Out[9]=1

Out[10]=0

Out[11]=e^2

In[12]:=N[y[2]]

Out[12]=7.38906

即$f(0)=1$, $f(-1)=0$, $f(2)=e^2\approx7.38906$

这里,Out[12]输出的结果是函数值的近似值.

1.6.2 清除已定义的变量和函数

用Clear语句可以清除已经定义的函数和变量,使前面定义的函数和变量不再起作用.命令格式为:Clear [f]; Clear [x]; 或ClearAll [x, y, f, g, …]

在利用Mathematica进行运算时,应注意在使用变量和函数前先清除前面已经定义过的变量名和函数名;否则可能造成前面已经定义的变量数值和函数影响后面的计算,且不容易被发现.

1.6.3 变量赋值和函数值的计算

1)变量赋值

变量赋值的命令格式:**变量=数值**

例如,要给变量赋值6,只需在输入"x=6"后,同时按下Shift和Enter键.

2)函数值的计算

函数值的计算,除了1.6.1中介绍的先定义函数、后代入变量值的方法以外,Mathematica中还有其他的命令格式:

(1)**函数表达式/.x→数值或N [函数表达式/.x→数值];**

(2)**f (#0) 或N [f (#0)];**

(3) **(f (#)) & [#0] 或N [(f (#)) & [#0]].**

其中 # 表示函数的自变量,#0 表示自变量的取值.注意这里的自变量只能用 # 来表示.

【例1-37】 计算函数 $\sin x$ 在 $x=\frac{\pi}{4}$ 的函数值,试比较用上述不同的键入方式所得到的结果.

解:计算机处理如下:

In[13]:=Sin[x]/.x→Pi/4

Out[13]=$\frac{1}{\sqrt{2}}$

In[14]:=Sin[Pi/4]

Out[14]=$\frac{1}{\sqrt{2}}$

In[15]:=(Sin[#])&[Pi/4]

Out[15]=$\frac{1}{\sqrt{2}}$

In[16]:=N[(Sin[#])&[Pi/4]]

Out[16]=0.707107

即 $\sin\frac{\pi}{4}=\frac{1}{\sqrt{2}}\approx0.707107$

1.6.4 绘制函数图形

1) 利用Mathematica绘制一元函数的图形的语句格式

命令格式:Plot [函数表达式,{自变量名,自变量最小值,自变量最大值}]
或 Plot [函数表达式,{自变量名,自变量最小值,自变量最大值},功能语句]
其中功能语句是作图命令"Plot"的选项,常用的选项有:

(1)指定作图区域,格式为:

PlotRange→{因变量最小值,因变量最大值}

或 PlotRange→{{自变量最小值,自变量最大值},{因变量最小值,因变量最大值}}

或 PlotRange→All

(2)指定坐标轴名称,格式为:

AxesLabel→{横坐标名,纵坐标名}

(3)指定图形显示的高与宽的比例,格式为:

AspectRatio→值

或 AspectRatio→Automatic

此时由计算机根据图形实际尺寸确定高与宽的比例.

【例1-38】 试作出函数 $\sin x$ 在$[0,2\pi]$内的图形.

解:计算机处理如下:

In[17]:=Plot[Sin[x],{x,0,2Pi}]

Out[17]=-Graphics-

即可得到图1-27.

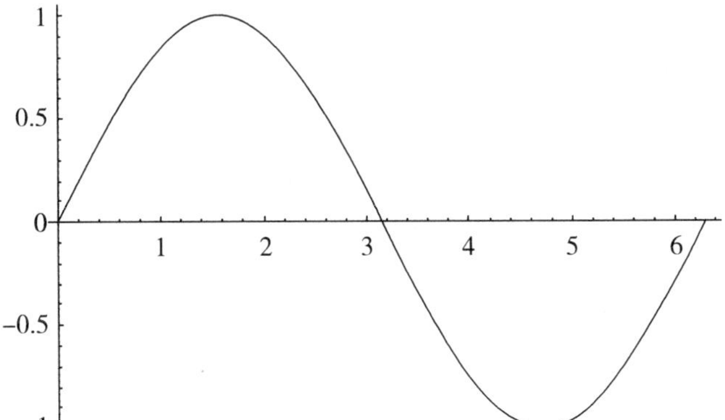

图1-27

下面我们加入一些功能语句,注意它们的区别.

In[18]:=Plot[Sin[x],{x,0,2Pi},AxesLabel→{x,y},AspectRatio→1]

Out[18]=-Graphics-

即可得到图1-28.

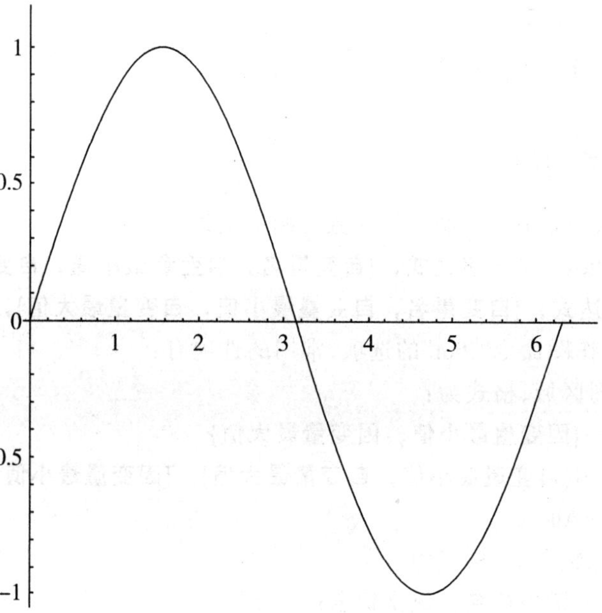

图1-28

2）在同一个坐标系中作出几个函数的图形的语句格式

命令格式：**Plot［{函数表达式1，函数表达式2，…，函数表达式n}，{自变量，自变量最小值，自变量最大值}］**

【例1-39】 在同一坐标系中，同时作出函数 $\sin x$ 和 $\cos x$ 在 $[-2\pi,2\pi]$ 内的图形.

解：计算机处理如下：

In[19]:=Plot[{Sin[x],Cos[x]},{x,-2Pi,2Pi}]

Out[19]=-Graphics-

即可得到图1-29.

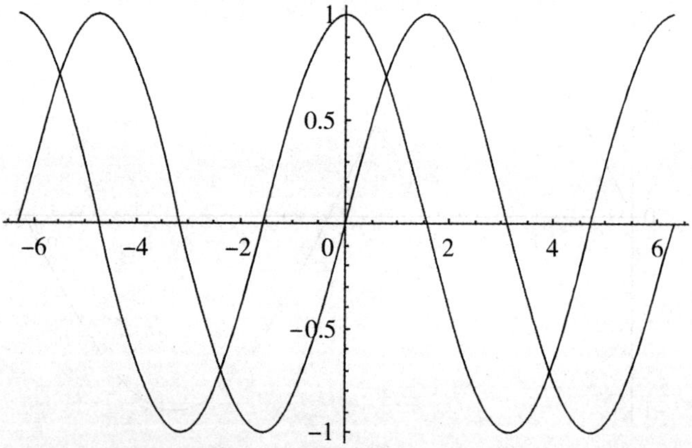

图1-29

素养提升 1-1

在实际生活和经济领域中，分段函数十分常见，如个人所得税应纳税所得额的计算方法就是一个分段函数.

《中华人民共和国个人所得税法》规定：居民个人取得的年度综合所得适用3%～45%的7级超额累进税率，见表1-3. 全年应纳税所得额是指依照税法的规定，居民个人取得综合所得以每一纳税年度收入额减除费用6万元以及专项扣除、专项附加扣除和依法确定的其他扣除后的余额.

表 1-3

级数	全年应纳税所得额	税率（%）	速算扣除数
1	不超过36 000元的部分	3	0
2	超过36 000至144 000元的部分	10	2 520
3	超过144 000至300 000元的部分	20	16 920
4	超过300 000至420 000元的部分	25	31 920
5	超过420 000至660 000元的部分	30	52 920
6	超过660 000至960 000元的部分	35	85 920
7	超过960 000元的部分	45	181 920

由上可知，假设某人的年应纳税所得额为 x 元，则我们可以得到他应缴纳的年所得税额 y 与其年应纳税所得额 x 之间的关系如下（不考虑专项扣除、专项附加扣除和依法确定的其他扣除）：

$$y=\begin{cases}0 & (0<x\leqslant 60\,000)\\(x-60\,000)\times 3\% & (60\,000<x\leqslant 96\,000)\\(x-60\,000)\times 10\%-2\,520 & (96\,000<x\leqslant 204\,000)\\(x-60\,000)\times 20\%-16\,920 & (204\,000<x\leqslant 360\,000)\\(x-60\,000)\times 25\%-31\,920 & (360\,000<x\leqslant 480\,000)\\(x-60\,000)\times 30\%-52\,920 & (480\,000<x\leqslant 720\,000)\\(x-60\,000)\times 35\%-85\,920 & (720\,000<x\leqslant 1020\,000)\\(x-60\,000)\times 45\%-181\,920 & (1020\,000<x)\end{cases}$$

举个简单的例子：

某职工2024年取得综合所得23万元，全年“三险一金”等专项扣除合计2万元，子女教育费专项附加扣除2.4万元.

假设，不考虑其他情况.

应纳税额=(230 000−60 000−20 000−24 000)×10%−2 520=10 080(元)

党的二十大报告指出，“坚持全面依法治国，推进法治中国建设”. 国家的税收制度对国家发展具有重要的意义，依法纳税是公民应尽的义务.

核心素养：法治意识　依法纳税

思考：税收对社会进步和国家发展的作用.

伟大的数学家
1-1

华罗庚：
蜚声中外，
甘为人梯

本章小结

本章主要介绍了集合、实数集、函数的概念及几类常见的函数.一个函数有两个要素:定义域和对应法则.判别两个函数是否相等,一般从函数的两个要素着手.当且仅当这两个要素分别完全相同时它们才相等.

初等函数是微积分研究的主要对象.我们必须掌握将初等函数分解成基本初等函数及其四则运算的形式.其分解步骤是由外向里分解,第一个遇到的基本初等函数里面部分全部作为中间变量,依次分解.

在经济领域里遇到较多的函数还有分段函数.分段函数是一个函数在不同的区间里有不同的表达式,不能认为它是几个不同的函数.必须注意,分段函数不是初等函数.

建立实际问题中的函数关系,通常要涉及一些专业的知识,其一般步骤是:

(1)分析实际问题中的各个量,哪些是常量,哪些是变量,从中确定自变量和因变量;

(2)根据不同实际问题的知识背景建立相应的函数关系式;

(3)根据实际问题确定所建立函数关系式的定义域.

在众多的函数关系中,我们着重介绍了经济领域里常用的函数:成本函数、供给函数、需求函数、收益函数和利润函数等.

主要概念

集合(p.2)　函数(p.7)　复合函数(p.14)　初等函数(p.15)　分段函数(p.16)

基本训练

● 知识题

已知中国移动套餐X的收费标准为:无基本月租费,每通话1分钟(不足1分钟按1分钟计算)收0.6元;中国移动套餐Y的收费标准为:每月基本费用50元,每通话1分钟(不足1分钟按1分钟计算)加收0.4元.现假设某人仅在本地区使用手机,试为他提供一个选择手机服务套餐的建议.

● 技能题

1.1　按要求写出下列集合:

(1)一枚骰子掷出奇数点的点数

(2)小于10的自然数

(3)空集

(4)$x^2-1>0$的解

1.2　设$U=\{x\in Z|0<x\leqslant 10\}$,$A=\{1,2,4,5,9\}$,$B=\{4,6,7,8,10\}$.

求:$A\cap B$,$A\cup B$,$\bar{A}\cap B$,$\bar{A}\cup\bar{B}$.

1.3　设集合$A=\{x|-1\leqslant x\leqslant 2\}B=\{x|0\leqslant x\leqslant 4\}$求$A\cap B$.

1.4　用区间表示下列实数集合.

(1)$\{x||x-1|\leqslant 2\}$　　(2)$\{x||x-1|>3\}$

(3)$\{x|1<|x-1|\leqslant 2\}$

1.5　用区间表示下列不等式.

(1) $|x-a|>1$　　(2) $1<|x-3|<4$

1.6　求下列函数的定义域:

(1) $y=\dfrac{2x}{x^2-3x+2}$　　(2) $y=\sqrt{x^2-4}+\ln(x-3)$

(3) $y=\arcsin\dfrac{x-1}{2}$　　(4) $y=\dfrac{1}{1-x^2}+\sqrt{x+1}$

(5) $y=\dfrac{\sqrt{3+x}}{15}+\ln(1+x)$　　(6) $y=\dfrac{\sqrt{4-x^2}}{\ln(x-1)}$

1.7　下列函数 $f(x)$ 和 $g(x)$ 是否相同? 为什么?

(1) $f(x)=\dfrac{x}{x}, g(x)=1$　　(2) $f(x)=\dfrac{2x^2-2}{x-1}, g(x)=2(x+1)$

1.8　判别下列函数的奇偶性.

(1) $f(x)=x+\sin x$　　(2) $f(x)=x+\cos x$

(3) $f(x)=xe^{x^2}$　　(4) $f(x)=x\sin x$

(5) $f(x)=\dfrac{1}{2}(e^x+e^{-x})$　　(6) $f(x)=\dfrac{1}{2}(e^x-e^{-x})$

(7) $f(x)=\ln\dfrac{x-1}{x+1}$　　(8) $f(x)=\ln(\sqrt{1+x^2}-x)$

1.9　下列各函数可以看成由哪些简单函数复合而成?

(1) $y=(1+x^2)^5$　　(2) $y=10^{2x-1}$

(3) $y=\sin^2(1+2x)$　　(4) $y=e^{-2x}$

(5) $y=3^{\sin x}$　　(6) $y=\ln\cot\dfrac{x}{4}$

1.10　设函数 $f(x)=\begin{cases}2+x & (x\leqslant 0)\\ 2^x & (x>0)\end{cases}$, 求 $f(-3)$, $f(0)$, $f(2)$.

1.11　用铁皮做一个容积为 V 的圆柱形有盖罐头盒.试将它的表面积表示成底圆半径r的函数,并确定此函数的定义域.

1.12　某商品的需求函数为 $Q=50-5P$。试将收益 R 表示为需求量 Q 的函数.

1.13　某公共汽车运行路线全长20千米,票价规定如下:乘坐4千米以下收费3元,乘坐4~10千米收费5元,10千米以上收费15元.试建立票价与路程之间的函数关系,并作图.

1.14　某工厂生产某产品,每日最多生产100单位.它的日固定成本为130元,生产一单位产品的可变成本为6元,求该厂日总成本函数及平均单位成本函数(日总成本函数为固定成本与可变成本之和).

1.15　已知生产某种商品 Q 件时的总成本为 $C(Q)=10+5Q+0.2Q^2$(万元),假设每出售一件该商品的收益为9万元,要求:

(1)计算该商品的利润函数.

(2)计算生产10件该商品时的总利润和平均利润.

1.16　设某商品的供给函数为 $Q_S(P)=P^2+3P-70$,需求函数为 $Q_D(P)=410-P$,

其中P为价格.

(1)在同一坐标系中,作出函数$Q_S(P)$和$Q_D(P)$的图形.

(2)若该商品的需求量与供给量达到均衡,求均衡价格.

1.17 美国一城市的某租车公司提供的汽车每天租金为40美元,每千米的附加费用为15美分.其竞争对手,另一家租车公司提供的汽车每天租金为50美元,每千米的附加费用为10美分.

(1)分别写出在两公司出租一天汽车的费用y作为旅程x函数的表达式.

(2)在同一坐标系上,画出两个函数的图形.

(3)如何判断哪一家公司费用较便宜?

1.18 播种费用通常是播种平方米数的函数.设备使用费用是固定成本,因为无论播种平方米数是多少,都必须支付这笔费用.种子和劳务费用是随播种平方米数而变化的,称为可变成本.假定固定成本为10 000美元,可变成本为200美元/平方米.设C为以美元计的总成本,x为播种平方米数。

参考答案1-1

基本训练

(1)求C作为x函数的表达式.

(2)画出C关于x的图形.

(3)解释你是怎样看出图形上的固定成本和可变成本的.

单元实训

1.1 实训目的和要求

1)掌握Mathematica中变量赋值、函数的定义和求值方法;

2)掌握Mathematica中对已定义函数的查询和清除方法;

3)掌握Mathematica中函数作图并通过图形来分析函数性质的方法.

1.2 实训设备和环境的基本要求

配置Windows 7(或更高版本)的操作系统并安装了Mathematica 5.0(或更高版本)应用软件的计算机.

1.3 实训内容

1)定义函数$f(x)=x^2-4x+3$,并求函数值$f(0)$,$f(1)$,$f(3)$,$f(-x)$,$f(x+1)$,$f\left(\frac{1}{x}\right)$.

定义函数,输入:________________

求函数值,输入:________________

计算结果:________________

2)定义函数$g(x)=\ln(x+\sqrt{x^2+1})$,求$g(0)$,$g(-5)$,$g(5)$的近似值,并在对称区间$[-10,10]$上作出函数的图形,判断函数的奇偶性.

定义函数,输入:________________

求函数值,输入:________________

计算结果:________________

函数作图,输入:________________

输出:________________

函数的奇偶性判断结论:______

3)利用计算机作函数的图形时,必须注意选择好图形的显示区域,若选择得不好,则显示的图形不能充分表示出所作图形的特点.试在计算机上作出下列函数的图形:

(1)$y=x^3-49x$,依显示区域的不同分为:

①$[-10,10]\times[-10,10]$:

函数作图,输入:______

输出:______

②$[-10,10]\times[-100,100]$:

函数作图,输入:______

输出:______

③$[-10,10]\times[-200,200]$:

函数作图,输入:______

输出:______

比较所显示的图形,其中图______比较充分地反映了所作图形的特点.

(2)$y=\sin 50x$,依显示区域的不同分为:

①$[-12,12]\times[-1.5,1.5]$:

函数作图,输入:______

输出:______

②$[-9,9]\times[-1.5,1.5]$:

函数作图,输入:______

输出:______

③$[-0.25,0.25]\times[-1.5,1.5]$:

函数作图,输入:______

输出:______

比较所显示的图形,其中图______显示了真实的图形.

4)定义下列分段函数,并作出函数的图形(注意图形的范围选取):

(1)$f(x)=\begin{cases} x+2 & (|x|>1) \\ 3 & (|x|=1) \\ x^3 & (|x|<1) \end{cases}$

定义函数,输入:______

输出:______

函数作图,输入:______

输出:______

(2)$f(x)=\begin{cases} \sqrt{1-x^2} & (|x|<1) \\ x^2-1 & (1<|x|\leqslant 2) \end{cases}$

定义函数,输入:______

输出:______

函数作图,输入:______

输出:______

参考答案1-2

1.4 练习和思考题

在计算机上完成技能题1.11(2),1.12(2).

单元实训

复习提高

1.1 单项选择题:

(1)下列各对函数中相同的有(　　).

A.$\dfrac{x^2-4}{x-2}$与$x+2$　　B.$e^{\ln 2x}$与$2x$

C.$\sqrt[3]{x^4-x^3}$与$x\cdot\sqrt[3]{x-1}$　　D.$|x|$与$\begin{cases}x & (x\neq 0)\\ 0 & (x=0)\end{cases}$

(2)函数$y=\dfrac{1}{x}\ln(2+x)$的定义域为(　　).

A.$x\neq0$且$x\neq-2$　　B.$x>0$

C.$x>-2$　　D.$x>-2$且$x\neq0$

(3)若$f(x-1)=x(x-1)$,则$f(x)=$(　　).

A.$x(x+1)$　　B.$(x-1)(x-2)$

C.$x(x-1)$　　D.不存在

1.2 填空题:

(1)设$y=\sqrt{1+u^2}$,$u=\sin v$,$v=\ln x$,则把y表示成v的函数________;把y表示成x的函数________.

(2)设$f(x)=x^2$,$\varphi(x)=2^x$,则$f[\varphi(x)]=$________;$\varphi[f(x)]=$________.

(3)试说明下列各函数的图形与$y=f(x)$的图形之间的关系($a>0$,$b>0$):

①$y=f(-x)$________;②$y=-f(x)$________;③$y=|f(x)|$________;④$y=f(x)\pm b$________________;⑤$y=f(x\pm a)$________.

1.3 下列函数可以看成由哪些简单函数复合而成?

(1)$y=\sqrt{3x-1}$　　(2)$y=(1+\ln x)^5$

(3)$y=\ln\tan x$　　(4)$y=e^{\sin^2 x}$

(5)$y=\arctan\dfrac{3x}{2}$　　(6)$y=\cos^3(\sin x^3)$

1.4 已知某商品的销售量Q与价格P的函数关系为$Q=8\,000-8P$,试将收益R表示为销售量Q的函数.

1.5 火车站收取行李费的规定如下:当行李不超过50千克时,按基本运费计算.假设从上海到某地每千克收3元,当超过50千克时,超重部分按每千克2元收费.试求上海到该地的行李费y(元)与重量x(千克)之间的函数关系,并作出函数的图形.

1.6 设某企业每年需要某种配件5万件,每外出采购一次费用为1 000元,每一万件存一年的库存费为6 400元,如果进库配件均匀供应生产部门(此时库存数可看作每次采购量的一半),且用完一批再进一批,试求该企业每年采购费用之和y与每次采购件数x之间的函数关系.

1.7 某企业生产某产品,年产量为x件,单价为2 300元,当年产量在3 000件以内时可全部销出．当年产量超过3 000件时，经广告宣传后又可多销1 000件，平均广告费为每件50元．试将本年的销售收益R表示为产量x的函数．

参考答案1-3

复习提高

1.8　设一个家庭的贷款购房能力y是其偿还能力u的100倍，而这个家庭的偿还能力u是月收入x的20%.

(1)试将此家庭贷款购房能力y表示成月收入x的函数．

(2)如果这个家庭的月收入是4 000元，那么这个家庭购买住房可贷款多少？

一尺之棰，日取其半，万世不竭.

——庄子

第2章 极限与连续

学习目标

知识目标： 了解函数极限的描述性定义，无穷小、无穷大的概念及相互关系，函数连续与间断的概念，闭区间上连续函数的性质.

技能目标： 掌握计算极限的常用方法、间断点的判断方法，并能利用 Mathematica 软件计算极限；会用动态的思维方式观察一些经济问题.

素养目标： 培养学生砥砺前行、精益求精的工匠精神，坚定文化自信.

知识导图2-1

第2章

2.1 极限

自然界中有很多量仅仅通过有限次的运算是计算不出来的，而必须通过分析一个无限变化过程的变化趋势才能求得结果，这正是极限概念和极限方法产生的客观基础.

2.1.1 函数的极限

1）$x \to \infty$时函数的极限

我们首先给出两个实际问题，在解决这两个问题的过程中，孕育了极限的思想和方法.

问题1 刘徽割圆术.

极限概念的起源可以追溯到2 500年前的古希腊，那时的希腊人在计算一些由曲线围成的平面图形的面积时，实际上采用的就是求极限的办法.而我国魏晋时期的大数学家刘徽（公元3世纪）就曾用圆的内接正多边形来逼近圆的方法，将圆周率的数值精确到小数点后4位——3.1416.

设有一圆，首先作内接正六边形，把它的面积记为A_1；再作内接正十二边形，将其面积记为A_2；再作内接正二十四边形，将其面积记为A_3；依次类推，每次边数加倍，一般地，把内接正$6\times 2^{n-1}$边形的面积记为$A_n(n\in N)$.这样，就得到一系列内接正多边形的面积：

$A_1,A_2,A_3,\cdots,A_n,\cdots$

它们构成一列有次序的数.n越大，内接正多边形与圆的差距就越小，从而以A_n作为圆面积的近似值也就越精确.但是无论n取得多么大，只要n取定了，A_n终究只是多边形的面积，而不是圆的面积.因此，设想n无限增大（记作$n\to +\infty$），即在边数无限增加的过程中，内接正多边形无限接近于圆，同时A_n无限地接近于某一确定的数值，这个确定的数值就可以被理解为圆的面积.

利用圆的内接正多边形来推算圆面积的方法——割圆术，就是利用极限思想研究几何问题.刘徽说：**"割之弥细，所失弥少.割之又割，以至于不可割，则与圆周合体而无所失矣."**他的这段话是对极限思想的生动描述.

在这个问题中，正多边形的面积A_n可以看作边数n的函数$A_n=f(n)$，当自变量n无限增加时，函数$f(n)$的值越来越接近于一个确定的数值——圆面积.可以看到，解决这个问题的关键在于分析变量A_n的变化趋势，确定出A_n无限逼近的那个数值.也就是说，关键在于引入了极限方法.如果停留在算术运算的层次上，不管你计算多少次，都是得不出圆面积的精确值的.

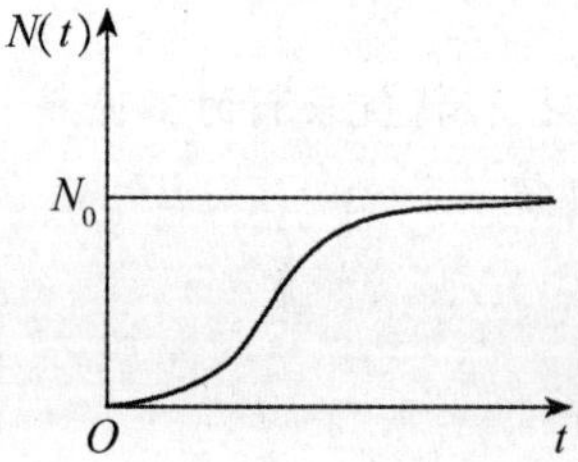

图2-1

问题2 当一种新的耐用品通过广告推出后，使用它的人将越来越多，但随着时间的推移，这一产品的新使用者的增长率逐渐减小，使用产品的总人数$N(t)$关于时间t的图形可近似地描绘为图2-1.可以想象，即使时间t无限向后推移（当时间t无限增大时），使用产品的总人数$N(t)$也不会超过所考虑区域内所有人的总数，它只可能越来越接近于不超过总人数N的某一确定值，即t趋于无穷大时，t时刻使用产品的总人数$N(t)$趋于某一饱和值N_0($N_0 \leqslant$所考虑区域内的总人数N).反映在图形上,即当时间t越来越大时,它的图形越来越接近于直线$N(t)=N_0$,但无论如何也不会超过这一直线.

上述两个问题有一个共同的特征:无论是求圆的面积,还是观察新产品使用人数的变化,实际上我们考虑的是两个变量之间的某种关系,即当一个变量按一定的方式变得越来越大时,确定另一个变量随之而变的变化趋势.

定义2-1　在自变量x的绝对值无限增大的变化过程中,如果函数$y=f(x)$的对应值无限趋近于一个确定的常数A,则称常数A为函数在自变量x趋向于无穷大时的**极限**.记作:

$$\lim_{x\to\infty} f(x)=A \quad 或 \quad f(x)\to A \quad (x\to\infty)$$

当自变量x大于0而绝对值无限增大时,如果函数$y=f(x)$的对应值无限趋近于一个确定的常数A,则称常数A为函数在自变量x趋向于正无穷大时的极限.记作:

$$\lim_{x\to+\infty} f(x)=A \quad 或 \quad f(x)\to A \quad (x\to+\infty)$$

当自变量x小于0而绝对值无限增大时,如果函数$y=f(x)$的对应值无限趋近于一个确定的常数A,则称常数A为函数在自变量x趋向于负无穷大时的极限.记作:

$$\lim_{x\to-\infty} f(x)=A \quad 或 \quad f(x)\to A \quad (x\to-\infty)$$

若在自变量的某一变化过程中,函数不趋向于某一确定的常数,则称函数没有极限.

问题1、问题2中用极限表示即为$\lim\limits_{n\to+\infty} A_n=A$,$\lim\limits_{t\to+\infty} N(t)=N_0$.

对于很多简单的函数可以通过观察定义域内的函数图形或通过计算较大范围内的函数值来给出函数的极限.

【例2-1】求解函数$f(x)=\dfrac{1}{x}$当$x\to\infty$时的极限.

解:取一系列自变量的值$x=\pm1,\pm10,\pm1\ 000,\pm100\ 000,\cdots$(见表2-1).

表2-1

x	…	±1	±10	±1 000	±1 000 000	…
$\dfrac{1}{x}$	…	±1	±0.1	±0.001	±0.000001	…

函数的图形如图2-2所示.从图2-2以及表2-1中我们可以看出,$\lim\limits_{x\to\infty}\dfrac{1}{x}=0$.

【例2-2】求解函数$f(x)=e^{-x}$和函数$f(x)=e^{x}$当$x\to+\infty$时的变化趋势.

解:我们取一系列自变量的值(见表2-2)并作出函数的图形(如图2-3所示).

表2-2

x	2	4	6	8	10	…
e^{-x}	0.135335	0.0183156	0.00247875	0.000335463	0.0000453999	…
e^{x}	7.389056	54.159815	403.42879	2 980.958	22 026.466	…

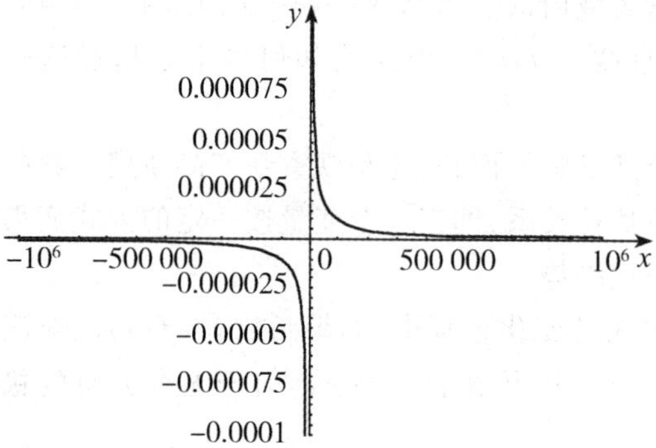

图 2-2

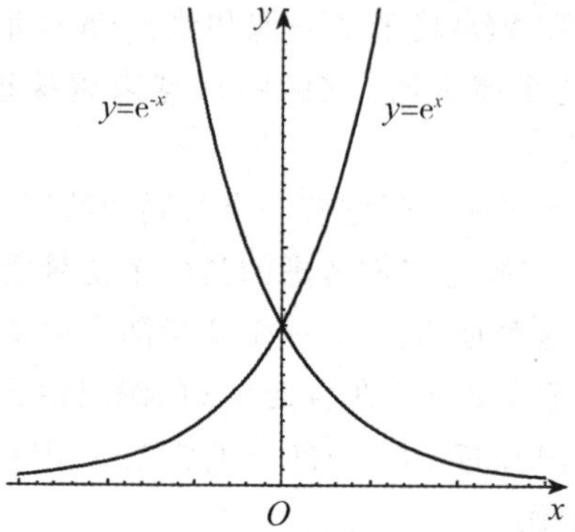

图 2-3

从表 2-2 以及函数图形中我们可以看出：$\lim\limits_{x\to+\infty} e^{-x}=0$，而 $\lim\limits_{x\to+\infty} e^x$ 不存在．类似地，可得 $\lim\limits_{x\to-\infty} e^x=0$，$\lim\limits_{x\to-\infty} e^{-x}$ 不存在．

在此，我们给出一个结论：$\lim\limits_{x\to\infty} f(x)=A$ 存在的充分必要条件为 $\lim\limits_{x\to+\infty} f(x)$ 和 $\lim\limits_{x\to-\infty} f(x)$ 存在且相等，即 $\lim\limits_{x\to+\infty} f(x)=\lim\limits_{x\to-\infty} f(x)=A$.

由上述结论可知，$\lim\limits_{x\to\infty} e^{-x}$ 和 $\lim\limits_{x\to\infty} e^x$ 都不存在．

作为极限 $\lim\limits_{x\to\infty} f(x)=A$ 的一个几何应用，我们给出曲线的水平渐近线的概念：

设函数 $y=f(x)$，若 $\lim\limits_{x\to+\infty} f(x)=A$（或 $\lim\limits_{x\to-\infty} f(x)=A$），则称直线 $y=A$ 为曲线 $y=f(x)$ 的水平渐近线．

因为 $\lim\limits_{x\to-\infty} e^x=0$，所以曲线 $y=e^x$ 有水平渐近线 $y=0$（如图 2-3 所示）．又如，$\lim\limits_{x\to\infty}\frac{1}{x}=0$，所以曲线 $y=\frac{1}{x}$ 有水平渐近线 $y=0$（如图 2-2 所示）．

2）$x\to x_0$ 时函数的极限

同样我们先看两个实际问题：

问题 3 切线问题．

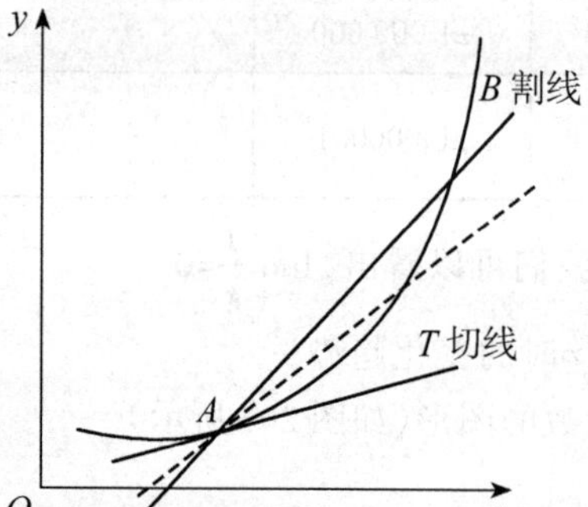

图 2-4

微积分的一个中心问题是确定一条曲线在给定点处的切线．这个问题不仅仅是一个几何问题，许多自然科学以及社会科学的问题用几何术语来描述，都是求切线的问题．

如何确定曲线在点 A 处的切线呢？办法是在曲线上另取一点 B，连接 AB 得到曲线的一条割线．当点 B 沿着曲线向点 A 运动时，割线 AB 也随之转动（如图 2-4 所示）．当点 B 沿着曲线运动到点 A 时，割线 AB 就转化为直线 AT，我们把 AT 称为曲线在点 A 处的切线．

在问题 3 中，过点 A 的割线 AB 的斜率 k_{AB} 是随着点 B 的位置变化而变化的，可以把它看作点 B 的函数 $k_{AB}=k(B)$，在自变量的某种变化过程中，点 B 沿曲线移动且越来越接近点 A，函数 $k(B)$ 的值（割线的斜率 k_{AB}），越来越接近于一个确定的数值——切线 AT 的斜率 k_{AT}.

问题4　瞬时速度．

设某点沿着直线运动，s为该动点从某一选定时刻到时刻t所经过的路程，则s是t的一个函数$s=s(t)$，这个函数称为质点的路程函数．为了说明动点在各个不同时刻运动的快慢程度，我们需要确定该动点在各个时刻的“速度”(称为瞬时速度)．在最简单的情形下，该点所经过的路程与所花的时间成正比．也就是说，无论取哪一段时间间隔，比值

$$\frac{\text{经过的路程}}{\text{所花的时间}} \tag{2.1}$$

总是相同的，这时就称动点做匀速运动，比值(2.1)就是该动点在各个时刻的瞬时速度．如果在不同的时间间隔内，比值(2.1)有不同的值，那么该动点的运动就是非匀速的，这时，把比值(2.1)笼统地称为该点的速度就不合适了，而需要根据不同的时刻来考虑．

比如说我们考虑动点在时刻t_0的速度．为此我们首先取从时刻t_0到t这样一个时间段．在这段时间内，动点位置从$s_0=s(t_0)$移动到$s=s(t)$，这时按(2.1)式算得的比值(记作$\bar{v}$)。

$$\bar{v}=\frac{s-s_0}{t-t_0}=\frac{s(t)-s(t_0)}{t-t_0} \tag{2.2}$$

$\bar{v}$是动点在上述时间段内的平均速度．如果时间间隔$(t-t_0)$很小，那么由于速度在该时段内来不及发生大的变化，因此可把平均速度近似地看作动点在t_0时刻的速度．一般地，$(t-t_0)$越小，这种近似就越精确．然而不管时间间隔选得多么小，由(2.2)式求得的$\bar{v}$都不能精确地反映动点在时刻t_0的快慢程度，也就是说，$\bar{v}$不能作为动点在时刻t_0的瞬时速度的精确值．为了求得这个精确值，我们必须让t无限趋近t_0，并考察相应的$\bar{v}$在这个无限变化过程中的变化趋势．如果$\bar{v}$无限趋近于一个确定的常数，那么把这个数作为动点在t_0时刻的瞬时速度是十分合理的．用极限的语言表达就是：把动点在时刻t_0的瞬时速度v定义为(2.2)式表示的平均速度$\bar{v}$当t趋近于t_0时的极限，并记作：

$$v=\lim_{t\to t_0}\bar{v}=\lim_{t\to t_0}\frac{s(t)-s(t_0)}{t-t_0}$$

由此可见，对于瞬时速度，无论是为了理解它还是为了计算它，都必须考察函数在一个无限变化过程中的变化趋势，也就是说，必须依赖极限方法．

一般地，我们给出下面的定义：

定义2-2　在自变量x无限趋近于x_0的变化过程中，如果函数$y=f(x)$的对应值无限趋近于一个确定的常数A，则称常数A为函数在自变量x趋向于x_0时的**极限**．记作：

$$\lim_{x\to x_0}f(x)=A \quad 或 \quad f(x)\to A(x\to x_0)$$

当自变量x大于x_0而无限趋近于x_0时，如果函数$y=f(x)$的对应值无限趋近于一个确定的常数A，则称常数A为函数在自变量x趋向于x_0时的**右极限**．记作：

$$\lim_{x\to x_0^+}f(x)=A \quad 或 \quad f(x)\to A(x\to x_0^+)$$

当自变量x小于x_0而无限趋近于x_0时，如果函数$y=f(x)$的对应值无限趋近于一个确定的常数A，则称常数A为函数在自变量x趋向于x_0时的**左极限**．记作：

$$\lim_{x\to x_0^-}f(x)=A \quad 或 \quad f(x)\to A(x\to x_0^-)$$

若在自变量的某一变化过程中,函数不趋向于某一确定的常数,则称函数没有极限.

【例2-3】观察函数$f(x)=\dfrac{x^2+x-2}{x-1}$当$x$无限趋近于1时的极限.

解:由于函数在x=1时无定义,我们给出表2-3,当x从1的左右两侧无限趋近于1的时候,相应的函数值无限接近于3.

表2-3

x	0.8	0.9	0.95	0.99	0.999	1	1.001	1.01	1.05	1.1
$f(x)$	2.8	2.9	2.95	2.99	2.999	不存在	3.001	3.01	3.05	3.10

从几何上看,极限$\lim\limits_{x\to x_0} f(x)=A$表示:当自变量$x$无限趋近于$x_0$时,函数$y=f(x)$的图形的高度越来越接近于直线$y=A$(如图2-5所示).例如,函数$f(x)=\dfrac{x^2+x-2}{x-1}$的图形是一条有"点洞"(1,3)的直线,当$x$无限接近于1时,直线上的点$(x,y)$无限接近于"点洞"(如图2-6所示).

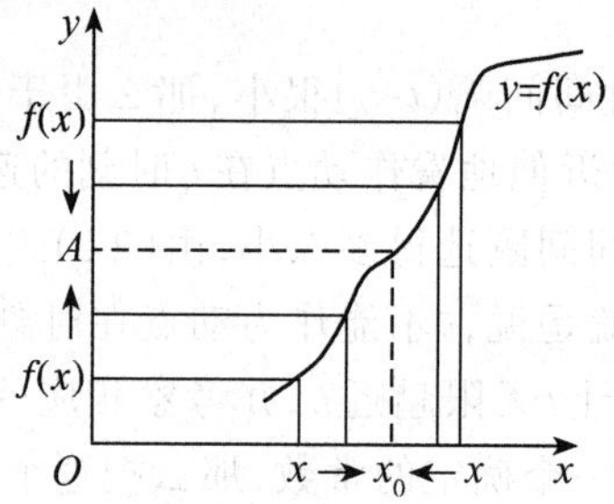

图2-5

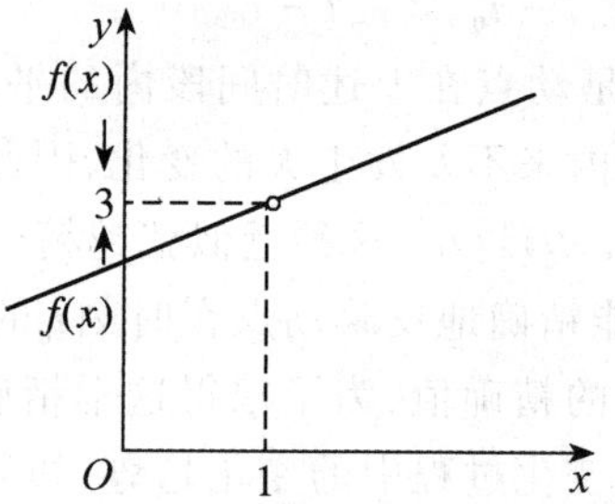

图2-6

需要注意的是:极限是描述函数在某一特定点附近的性态,而与该点本身无关.图2-7表示的是极限$\lim\limits_{x\to x_0} f(x)=A$的函数$f(x)$的三种情况.

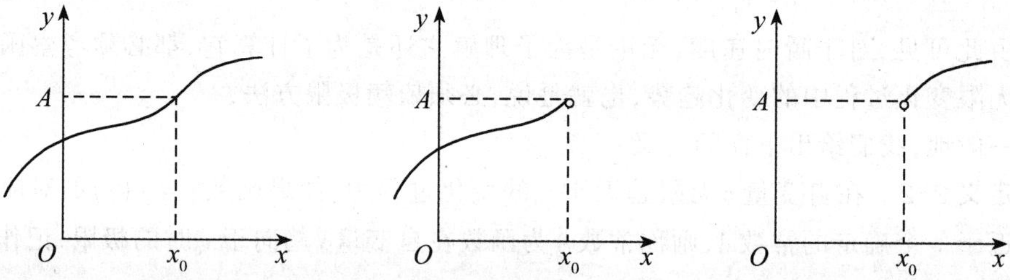

图2-7

【例2-4】求函数$f(x)=\begin{cases}1 & (x<0)\\ x & (x\geqslant 0)\end{cases}$,当$x\to 0$时,$f(x)$的左右极限.

解:由图2-8可知:

$\lim\limits_{x\to 0^-} f(x)=\lim\limits_{x\to 0^-} 1=1$

$\lim\limits_{x\to 0^+} f(x)=\lim\limits_{x\to 0^+} x=0$

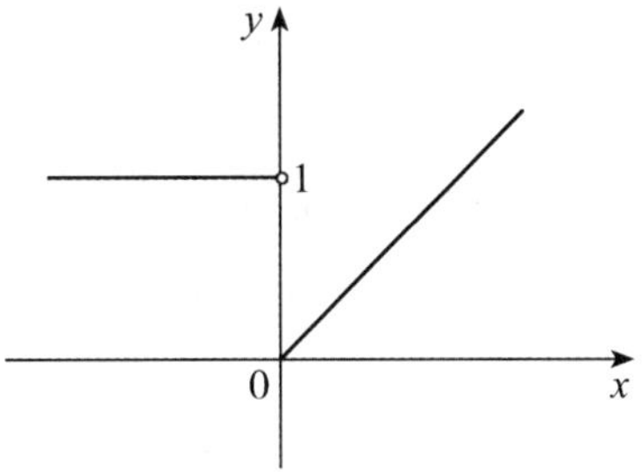

图 2-8

在此,我们同样给出一个结论:$\lim\limits_{x \to x_0} f(x) = A$ 存在的充分必要条件是 $\lim\limits_{x \to x_0^-} f(x)$ 和 $\lim\limits_{x \to x_0^+} f(x)$ 存在且相等,即 $\lim\limits_{x \to x_0^+} f(x) = \lim\limits_{x \to x_0^-} f(x) = A$.

【例 2-5】 设 $f(x) = \begin{cases} 1 & (x < 0) \\ x^2 & (x \geqslant 0) \end{cases}$,研究当 $x \to 0$ 时,$f(x)$ 的极限是否存在.

解:由图 2-9 可知:

$\lim\limits_{x \to 0^-} f(x) = \lim\limits_{x \to 0^-} 1 = 1$

$\lim\limits_{x \to 0^+} f(x) = \lim\limits_{x \to 0^+} x^2 = 0$

因为 $\lim\limits_{x \to 0^-} f(x) \neq \lim\limits_{x \to 0^+} f(x)$,所以 $\lim\limits_{x \to 0} f(x)$ 不存在.

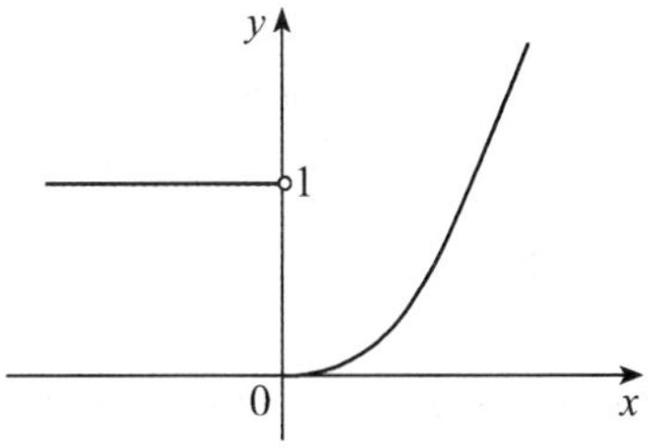

图 2-9

作为极限 $\lim\limits_{x \to x_0} f(x) = A$ 的一个几何应用,我们给出曲线的垂直渐近线的概念:

设函数 $y=f(x)$,若 $\lim\limits_{x \to x_0^+} f(x) = \infty$(或 $\lim\limits_{x \to x_0^-} f(x) = \infty$),则称直线 $x=x_0$ 为曲线 $y = f(x)$ 的垂直渐近线(注意:这里 ∞ 是一个记号).

从 $y = \dfrac{1}{x}$ 的图形看(如图 2-2 所示),当 x 从大于 0 的方向趋近于 0 时,函数 y 的值无限增大,即 $\lim\limits_{x \to 0^+} \dfrac{1}{x} = \infty$,曲线 $y = \dfrac{1}{x}$ 与直线 $x=0$ 无限接近.直线 $x=0$ 是曲线 $y = \dfrac{1}{x}$ 的垂直渐近线.

2.1.2 无穷小与无穷大

在函数的极限中有两个很特殊的量:在自变量的某个变化过程中,一个是函数的极限为零,另一个是函数的绝对值无限增大.下面介绍有关的概念.

1) 无穷小与无穷大的定义及关系

(1)无穷小.

定义 2-3 在自变量 x 的某一变化过程中,函数 $f(x)$ 以零为极限,则称在该变化过程中,函数 $f(x)$ 为**无穷小量**(简称**无穷小**).

例如,由于 $\lim\limits_{x \to 0} \sin x = 0$,所以,当 x 无限趋近于零时,函数 $\sin x$ 为无穷小量.又如,$\lim\limits_{x \to \infty} \dfrac{1}{x} = 0$,所以当 x 的绝对值无限增大($x \to \infty$)时,函数 $\dfrac{1}{x}$ 为无穷小量.

注意:①无穷小是一个以零为极限的变量,其绝对值可以任意地小,而不是一个绝对值很小的数,也不是零,不能将无穷小和绝对值很小的数混淆.②无穷小是指在自变量的某一变化过程中,函数无限接近于零的一种特殊的变化状态.函数是否为无穷小量是与自变量的变化过程密切联系的.

例如,当$x\to 0$时,$f(x)=\sin x$是无穷小,而当$x\to\frac{\pi}{2}$时,函数$f(x)=\sin x$则趋向于1,显然不是无穷小.因此,称函数是无穷小时,必须具体指明自变量的变化过程.

(2)无穷大.

定义2-4 在自变量x的某一变化过程中,函数$f(x)$的绝对值无限增大,则称在该变化过程中,函数$f(x)$为**无穷大量**(简称**无穷大**).

同样,无穷大也是指在自变量的某一变化过程中,函数的绝对值无限增大的一种特殊的变化状态.为了便于叙述函数的这一性态,我们也说函数的极限是无穷大,以符号"∞"作为它的极限.例如,当$x\to 0$时,函数$\frac{1}{x}$的绝对值无限增大,因此在x无限趋近于0这一变化过程中,函数$\frac{1}{x}$是无穷大量.用极限的记号记为$\lim\limits_{x\to 0}\frac{1}{x}=\infty$.

(3)无穷小与无穷大的关系.

无穷小与无穷大之间有如下关系:

定理2-1 在自变量的同一变化过程中,若$f(x)$为无穷大,则$\frac{1}{f(x)}$为无穷小;若$f(x)$为无穷小,且$f(x)\neq 0$,则$\frac{1}{f(x)}$为无穷大.

由该定理可知,对无穷大的研究可以转化为对无穷小的研究,反之亦然.

2)无穷小的性质

(1)有限个无穷小量的代数和仍是无穷小量.

(2)有限个无穷小量的乘积仍是无穷小量.

(3)有界函数与无穷小量的乘积仍是无穷小量.

【例2-6】 求极限$\lim\limits_{x\to 0}\left(x\sin\frac{1}{x}\right)$.

解:由于$\left|\sin\frac{1}{x}\right|\leqslant 1$,即$\sin\frac{1}{x}$为有界函数,而函数$x$当$x\to 0$时是无穷小量,因此,函数$x\sin\frac{1}{x}$是$x\to 0$时的无穷小,即$\lim\limits_{x\to 0}\left(x\sin\frac{1}{x}\right)=0$.

图2-10是函数$x\sin\frac{1}{x}$的图形,从图2-10中可见,当x无限趋近于0时,对应的函数值交替变化地取正负值,但是无限地趋近于0.

需要指出的是,与无穷小不同,在自变量的同一变化过程中,两个无穷大量的和、差与商是没有确定的结果的,必须根据具体的问题来考虑.

3)无穷小的阶

有限个无穷小的代数和与积仍是无穷小,但是两个无穷小的商则会出现不同的情况.例如,当$x\to 0$时,$2x$,x^2,$\sin x$都是无穷小,但它们两两之比的极限会出现各种不同情况,这反映了不同的无穷小趋向于零的快慢程度.由于两个无穷小之商一般不能立刻判断其极限是否存在,因此我们通常称这种极限为未定式极限.

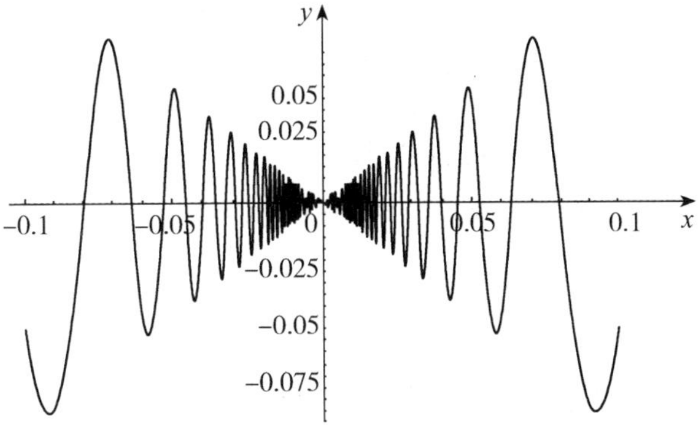

图2-10

由表2-4可以看出，在$x\to 0$的过程中，$x^2\to 0$比$2x\to 0$快些，而$2x\to 0$比$x^2\to 0$慢些，$2x\to 0$与$\sin x\to 0$则快慢相仿．事实上，我们可得$\lim\limits_{x\to 0}\frac{x^2}{2x}=0$，$\lim\limits_{x\to 0}\frac{2x}{x^2}=\infty$，$\lim\limits_{x\to 0}\frac{\sin x}{2x}=\frac{1}{2}$.

表2-4

x	0.1	0.01	0.001	0.0001	…
$2x$	0.2	0.02	0.002	0.0002	…
x^2	0.01	0.0001	0.000001	0.00000001	…
$\sin x$	0.0988	0.01	0.001	0.0001	…

定义2-5　设$\alpha(x)$与$\beta(x)$是在同一自变量的同一变化过程中的两个无穷小，$\lim\frac{\beta(x)}{\alpha(x)}(\alpha(x)\neq 0)$表示这个变化过程中的极限．

（1）如果$\lim\frac{\beta(x)}{\alpha(x)}=0$，则称在这个变化过程中，$\beta(x)$是比$\alpha(x)$**高阶的无穷小**，记作$\beta=o(\alpha)$；也称在这个变化过程中，$\alpha(x)$是比$\beta(x)$**低阶的无穷小**．

（2）如果$\lim\frac{\beta(x)}{\alpha(x)}=C$（$C$是一个不为零的常数），则称在这个变化过程中，$\beta(x)$与$\alpha(x)$是**同阶无穷小**．

（3）特别地，当$C=1$时，即$\lim\frac{\beta(x)}{\alpha(x)}=1$，则称在这个变化过程中，$\beta(x)$与$\alpha(x)$是**等价无穷小**，记作$\alpha\sim\beta$.

由定义2-5可知，当$x\to 0$时，x^2是比$2x$高阶的无穷小，而$2x$是比x^2低阶的无穷小；当$x\to 0$时，$2x$与$\sin x$是同阶无穷小．

2.1.3　极限的运算法则

下面我们把自变量x的某一变化过程简记为lim，如$x\to x_0$（包括$x\to x_0^+$或$x\to x_0^-$），$x\to\infty$（包括$x\to+\infty$或$x\to-\infty$）.

定理2-2　设在自变量的同一变化过程中，$\lim f(x)=A$，$\lim g(x)=B$，则：

（1）$\lim[f(x)\pm g(x)]=A\pm B=\lim f(x)\pm\lim g(x)$；

(2) $\lim[f(x)\cdot g(x)]=A\cdot B=\lim f(x)\cdot\lim g(x)$，特别地，当 k,n 为常数时，有 $\lim[k\cdot f(x)]=k\cdot A=k\cdot\lim f(x)$，$\lim[f(x)]^n=A^n=[\lim f(x)]^n$；

(3)当 $B\neq0$ 时，$\lim\dfrac{f(x)}{g(x)}=\dfrac{A}{B}=\dfrac{\lim f(x)}{\lim g(x)}$.

另外，有两个有关特殊线性函数的极限：$\lim\limits_{x\to x_0}C=C$，$\lim\limits_{x\to x_0}x=x_0$，即常数的极限是常数本身，而当 $x\to x_0$ 时函数 $f(x)=x$ 的极限是 x_0.

【例2-7】求极限 $\lim\limits_{x\to-1}(3x^3-4x+8)$.

解：$\lim\limits_{x\to-1}(3x^3-4x+8)=3(\lim\limits_{x\to-1}x)^3-4(\lim\limits_{x\to-1}x)+\lim\limits_{x\to-1}8=3\times(-1)^3-4\times(-1)+8=9$

【例2-8】求极限 $\lim\limits_{x\to0}\dfrac{3x^3-8}{x-2}$.

解：由于 $\lim\limits_{x\to0}(x-2)\neq0$，可利用极限商的运算法则，得：

$$\lim_{x\to0}\frac{3x^3-8}{x-2}=\frac{\lim\limits_{x\to0}(3x^3-8)}{\lim\limits_{x\to0}(x-2)}=\frac{3\lim\limits_{x\to0}x^3-\lim\limits_{x\to0}8}{\lim\limits_{x\to0}x-\lim\limits_{x\to0}2}=\frac{-8}{-2}=4$$

上述两个例题是有关多项式和有理式函数的极限问题.事实上，我们有下面的结论：

设 $P(x)$，$Q(x)$ 是两个多项式，则：

$$\lim_{x\to x_0}P(x)=P(x_0),\ \lim_{x\to x_0}\frac{P(x)}{Q(x)}=\frac{P(x_0)}{Q(x_0)}(\text{当 }Q(x_0)\neq0\text{ 时})$$

在这个结论中，当 $Q(x_0)=0$ 时，如何求有理式函数的极限呢？请看下面的例题.

【例2-9】求极限 $\lim\limits_{x\to2}\dfrac{x+1}{x-2}$.

解：由于该有理式分母的极限 $\lim\limits_{x\to2}(x-2)=0$，我们不能直接用极限商的运算法则.注意到 $\lim\limits_{x\to2}(x+1)=3\neq0$，于是我们先求极限 $\lim\limits_{x\to2}\dfrac{x-2}{x+1}=\dfrac{\lim\limits_{x\to2}(x-2)}{\lim\limits_{x\to2}(x+1)}=0$，再利用无穷小与无穷大的关系可得 $\lim\limits_{x\to2}\dfrac{x+1}{x-2}=\infty$(极限不存在).

【例2-10】求极限 $\lim\limits_{x\to1}\dfrac{x^2-1}{x^2-3x+2}$.

解：由于该有理式分子、分母的极限都为零，即 $\lim\limits_{x\to1}(x^2-3x+2)=0$，$\lim\limits_{x\to1}(x^2-1)=0$，因此不能用上例的方法来求极限，而是：

$$\lim_{x\to1}\frac{x^2-1}{x^2-3x+2}=\lim_{x\to1}\frac{(x-1)(x+1)}{(x-1)(x-2)}=\lim_{x\to1}\frac{x+1}{x-2}=\frac{1+1}{1-2}=-2$$

在这里，先对原有理式进行分解，然后消去一个公共零因子 $(x-1)$，从而可求得极限.

【例2-11】求极限 $\lim\limits_{x\to1}\dfrac{\sqrt{x}-1}{x-1}$.

解：$\lim\limits_{x\to1}\dfrac{\sqrt{x}-1}{x-1}=\lim\limits_{x\to1}\dfrac{\sqrt{x}-1}{(\sqrt{x}+1)(\sqrt{x}-1)}=\lim\limits_{x\to1}\dfrac{1}{\sqrt{x}+1}=\dfrac{1}{2}$

【例2-12】求极限 $\lim\limits_{x\to\infty}\dfrac{2x^2+2x+3}{3x^2+1}$.

解：此题不能直接用极限商的运算法则.将分子分母同时除以 x^2 得：

$$\lim_{x\to\infty}\frac{2x^2+2x+3}{3x^2+1}=\lim_{x\to\infty}\frac{2+\frac{2}{x}+\frac{3}{x^2}}{3+\frac{1}{x^2}}=\frac{\lim\limits_{x\to\infty}\left(2+\frac{2}{x}+\frac{3}{x^2}\right)}{\lim\limits_{x\to\infty}\left(3+\frac{1}{x^2}\right)}=\frac{2}{3}$$

【例2-13】求极限 $\lim\limits_{x\to\infty}\dfrac{x^3+1}{x^2+x+2}$.

解：因为 $\lim\limits_{x\to\infty}\dfrac{x^2+x+2}{x^3+1}=\lim\limits_{x\to\infty}\dfrac{\frac{1}{x}+\frac{1}{x^2}+\frac{2}{x^3}}{1+\frac{1}{x^3}}=0$，所以：

$$\lim_{x\to\infty}\frac{x^3+1}{x^2+x+2}=\infty$$

一般当 $x\to\infty$ 时，有理式函数的极限有以下结论：

$$\lim_{x\to\infty}\frac{a_0x^n+a_1x^{n-1}+\cdots+a_n}{b_0x^m+b_1x^{m-1}+\cdots+b_m}=\begin{cases}0 & (n<m)\\ \dfrac{a_0}{b_0} & (n=m)\\ \infty & (n>m)\end{cases}$$

2.1.4　两个重要极限

1）$\lim\limits_{x\to 0}\dfrac{\sin x}{x}=1$

函数 $\dfrac{\sin x}{x}$ 在 $x=0$ 处无定义，当 x 无限接近于0而不等于0时，函数是有定义的.为得到函数 $\dfrac{\sin x}{x}$ 当 $x\to 0$ 时的极限，我们计算其某些函数值（见表2-5），并作出函数 $\dfrac{\sin x}{x}$ 在 $x=0$ 附近的图形（如图2-11所示）.

表2-5

x	$\pm\frac{\pi}{45}$	$\pm\frac{\pi}{90}$	$\pm\frac{\pi}{180}$	$\pm\frac{\pi}{360}$	$\pm\frac{\pi}{720}$	$\pm\frac{\pi}{1\,440}$	…
$\frac{\sin x}{x}$	0.999188	0.999797	0.999949	0.999987	0.999997	0.999999	…

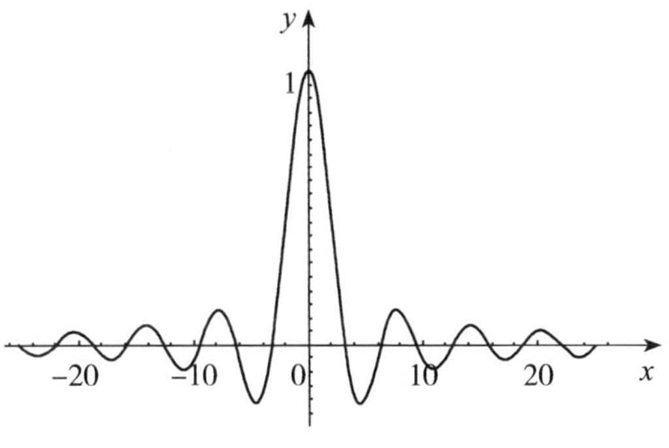

图2-11

图 2-11 是函数 $y=\frac{\sin x}{x}$ 在区间$(-8\pi, 8\pi)$上的图形.从表 2-5 和图 2-11 中可看出，当 $x\to0$ 时，函数值 $\frac{\sin x}{x}$ 无限趋近于常数值 1，即：

$$\lim_{x\to0}\frac{\sin x}{x}=1$$

【例 2-14】 求极限 $\lim\limits_{x\to0}\frac{\tan x}{x}$.

解：$\lim\limits_{x\to0}\frac{\tan x}{x}=\lim\limits_{x\to0}\frac{\frac{\sin x}{\cos x}}{x}=\lim\limits_{x\to0}\frac{\sin x}{x}\cdot\frac{1}{\cos x}=\lim\limits_{x\to0}\frac{\sin x}{x}\cdot\lim\limits_{x\to0}\frac{1}{\cos x}=1$

【例 2-15】 求极限 $\lim\limits_{x\to0}\frac{\sin 3x}{x}$.

解：令 $u=3x$，则 $x\to0$ 时 $u\to0$，于是有：

$$\lim_{x\to0}\frac{\sin 3x}{x}=\lim_{x\to0}\left(\frac{\sin 3x}{3x}\cdot3\right)=3\cdot\lim_{x\to0}\frac{\sin 3x}{3x}=3\cdot\lim_{u\to0}\frac{\sin u}{u}=3$$

一般地，若有 $\lim\limits_{x\to x_0}\varphi(x)=0$，则有 $\lim\limits_{x\to x_0}\frac{\sin\varphi(x)}{\varphi(x)}=1$（当 $x\to\infty$ 时也成立）.在运用此公式求极限时，应该注意它的形式结构.

【例 2-16】 求极限 $\lim\limits_{x\to0}\frac{1-\cos x}{x^2}$.

解：$\lim\limits_{x\to0}\frac{1-\cos x}{x^2}=\lim\limits_{x\to0}\frac{2\sin^2\frac{x}{2}}{x^2}=\frac{1}{2}\lim\limits_{x\to0}\frac{\sin^2\frac{x}{2}}{\left(\frac{x}{2}\right)^2}=\frac{1}{2}\lim\limits_{x\to0}\left(\frac{\sin\frac{x}{2}}{\frac{x}{2}}\right)^2=\frac{1}{2}$

【例 2-17】 求极限 $\lim\limits_{x\to\infty}x\sin\frac{1}{x}$.

解：因为当 $x\to\infty$ 时，$\frac{1}{x}\to0$，所以 $\lim\limits_{x\to\infty}x\sin\frac{1}{x}=\lim\limits_{x\to\infty}\frac{\sin\frac{1}{x}}{\frac{1}{x}}=1$.

2）$\lim\limits_{x\to\infty}\left(1+\frac{1}{x}\right)^x=e$

为观察 x 的绝对值无限增大时 $\left(1+\frac{1}{x}\right)^x$ 的变化趋势，我们取 x 的一些离散点，计算得到相应函数值，见表 2-6.从表 2-6 中可见，函数值越来越趋近于常数 e.

表 2-6

x	10	10^2	10^3	10^4	10^5	10^6	…
$\left(1+\frac{1}{x}\right)^x$	2.59374	2.70481	2.71692	2.71815	2.71827	2.71828	
x	-10	-10^2	-10^3	-10^4	-10^5	-10^6	…
$\left(1+\frac{1}{x}\right)^x$	2.86797	2.73200	2.71964	2.71842	2.71830	2.71828	

函数$\left(1+\frac{1}{x}\right)^x$的图形如图2-12所示.从图2-12中可见,当$x>0$时,函数单调增加,随着$x$的增大,函数的图形越来越趋近于直线$y=e$;当$x<0$时,函数单调增加,随着$x$的绝对值的增大,函数的图形越来越接近于直线$y=\mathrm{e}$.

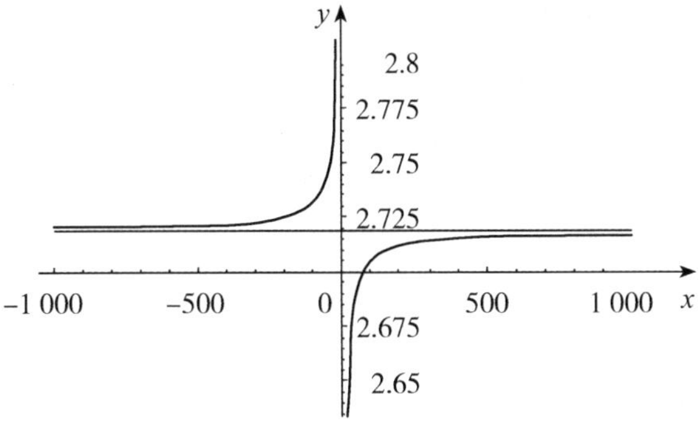

图2-12

因此,可以看出当$x\to\infty$时,函数值$\left(1+\frac{1}{x}\right)^x$无限趋近于常数值e,即:

$$\lim_{x\to\infty}\left(1+\frac{1}{x}\right)^x=\mathrm{e}$$

一般地,若有$\lim\limits_{x\to\infty}\varphi(x)=\infty$,则有$\lim\limits_{x\to\infty}\left(1+\frac{1}{\varphi(x)}\right)^{\varphi(x)}=\mathrm{e}$(当$x\to x_0$时也成立).在运用此公式求极限时,同样应该注意它的形式结构.

根据无穷小与无穷大的关系,可以得到该极限的另一种形式:$\lim\limits_{x\to 0}(1+x)^{\frac{1}{x}}=\mathrm{e}$.

【例2-18】求极限$\lim\limits_{x\to\infty}\left(1+\frac{2}{x}\right)^x$.

解:令$u=\frac{x}{2}$,当$x\to\infty$时,$u\to\infty$,于是有:

$$\lim_{x\to\infty}\left(1+\frac{2}{x}\right)^x=\lim_{x\to\infty}\left[\left(1+\frac{1}{\frac{x}{2}}\right)^{\frac{x}{2}}\right]^2=\lim_{u\to\infty}\left[\left(1+\frac{1}{u}\right)^u\right]^2=\mathrm{e}^2$$

【例2-19】求极限$\lim\limits_{x\to\infty}\left(\frac{x}{1+x}\right)^{x+3}$.

解:由于$\left(\frac{1+x}{x}\right)^{x+3}=\left(1+\frac{1}{x}\right)^x\cdot\left(1+\frac{1}{x}\right)^3$,所以:

$$\lim_{x\to\infty}\left(\frac{x}{1+x}\right)^{x+3}=\lim_{x\to\infty}\frac{1}{\left(\frac{1+x}{x}\right)^{x+3}}=\lim_{x\to\infty}\frac{1}{\left(1+\frac{1}{x}\right)^x\cdot\left(1+\frac{1}{x}\right)^3}=\frac{1}{\mathrm{e}\cdot 1}=\frac{1}{\mathrm{e}}$$

【例 2-20】求极限 $\lim\limits_{x\to 0}(1-3x)^{\frac{1}{x}}$.

解：$\lim\limits_{x\to 0}(1-3x)^{\frac{1}{x}}=\lim\limits_{x\to 0}[1+(-3x)]^{\frac{-3}{-3x}}=\dfrac{1}{\lim\limits_{x\to 0}\{[1+(-3x)]^{\frac{1}{-3x}}\}^3}=e^{-3}$

另外，还可以利用等价无穷小代换来计算"$\dfrac{0}{0}$"型未定式极限.

定理 2-3 设在自变量变化的同一过程中 $\alpha(x)$，$\alpha'(x)$，$\beta(x)$，$\beta'(x)$ 都无穷小，且 $\alpha(x)\sim\alpha'(x)$，$\beta(x)\sim\beta'(x)$，则 $\lim\dfrac{\alpha(x)}{\beta(x)}=\lim\dfrac{\alpha'(x)}{\beta'(x)}$.

以下是常见的等价无穷小量（当 $x\to 0$ 时）：

(1) $\sin x\sim x$；(2) $\tan x\sim x$；(3) $\arcsin x\sim x(x\to 0)$；(4) $(1-\cos x)\sim\dfrac{x^2}{2}(x\to 0)$；(5) $\ln(1+x)\sim x$；(6) $(e^x-1)\sim x$；(7) $(\sqrt{a^2+x}-a)\sim\dfrac{x}{2a}$.

【例 2-21】求下列极限：

(1) $\lim\limits_{x\to 0}\dfrac{\sin 7x}{x}$　　(2) $\lim\limits_{x\to 0}\dfrac{\ln(1-3x)}{x}$

(3) $\lim\limits_{x\to 0}\dfrac{e^{2x}-1}{\ln(1+5x)}$　　(4) $\lim\limits_{x\to 0}\dfrac{\sqrt{1-2x^2}}{x\tan 3x}$

解：(1) $\lim\limits_{x\to 0}\dfrac{\sin 7x}{x}=\lim\limits_{x\to 0}\dfrac{7x}{x}=7$　（其中 $\sin 7x\sim 7x$）.

(2) $\lim\limits_{x\to 0}\dfrac{\ln(1-3x)}{x}=\lim\limits_{x\to 0}\dfrac{-3x}{x}=-3$　（其中 $\ln(1-3x)\sim -3x$）.

(3) $\lim\limits_{x\to 0}\dfrac{e^{2x}-1}{\ln(1+5x)}=\lim\limits_{x\to 0}\dfrac{2x}{5x}=\dfrac{2}{5}$　（其中 $(e^{2x}-1)\sim 2x$，$\ln(1+5x)\sim 5x$）.

(4) $\lim\limits_{x\to 0}\dfrac{\sqrt{1-2x^2}}{x\tan 3x}=\lim\limits_{x\to 0}\dfrac{-\dfrac{2x^2}{2}}{x(3x)}=-\dfrac{1}{3}$　（其中 $(\sqrt{1-2x^2}-1)\sim -x^2$，$\tan 3x\sim 3x$）.

2.2 函数的连续性

客观世界的许多事物都在变化，在事物的变化过程中往往存在渐变与突变的现象.连续与间断（不连续）正是被用来描述这类现象的.

2.2.1 连续函数的概念

连续性是客观世界普遍存在的一种自然现象，它描述了自然界的渐变现象，如气温的变化、河水的流动、植物的生长等都是连续变化着的.这种连续变化的共同特征的抽象，就是数学上的连续性.连续性是函数的一种重要性态，反映在函数关系上，连续就是自变量的微小变动，只能引起函数的微小变化.连续函数是微积分所研究的最重要的一类函数.

定义 2-6 如果函数 $f(x)$ 满足下列条件：

(1) $f(x)$ 在点 $x=x_0$ 处有定义；

(2)极限 $\lim\limits_{x\to x_0}f(x)$存在;

(3) $\lim\limits_{x\to x_0}f(x)=f(x_0)$.

则称函数$f(x)$在点$x=x_0$处**连续**.

如果$f(x)$在点x_0处不连续,则称点x_0为间断点.

设$x=x_0+\Delta x$(这里Δx称为自变量的增量),当$x\to x_0$时,有$\Delta x\to 0$.记作$\Delta y=f(x)-f(x_0)=f(x_0+\Delta x)-f(x_0)$(这里$\Delta y$称为函数的增量),由(3)可知:

$$\lim_{\Delta x\to 0}\Delta y=\lim_{x\to x_0}(f(x)-f(x_0))=0$$

即 $\lim\limits_{\Delta x\to x}\Delta y=0$.这反映了连续函数的特征:当自变量有一个微小的变化时,函数值的变化也是很微小的.由此我们得到:

函数$y=f(x)$在点$x=x_0$处连续的充分必要条件是在该点处 $\lim\limits_{\Delta x\to 0}\Delta y=0$.

在前面介绍极限时我们提到,若$P(x)$,$Q(x)$是两个多项式,则有 $\lim\limits_{x\to x_0}P(x)=P(x_0)$, $\lim\limits_{x\to x_0}\dfrac{P(x)}{Q(x)}=\dfrac{P(x_0)}{Q(x_0)}$(当$Q(x_0)\neq 0$时).由该极限式可知,多项式函数和有理式函数在其定义域内是连续的.

【例2-22】试说明多项式函数$P(x)=2x^3-x+5$在点$x=1$处是连续的.

解:只需要说明函数连续的三个条件都满足即可.显然$P(x)$在点$x=1$处有定义$P(1)=6$,而且极限 $\lim\limits_{x\to 1}P(x)$存在并且 $\lim\limits_{x\to 1}P(x)=P(1)$,因此多项式函数$P(x)$在点$x=1$处连续.

【例2-23】试说明有理式函数$f(x)=\dfrac{x+1}{x-2}$在点$x=3$处是连续的.

解:只需要说明函数连续的三个条件都满足即可.显然$f(x)$在点$x=3$处有定义$f(3)=\dfrac{3+1}{3-2}=4$;由于 $\lim\limits_{x\to 3}(x-2)\neq 0$,极限 $\lim\limits_{x\to 3}f(x)=\lim\limits_{x\to 3}\dfrac{x+1}{x-2}=\dfrac{\lim\limits_{x\to 3}(x+1)}{\lim\limits_{x\to 3}(x-2)}=\dfrac{4}{1}=4=f(3)$,因此有理式函数$f(x)$在点$x=3$处连续.

【例2-24】讨论函数$f(x)=\begin{cases}x\sin\dfrac{1}{x} & (x\neq 0)\\ 0 & (x=0)\end{cases}$在点$x=0$处的连续性.

解:函数$f(x)$在点$x=0$处有定义,$f(0)=0$,而 $\lim\limits_{x\to 0}f(x)=\lim\limits_{x\to 0}x\sin\dfrac{1}{x}=0$,且 $\lim\limits_{x\to 0}f(x)=f(0)$,所以函数$f(x)$在点$x=0$处连续.

如果函数在点$x=x_0$处有定义,且 $\lim\limits_{x\to x_0^+}f(x)=f(x_0)$,则称函数$f(x)$在点$x=x_0$处右连续;如果函数在点$x=x_0$处有定义,且 $\lim\limits_{x\to x_0^-}f(x)=f(x_0)$,则称函数$f(x)$在点$x=x_0$处左连续.

由前面极限存在的一个充分必要条件我们可以得到如下结论:

函数$f(x)$在点x_0处连续的充分必要条件是函数$f(x)$在点x_0处左连续同时右连续,即

$$\lim_{x\to x_0}f(x)=f(x_0)\Leftrightarrow\lim_{x\to x_0^+}f(x)=f(x_0)=\lim_{x\to x_0^-}f(x)$$

如果函数$f(x)$在开区间(a,b)内每一点都连续，则称函数$f(x)$在开区间(a,b)内连续；如果函数$f(x)$在开区间(a,b)内连续，且在点$x=a$处右连续，在点$x=b$处左连续，则称函数$f(x)$在闭区间$[a,b]$上连续.

2.2.2 函数的间断点

如果函数$f(x)$在x_0处不满足连续性定义，则称x_0为函数$f(x)$的**间断点**或**不连续点**.

由函数连续的定义可知，如果函数$f(x)$在点x_0处满足下列条件之一：

（1）函数$f(x)$在点x_0处无定义；

（2）$\lim\limits_{x \to x_0} f(x)$不存在；

（3）$\lim\limits_{x \to x_0} f(x)$存在，但不等于$f(x_0)$.

则点x_0就是函数$f(x)$的间断点.

图2-13是几种在点$x=x_0$处不连续的函数.

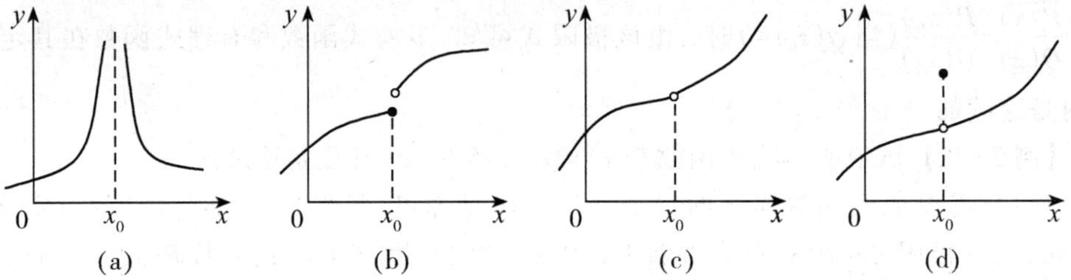

图2-13

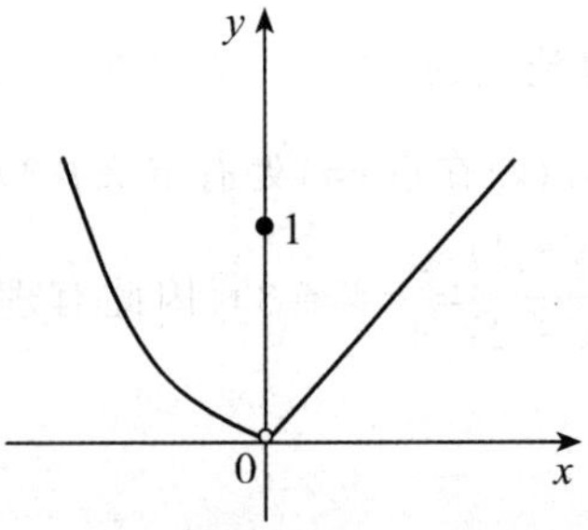

图2-14

【例2-25】讨论函数$f(x)=\begin{cases} x^2 & (x<0) \\ 1 & (x=0) \\ x & (x>0) \end{cases}$在点$x=0$处的连续性（如图2-14所示）.

解：由$\lim\limits_{x \to 0^-} f(x)=\lim\limits_{x \to 0^-} x^2=0$，$\lim\limits_{x \to 0^+} f(x)=\lim\limits_{x \to 0^+} x=0$，得$\lim\limits_{x \to 0} f(x)=0$，但$f(0)=1$，所以$\lim\limits_{x \to 0} f(x) \neq f(0)$，因此，点$x=0$是函数的间断点.

【例2-26】讨论函数$f(x)=\begin{cases} x & (0 \leqslant x<1) \\ x-1 & (1 \leqslant x \leqslant 2) \end{cases}$在点$x=1$处的连续性（如图2-15所示）.

解：由$\lim\limits_{x \to 1^-} f(x)=\lim\limits_{x \to 1^-} x=1$，$\lim\limits_{x \to 1^+} f(x)=\lim\limits_{x \to 1^+}(x-1)=0$，得$\lim\limits_{x \to 1^-} f(x) \neq \lim\limits_{x \to 1^+} f(x)$，即$\lim\limits_{x \to 1} f(x)$不存在.因此，点$x=1$是函数的间断点.

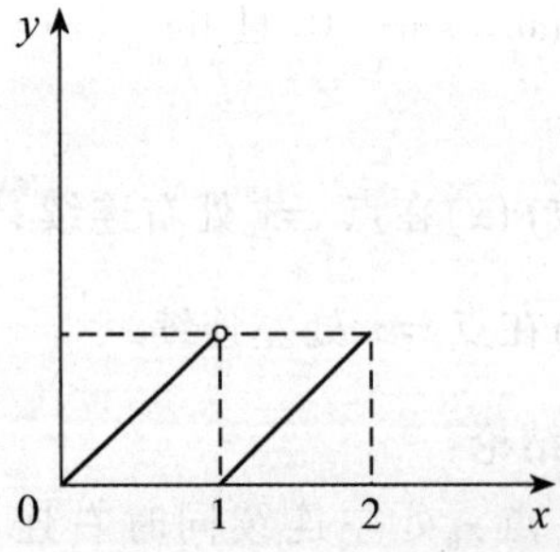

图2-15

2.2.3 连续函数和不连续函数的经济运用举例

经济学中有很多不连续函数的例子.实际上，当采用不连续函数表示经济变量间的关系来解释现实世界过于烦琐时，经济学家经常采用连续函数.了解何时能够方便地对连续性假设进行安全简化，以及何时可能对经济变量的真实关系造成大的歪曲，是非常重要的.

【例2-27】带奖金的工资明细表.

假设销售员得到一份根据合同确定的工资，此合同确立了工资额和销售员业绩之间的关系.假设合同规定销售员的月收入由三部分内容构成：(1)基本工资800美元；(2)10%的提成；(3)如果销售员的月销售额超过20 000美元，那么还可得到一次性奖励500美元.由此可以看到，如果销售员的业绩达到20 000美元，则收入会有一个500美元的跳跃，这意味着其工资明细表是不连续的.令x代表每月销售业绩，y代表销售员的每月收入，下述函数描述了其收入与业绩之间的关系：

$$y=\begin{cases}800+0.1x & (x<20\,000)\\1\,300+0.1x & (x\geqslant 20\,000)\end{cases}$$

其图形如图2-16所示.

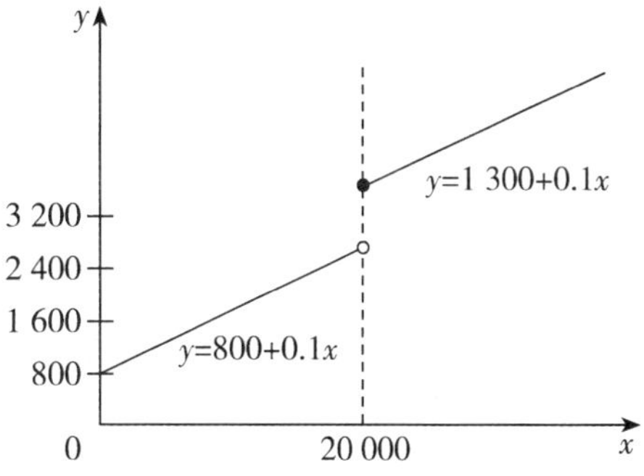

图2-16

一旦x达到20 000美元这个关键值就可获得500美元奖金，这个事实导致的结果是工资函数在x=20 000美元时的左极限是2 800美元，而右极限是3 300美元.这种不连续的经济应用很有趣.试考虑下列场景：有三个销售员甲、乙和丙，其当月累计业绩(不包含最后一天)分别为：甲26 000美元，乙18 500美元，丙6 000美元.业绩的10%可以作为提成以给予销售员相同的内在激励，使之在该月的最后一天创造更多的业绩.但是，得500美元奖金的可能性会对3个销售员产生不同的效果吗？假设在一天之内创造数千美元的业绩理论上是可能的，但是创造10 000美元以上的业绩实际上不可能，那么企业可以期待销售员乙在最后一天比另外两个销售员更加努力地创造业绩.

【例2-28】福利计划的不连续性.

许多福利计划给那些没有工作的人员发放固定数额或按月一次性支付的救济金，这些救济金仅当此人不能获得任何收入时才能得到.一旦此人能够挣得收入，无论其收入的来源、数量如何，政府都将一律停止此类救济金的支付.考虑下面这个例子：假设有一位抚养两个学龄前儿童的单亲妈妈，如果妈妈不工作，那么这个家庭每月可以获得750美元的福利支付.但是只要她能够挣得任何数量的收入，这种福利就会停止.假设她从事某种工作每小时可以得到15美元的报酬，而且这种工作的每月工作时间完全是灵活的，那么，此人的收入y作为工作时间h的函数如下：

$$y(h)=\begin{cases}750 & (h=0)\\15h & (h>0)\end{cases}$$

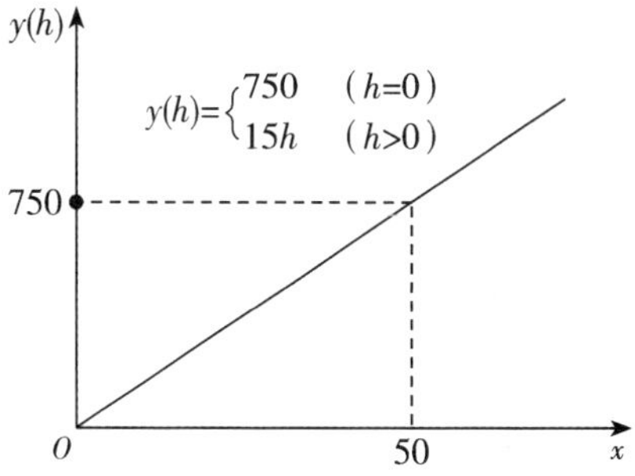

图2-17

图2-17描述了此人收入作为工作时间函数时的情形.在工作时间h=0处函数显然是不连续的.

这种不连续性是许多“全部或者什么都没有”的福利计划的特点，是大量争论的焦点.可以看到一个身处此计划的个人，每月必须工作50小时，所获收入才和福利计划支付的数额相当.由于此人必须照顾孩子以及面对其他工作成本，因此这种计划的“要么全部，要么什么都没有”的特性成为阻止人们努力工作的障碍.

一个替代计划应当是允许此人在工作的情形下保留福利及其工资收入的一部分.例如,假设允许此人保留自己任何收入的50%,而另外50%作为给予福利计划的回报,直到偿还全部的750美元为止.一个每小时挣15美元工资的人,只需每月工作100小时就可以全部偿还这750美元(0.5×100×15).对$0 \leqslant h < 100$,有效工资是15美元/小时的50%(或7.5美元/小时),因此工作时间的长度与净收入的关系是$y(h)=7.5h$.在超过这个收入之后,此人可以保留任何超过的部分。因此,在这个计划下收入的明细如下:

$$y(h)=\begin{cases}750+7.5h & (0 \leqslant h \leqslant 100)\\ 15h & (h>100)\end{cases}$$

图2-18描绘了此收入明细的图形.注意,此函数是连续的(因为 $\lim\limits_{h\to 100^-} y(h)=\lim\limits_{h\to 100^+} y(h)=y(100)$).

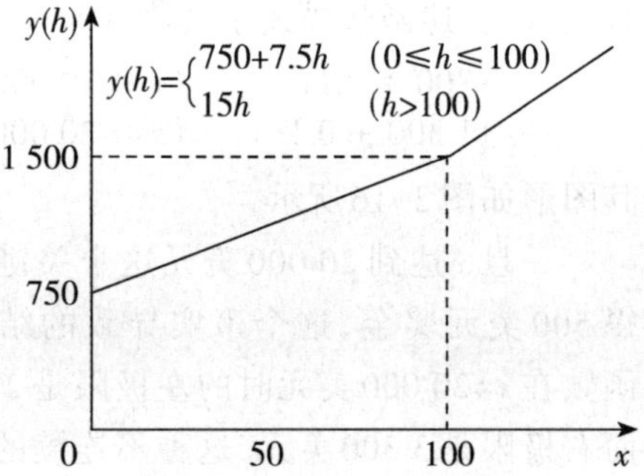

图2-18

许多经济学家更喜欢第二个计划,因为这个计划避免了第一个计划的不连续性.从根本上说,第一个计划有对工作进行处罚的机制,因为如果此人仅选择每月工作若干小时,那么收入将从每月750美元降到几乎为零.然而,在第二个计划中,选择工作更长时间总是意味着收入更多.结果是在第二个计划中,此人更喜欢选择积极工作以使自己经济状况好转,从而很可能减少政府援助计划的成本.

2.2.4 函数的连续性

1)初等函数的连续性

(1)连续函数的四则运算.

设函数$f(x)$及$g(x)$在点x_0处连续,则$f(x)\pm g(x)$,$f(x)\cdot g(x)$,$\dfrac{f(x)}{g(x)}(g(x_0)\neq 0)$在点$x_0$处也连续.

(2)复合函数的连续性.

连续函数的复合函数仍是连续函数.设$u=\varphi(x)$在点x_0处连续,又$y=f(u)$在点$u_0=\varphi(x_0)$处连续,则复合函数$y=f[\varphi(x)]$在点x_0处连续,即:

$$\lim_{x\to x_0} f[\varphi(x)]=f[\varphi(x_0)]=f\left[\lim_{x\to x_0}\varphi(x)\right] \tag{2.3}$$

(3)初等函数的连续性.

一切初等函数在其定义区间内都是连续的.

利用初等函数的连续性可以得到求极限的一个重要且简单的方法:求连续函数的极限,只要求相应的函数值即可.

若$f(x)$是初等函数,且x_0属于$f(x)$的定义区间,则:

$$\lim_{x\to x_0} f(x)=f(x_0)$$

而在(2.3)式中,若$\lim\limits_{x\to x_0}\varphi(x)=a$存在,且$f(u)$在点$u=a$处连续,则也有:

$$\lim_{x\to x_0} f[\varphi(x)]=f\left[\lim_{x\to x_0}\varphi(x)\right]=f(a)$$

这表明，对于满足上述条件的函数或连续函数$f(x)$，极限符号lim与函数符号f可以交换次序（(2.3)式中$x\to x_0$可换成$x\to\infty$）.

【例2-29】讨论下列函数的连续性：

(1)$g(x)=\dfrac{x^2-1}{x+1}$

(2)$h(x)=\begin{cases}x+1 & (x<1)\\ 2-x & (x\geqslant 1)\end{cases}$

解：(1)函数$g(x)$是有理式函数，由初等函数的连续性可知，$g(x)$在定义域内是连续的.

由于函数$g(x)=\dfrac{x^2-1}{x+1}$仅在点$x=-1$处无定义，因此函数$g(x)=\dfrac{x^2-1}{x+1}$在点$x=-1$处不连续，而在$x\neq-1$的点处处连续。

(2)这是一个分段函数，由初等函数的连续性可知，当$x<1$时，$h(x)=x+1$在任意一点都连续；当$x>1$时，$h(x)=2-x$在任意一点也都连续.现讨论函数在点$x=1$处的连续性.

$h(x)$在点$x=1$处有定义，$h(1)=2-1=1$，而$\lim\limits_{x\to 1^-}h(x)=\lim\limits_{x\to 1^-}(x+1)=2$，$\lim\limits_{x\to 1^+}h(x)=\lim\limits_{x\to 1^+}(2-x)=1$，所以在点$x=1$处函数$h(x)$的极限不存在.

因此，函数$h(x)$在点$x=1$处不连续，而在$x\neq1$的点处处连续.

【例2-30】讨论当k取何值时，函数$f(x)=\begin{cases}kx+5 & (x<1)\\ x^2-3x+4 & (x\geqslant 1)\end{cases}$是连续的.

解：这是一个分段函数，而$kx+5$和x^2-3x+4都是多项式函数，由初等函数的连续性可知，它们在各自的定义区间内都是连续的.由于$f(1)=1^2-3\times1+4=2$，而$\lim\limits_{x\to 1^+}f(x)=\lim\limits_{x\to 1^+}(x^2-3x+4)=2$，$\lim\limits_{x\to 1^-}f(x)=\lim\limits_{x\to 1^-}(kx+5)=k+5$，因此，当$\lim\limits_{x\to 1^+}f(x)=f(1)=\lim\limits_{x\to 1^-}f(x)$，即$k+5=2$，$k=-3$时，函数在点$x=1$处连续，从而该分段函数是连续的.

【例2-31】求极限$\lim\limits_{x\to 1}\dfrac{x^2+\ln(2-x)}{4\arctan x}$.

解：函数$\dfrac{x^2+\ln(2-x)}{4\arctan x}$为初等函数，它在点$x=1$处是连续的.所以有：

$$\lim_{x\to 1}\frac{x^2+\ln(2-x)}{4\arctan x}=\frac{1^2+\ln(2-1)}{4\arctan 1}=\frac{1}{\pi}$$

【例2-32】求极限$\lim\limits_{x\to 0}\dfrac{\ln(1+x)}{x}$.

解：函数$\dfrac{\ln(1+x)}{x}$为初等函数，但在点$x=0$处函数没有定义，不能直接利用初等函数的连续性求解这一问题.$\lim\limits_{x\to 0}(1+x)^{\frac{1}{x}}=\mathrm{e}$，且$\ln u$在点$u=\mathrm{e}$处连续，把函数$\dfrac{\ln(1+x)}{x}$改写为$\ln(1+x)^{\frac{1}{x}}$，利用极限符号与函数符号$f$可交换次序，得：

$$\lim_{x\to 0}\frac{\ln(1+x)}{x}=\lim_{x\to 0}\left[\ln(1+x)^{\frac{1}{x}}\right]=\ln\left[\lim_{x\to 0}(1+x)^{\frac{1}{x}}\right]=\ln \mathrm{e}=1$$

即当$x\to 0$时，$x\sim\ln(1+x)$.

2）闭区间上连续函数的性质

闭区间上的连续函数有很多重要性质，下面我们介绍其中的三个性质.首先说明最大值和最小值的概念.

对于在区间I上有定义的函数$f(x)$，若有$x_0\in I$，使得对于任一$x\in I$，都有：

$$f(x)\leqslant f(x_0)\text{（或}f(x)\geqslant f(x_0)\text{）}$$

则称$f(x_0)$是函数$f(x)$在区间I上的**最大值**（或**最小值**）.

性质1 闭区间$[a,b]$上的连续函数$f(x)$一定有最大值和最小值.

如果$f(x)$在闭区间$[a,b]$上连续，则在$[a,b]$上至少存在这样两个点x_1和x_2，使得对于$[a,b]$上的一切点x，都有$f(x)\leqslant f(x_1)$（函数值$f(x_1)$最大）和$f(x)\geqslant f(x_2)$（函数值$f(x_2)$最小）.

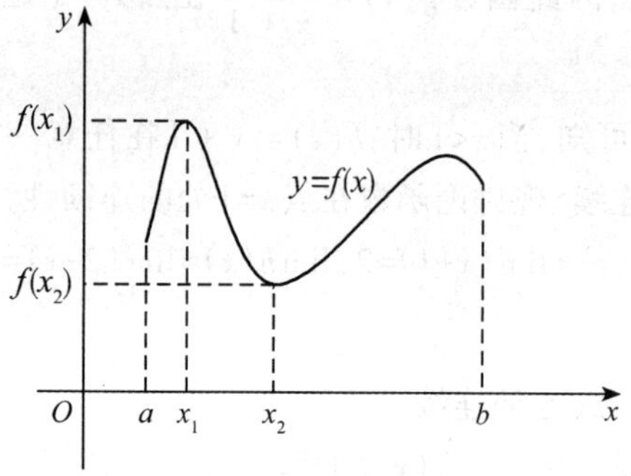

图2-19

这个性质告诉我们，假如$f(x)$在闭区间$[a,b]$上连续，那么它在$x=a$和$x=b$之间的那部分图形有最高点和最低点，且这个最高点$(x_1,f(x_1))$对应着该函数在$[a,b]$上的最大值$f(x_1)$，而这个最低点$(x_2,f(x_2))$对应着该函数在$[a,b]$上的最小值$f(x_2)$（如图2-19所示）.

需要注意的是，在性质1中，函数连续和闭区间两个条件是必不可少的.

性质2 如果函数$f(x)$在闭区间$[a,b]$上连续，则对于$f(a)$与$f(b)$之间的任何数C，总可以找到点$\xi\in(a,b)$，使得$f(\xi)=C$.

性质2也可以叙述为，闭区间$[a,b]$上连续的函数$f(x)$，当x从a变化到b时，要经过$f(a)$与$f(b)$之间的一切数值.性质2也称为**介值定理**.

例如，某天的最高气温为20℃，最低气温为10℃，当气温从最低温度变化到最高温度时，它必然经过10℃与20℃之间的一切温度.

从几何上看，闭区间$[a,b]$上连续函数$f(x)$的图形如图2-20所示，是一条从点$(a,f(a))$到点$(b,f(b))$不间断的曲线，因此介于$y=f(a)$与$y=f(b)$之间的任意一条直线$y=c$都必然与该曲线相交.形象地说，介值定理说明，连续函数的图形不能跳过一条水平直线.若$f(x)$在$[a,b]$上有一间断点，如图2-21中的ξ点那样，则直线$y=c$就不一定与$f(x)$的图形相交了.

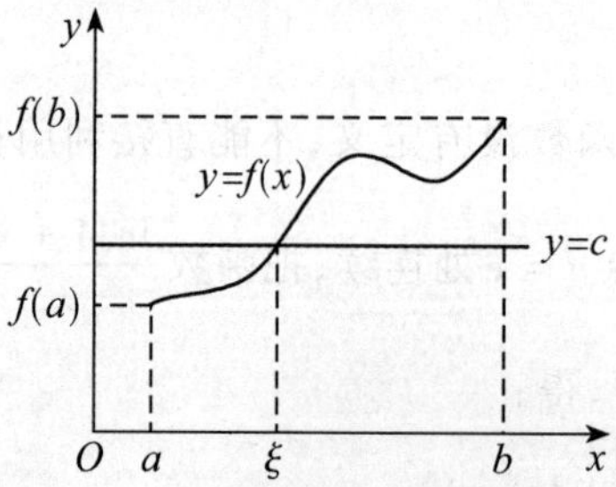

图2-20

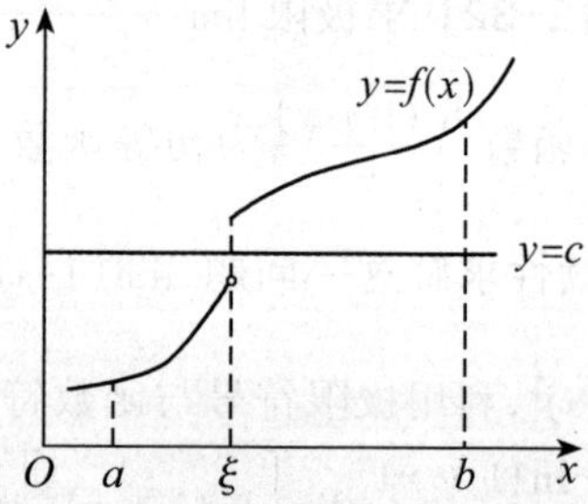

图2-21

性质3 如果函数$f(x)$在闭区间$[a,b]$上连续，且$f(a)\cdot f(b)<0$，则(a,b)内至少存在一点ξ，使得$f(\xi)=0$.

若$f(\xi)=0$，我们称ξ为已知函数$y=f(x)$的一个零点．因此，性质3也称为**零点定理**或**根的存在定理**.

从几何上看，连续曲线弧段$y=f(x)$的两个端点分别位于x轴的两旁，那么曲线与x轴至少有一个交点（如图2-22所示）.

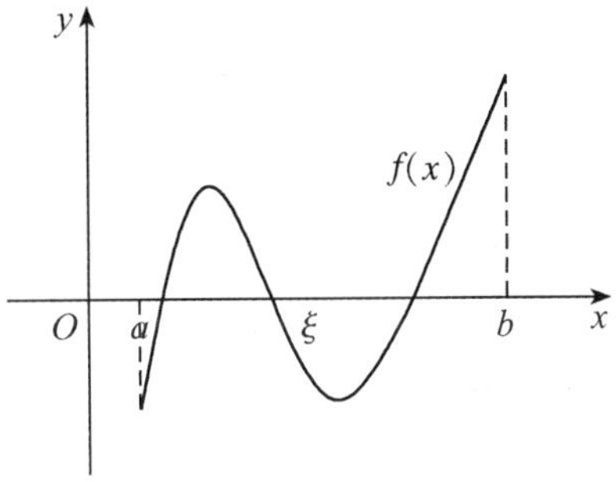

图2-22

【例2-33】 当一种新的耐用产品被广告推出后，使用它的人将越来越多，但是随着时间的推移，这一产品的新使用者的增长率将逐渐降低．已知某种新的耐用产品推出t天后，使用这一新产品的人数N由下式给出：

$$N=\frac{1\,000\,000}{1+5\,000e^{-0.1t}}$$

(1)从长远考虑，将有多少人使用这种新产品？

(2)有可能某天会有25万人使用该新产品吗？50万人呢？100万人呢？

解：(1)从长远考虑，即可以认为时间趋向于无穷大$(t\to+\infty)$，所以：

$$\lim_{t\to+\infty}N=\lim_{t\to+\infty}\frac{1\,000\,000}{1+5\,000e^{-0.1t}}=1\,000\,000$$

结果表明将有100万人使用这种新产品.

(2)由(1)可知，在理论上，有可能某天会有25万人、50万人甚至100万人使用这种新产品.

【例2-34】 验证方程$4x=2^x$在0与$\frac{1}{2}$之间必有一根.

解：设$f(x)=4x-2^x$，显然$f(x)$在$\left[0,\frac{1}{2}\right]$上连续．由于$f(0)=-1<0$，$f\left(\frac{1}{2}\right)=2-\sqrt{2}>0$．由性质3可知，在区间$\left(0,\frac{1}{2}\right)$内至少有一个点ξ，使得$f(\xi)=0$，即$x=\xi$是方程的一个根.

2.3 Mathematica软件介绍

2.3.1 求函数在某一点的极限

命令格式：Limit［函数，自变量→值］

Limit［函数，自变量→值，Direction→+1］：求左极限

Limit［函数，自变量→值，Direction→−1］：求右极限

【例 2-35】求极限 $\lim\limits_{x\to 2}\left(\dfrac{1}{x-2}-\dfrac{4}{x^2-4}\right)$.

解：计算机处理如下：

In[1]:=Limit[1/(x-2)-4/(x^2-4),x→2]

Out[1]=$\dfrac{1}{4}$

即 $\lim\limits_{x\to 2}\left(\dfrac{1}{x-2}-\dfrac{4}{x^2-4}\right)=\dfrac{1}{4}$

【例 2-36】求极限 $\lim\limits_{x\to 0^+} x^2\ln x$.

解：计算机处理如下：

In[2]:=Limit[x^2*Log[x],x→0]

Out[2]=0

即 $\lim\limits_{x\to 0^+} x^2\ln x=0$

【例 2-37】求极限 $\lim\limits_{x\to 0}\dfrac{e^x-e^{-x}-2x}{x-\sin x}$.

解：计算机处理如下：

In[3]:=Limit[(E^x-E^(-x)-2x)/(x-Sin[x]),x→0]

Out[3]=2

即 $\lim\limits_{x\to 0}\dfrac{e^x-e^{-x}-2x}{x-\sin x}=2$

2.3.2 求函数当自变量趋向于无穷时的极限

1）自变量趋向于正无穷时的极限

命令格式：Limit［函数，自变量→Infinity，Direction→+1］

或 Limit［函数，自变量→+Infinity］

或 Limit［函数，自变量→Infinity］

2）自变量趋向于负无穷时的极限

命令格式：Limit［函数，自变量→Infinity，Direction→−1］

或 Limit［函数，自变量→−Infinity］

【例 2-38】求极限 $\lim\limits_{x\to\infty}\dfrac{(2x-30)^{20}(3x+2)^{30}}{(2x+1)^{50}}$.

解：计算机处理如下：

In[4]:=Limit[((2x-30)^20*(3x+2)^30)/(2x+1)^50,x→Infinity]

Out[4]=$\dfrac{205891132094649}{1073741824}$

In[5]:=N[%]

Out[5]=191751

即 $\lim\limits_{x\to\infty}\dfrac{(2x-30)^{20}(3x+2)^{30}}{(2x+1)^{50}}$=191 751

这里,记号"%"为调用最后输出的结果.

【例2-39】求极限 $\lim\limits_{x\to 0}\dfrac{\tan x-\sin x}{x^3}$.

解:计算机处理如下:

In[6]:=Limit[(Tan[x]-Sin[x])/x^3,x→0]

Out[6]=$\dfrac{1}{2}$

即 $\lim\limits_{x\to 0}\dfrac{\tan x-\sin x}{x^3}=\dfrac{1}{2}$

【例2-40】求极限 $\lim\limits_{x\to 0^+}x^x$.

解:计算机处理如下:

In[7]:=Limit[x^x,x→0,Direction→-1]

Out[7]=1

即 $\lim\limits_{x\to 0^+}x^x=1$

【例2-41】求极限 $\lim\limits_{x\to 0}e^{-\frac{1}{x}}$.

解:计算机处理如下:

In[8]:=Limit[E^(-1/x),x→0]

Out[8]=0

这一结果实际上是函数在点 $x=0$ 处的右极限,若指明变化趋势的方向,则可得到正确的结果:

In[9]:=Limit[E^(-1/x),x→0,Direction→+1]

Out[9]=∞

In[10]:=Limit[E^(-1/x),x→0,Direction→-1]

Out[10]=0

比较二者的结果可知,函数 $e^{-\frac{1}{x}}$ 在点 $x=0$ 处的极限不存在.

注1:有时需要在人的指示下,才能得到结果,如求极限 $\lim\limits_{n\to\infty}(-1)^{2n}$.

In[11]:=Limit[(-1)^(2n),n→Infinity]

Out[11]=Limit[$(-1)^{2n}$,n→∞]

该命令得不到所要的结果,但将其形式转化为如下表达时,则可求得极限:

In[12]:=Limit[((-1)^2)^n,n→Infinity]

Out[12]=1

注2:当无穷振荡点处的极限不存在时,Mathematica却能求出函数无限振荡时可能取值的范围,如:

In[13]:=Limit[Sin[1/x],x→0]

Out[13]=Interval[{-1,1}],即为一个闭区间[-1,1].

素养提升2-1

在学习极限的概念时，我们引入古代杰出的数学家刘徽创立的“割圆术”.

魏晋时期的刘徽观察石匠加工石头的过程：一块方石被石匠师傅凿去四角后变成了八角形的石头，再凿去八个角，又变成了十六边形.依此类推，一直凿下去，方石料就被加工成了一根圆柱.

刘徽由此受到启发，将石匠加工石料的方法用于圆周率的研究.从圆内接正六边形算起，边数依次加倍，相继算出正12边形，正24边形……直到正192边形的面积，得到圆周率π的近似值为157/50（3.14）；后来，他又算出圆内接正3 072边形的面积，从而得到更精确的圆周率近似值：π≈3 927/1 250(3.1416)，这是当时世界上圆周率计算最精确的数据.

刘徽在“割圆术”中提出了“割之弥细，所失弥少，割之又割以至于不可割，则与圆合体而无所失矣”的思想，为计算圆周率建立了严密的理论和科学的算法，这实际上就是无限细分、逐步逼近的极限思想，也可以看成中国古代极限观念的典型.他所创立的“割圆术”完善了圆周率的算法，对中国古代数学和世界数学的发展作出了重大贡献.

在我国悠久的历史中，出现过许许多多像刘徽这样睿智的优秀人物.他们用毕生的精力探求科学和真理，虽然地位不高，但人格高尚.他们不是沽名钓誉的庸人，而是学而不厌的伟人，给我们中华民族留下了宝贵的财富.

在学习和工作中，我们应该有坚韧的意志，不急功近利，传承科学家的奉献精神，以追求卓越的工匠精神，努力学习，勇于探索、创新.

核心素养：工匠精神　精益求精

思考：举一个身边的例子，论述其中包含的极限思想.

伟大的数学家2-1

刘徽：开创中国数学黄金时代

本章小结

● 函数极限的概念

所谓函数的极限，是指在自变量的某一个变化过程中函数的变化趋势.可以通过数值计算、借助计算机软件或作图来观察函数的极限.

● 极限的计算方法

常用的计算极限的方法：

(1)利用函数的连续性.

(2)遵循极限的四则运算法则.

(3)利用两个重要极限，注意公式的形式结构.若 $\lim \varphi(x)=0$，则有 $\lim \frac{\sin \varphi(x)}{\varphi(x)}=1$，特别地，$\lim\limits_{x\to 0}\frac{\sin x}{x}=1$；若 $\lim \varphi(x)=\infty$，则有 $\lim\left(1+\frac{1}{\varphi(x)}\right)^{\varphi(x)}=\mathrm{e}$，特别地，$\lim\limits_{x\to\infty}\left(1+\frac{1}{x}\right)^{x}=\mathrm{e}$；若 $\lim \varphi(x)=0$，则有 $\lim[1+\varphi(x)]^{\frac{1}{\varphi(x)}}=\mathrm{e}$，特别地，$\lim\limits_{x\to 0}(1+x)^{\frac{1}{x}}=\mathrm{e}$.

(4)利用无穷小的性质(尤其是无穷小与有界函数的乘积仍为无穷小这一性质).

(5)利用无穷小与无穷大的关系.

(6)利用结论：$\lim\limits_{x\to\infty}\dfrac{a_0x^n+a_1x^{n-1}+\cdots+a_n}{b_0x^m+b_1x^{m-1}+\cdots+b_m}=\begin{cases}0 & (n<m)\\ \dfrac{a_0}{b_0} & (n=m).\\ \infty & (n>m)\end{cases}$

(7)利用左、右极限与极限的关系，即函数在某一点极限存在的充分必要条件是函数在该点的左、右极限同时存在并且相等(适用于分段函数在分段点处的极限).

● 函数的连续性

常用的判断函数连续性的方法：

(1)利用函数在某点处连续的定义.

(2)利用初等函数在其定义域上的连续性.

(3)利用连续函数的四则运算的连续性.

(4)利用结论“$\lim\limits_{x\to x_0}f(x)=f(x_0)$当且仅当$\lim\limits_{x\to x_0^+}f(x)=f(x_0)$与$\lim\limits_{x\to x_0^-}f(x)=f(x_0)$同时成立”，判断分段函数在分段点的连续性.

● 常用的等价无穷小

当$x\to0$时，$x\sim\sin x$，$x\sim\tan x$，$x\sim(e^x-1)$，$x\sim\ln(1+x)$，$(1-\cos x)\sim\dfrac{1}{2}x^2$

主要概念

极限(p.33)　无穷小(p.37)　无穷大(p.38)　连续(p.44)　间断点(p.46)

基本训练

● 知识题

2.1　指出下列运算中的错误，并给出正确的解法：

(1)$\lim\limits_{x\to2}\left(\dfrac{1}{x-2}-\dfrac{4}{x^2-4}\right)=\lim\limits_{x\to2}\dfrac{1}{x-2}-\lim\limits_{x\to2}\dfrac{4}{x^2-4}=\infty-\infty=0$

(2)$\lim\limits_{x\to2}\dfrac{x}{x-2}=\lim\limits_{x\to2}x\cdot\lim\limits_{x\to2}\dfrac{1}{x-2}=\dfrac{2}{0}=\infty$

(3)$\lim\limits_{x\to0}x^2\cdot\sin\dfrac{1}{x}=\lim\limits_{x\to0}x^2\cdot\lim\limits_{x\to0}\sin\dfrac{1}{x}=0\cdot\lim\limits_{x\to0}\sin\dfrac{1}{x}=0$

(4)$\lim\limits_{n\to+\infty}\left(\dfrac{1}{n^2}+\dfrac{2}{n^2}+\cdots+\dfrac{n}{n^2}\right)=0+0+\cdots+0=0$

2.2　有一位阿拉伯老人，生前养有11匹马.他去世前立下遗嘱：大儿子、二儿子、小儿子分别继承遗产的$\dfrac{1}{2}$,$\dfrac{1}{4}$,$\dfrac{1}{6}$,儿子们想来想去没法分.正在他们犯愁的时候，聪明的邻居牵来了自己的一匹马，对他们说：“你们看，现在有12匹马了，老大得6匹，老二得3匹，老三得2匹，还剩下一匹马我照旧牵回家去.”这样邻居帮他们把难分的问题解决了.如何用极限思想分析这个问题的实质.

● 技能题

2.1　用计算器完成表2-7.观察当$x\to\infty$时函数$\dfrac{\sin x}{x}$的变化趋势.

表 2-7

x	1	10	100	1 000	10 000	100 000	1 000 000
$y=\dfrac{\sin x}{x}$							

2.2 下列极限是否存在？若存在，求出其极限值；若不存在，说明理由.

(1) $\lim\limits_{x\to 3}(3x+1)$　　(2) $\lim\limits_{x\to\infty}\dfrac{2x+1}{x}$

(3) $\lim\limits_{x\to 0}\dfrac{|x|}{x}$　　(4) $\lim\limits_{x\to\infty}\sin x$

2.3 作出下列分段函数的图形，求出分段点处的左右极限，并说明在分段点处的极限是否存在.

(1) $f(x)=\begin{cases} x & (-1<x<1) \\ 2 & (x=1) \\ x^2 & (1<x<2) \end{cases}$　　(2) $f(x)=\begin{cases} 2x+1 & (x\leqslant 0) \\ x^2 & (x>0) \end{cases}$

2.4 在下列各题中，哪些是无穷小？哪些是无穷大？哪些不是？

(1) 当 $x\to 0$ 时，$\dfrac{1}{1+x}$　　(2) 当 $x\to 0^+$ 时，$\lg x$

(3) 当 $x\to+\infty$ 时，e^{-x}　　(4) 当 $x\to 0^-$ 时，$e^{\frac{1}{x}}$

(5) 10^{-100}　　(6) $10^{10\,000}$

2.5 利用无穷小的性质求下列极限，并说明理由：

(1) $\lim\limits_{x\to 0}x^{\frac{3}{2}}\sin\dfrac{1}{x}$　　(2) $\lim\limits_{x\to 0}(x+\sin x)$

(3) $\lim\limits_{x\to 2}(x-2)\cos x$　　(4) $\lim\limits_{x\to\infty}\left(\dfrac{1}{x}+\dfrac{1}{x^2}\right)\sin x$

2.6 计算下列极限：

(1) $\lim\limits_{x\to -2}(2x^2+3x-5)$　　(2) $\lim\limits_{x\to -1}\dfrac{x^3+1}{x^2+1}$

(3) $\lim\limits_{x\to 1}\dfrac{x}{x-1}$　　(4) $\lim\limits_{x\to 1}\dfrac{x^2-2x+1}{x^3-x}$

(5) $\lim\limits_{x\to 4}\dfrac{x^2-6x+8}{x^2-3x-4}$　　(6) $\lim\limits_{x\to -1}\left(\dfrac{1}{x+1}-\dfrac{3}{x^3+1}\right)$

(7) $\lim\limits_{x\to\infty}\dfrac{x^3+x}{x^4-3x^2+1}$　　(8) $\lim\limits_{x\to 0}\dfrac{1-\sqrt{1-x}}{x}$

(9) $\lim\limits_{x\to\infty}\dfrac{2x^5+3x^3-x+1}{-x^5-7x+2}$　　(10) $\lim\limits_{x\to\infty}\dfrac{x^4-5x^2-2x+1}{x^2-4x+3}$

2.7 计算下列极限：

(1) $\lim\limits_{x\to 0}\dfrac{\sin 3x}{5x}$　　(2) $\lim\limits_{x\to 1}\dfrac{\sin(x-1)}{x^2-1}$

(3) $\lim\limits_{x\to 0}\dfrac{\sin 2x}{\sin 5x}$　　(4) $\lim\limits_{x\to 0}\dfrac{\tan x-\sin 2x}{x}$

(5) $\lim\limits_{x\to\infty}x\sin\dfrac{2}{x}$　　(6) $\lim\limits_{x\to 0}\dfrac{\arcsin x}{x}$

2.8　计算下列极限：

(1) $\lim\limits_{x\to\infty}\left(1-\dfrac{1}{x}\right)^{x}$　　(2) $\lim\limits_{x\to\infty}\left(1+\dfrac{2}{x}\right)^{2x}$

(3) $\lim\limits_{x\to\infty}\left(1+\dfrac{2}{x}\right)^{x+3}$　　(4) $\lim\limits_{x\to 0}(1-3x)^{\frac{1}{x}}$

(5) $\lim\limits_{x\to 0}\left(\dfrac{2+x}{2}\right)^{\frac{1}{2x}}$　　(6) $\lim\limits_{x\to\infty}\left(\dfrac{x-1}{x+1}\right)^{x}$

2.9　讨论函数 $f(x)=\begin{cases}1-x^2 & (x<1)\\ x-1 & (x\geqslant 1)\end{cases}$ 在点 $x=1$ 处的连续性.

2.10　讨论函数 $f(x)=\begin{cases}x^2\sin\dfrac{1}{x} & (x\neq 0)\\ 0 & (x=0)\end{cases}$ 在点 $x=0$ 处的连续性.

2.11　求下列函数的间断点：

(1) $y=\dfrac{1}{x+2}$　　(2) $y=\dfrac{x^2-1}{x^2-3x+2}$

(3) $y=\dfrac{1}{x}\sin x$　　(4) $y=\dfrac{x^2-x}{|x|(x-1)}$

2.12　证明方程 $x^5-3x=1$ 在1与2之间至少存在一个实根.

2.13　求下列函数的连续区间和极限：

(1) $f(x)=\lg(2-x)$，求当 $x\to-8$ 时，$f(x)$ 的极限；

(2) $f(x)=\dfrac{\sqrt{x^2-9}+\sin x}{x^2+\dfrac{\pi}{2}}$，求当 $x\to\pi$ 时，$f(x)$ 的极限.

2.14　已知生产 x 对汽车挡泥板的成本是 $C(x)=80+8\sqrt{1+x^2}$（元），每对的售价为40元，则销售收入函数为 $R(x)=40x$.

(1)出售 $x+1$ 对挡泥板比出售 x 对挡泥板所产生的利润增长额为 $I(x)=[R(x+1)-C(x+1)]-[R(x)-C(x)]$，当产量稳定、生产量很大时，这一增长额为 $\lim\limits_{x\to+\infty}I(x)$，试求这一极限.

(2)生产了 x 对挡泥板时，每对的成本为 $\dfrac{C(x)}{x}$，同样当产品产量很大时，每对的成本大致是 $\lim\limits_{x\to+\infty}\dfrac{C(x)}{x}$，试求这一极限.

2.15　假设某销售员每月的收入是800美元基本工资加上与销售业绩挂钩的提成和奖金.假设提成比率是15%.当每月销售额超过10 000美元时一次性支付奖金1 000美元，如果每月销售额超过15 000美元则在1 000美元奖金基础上再一次性支付奖金2 500美元.求这个销售员的业绩与收入之间的函数关系并画出图形.在哪些点函数不连续？通过函数在这些点的左右极限来说明为什么是不连续点？对于这个薪酬计划激发的内在工作动力，这些性质意味着什么？

参考答案2-1
基本训练

2.16　假设政府以边际税率25%对每个人的收入中超过20 000美元的部分征收税款（也就是说挣得的第一个20 000美元不课税）.现在政府希望获得额外的税收收入，但是又希望避免加重低收入或中等收入者的负担.因此,政府决定对每个收入在60 000美元及以上的人一次性征1 000美元的附加税.试画出税后收入曲线,y是税前收入x的函数.说明为什么在x=60 000美元处有一个不连续点?讨论税收计划可能由不连续性引起的对工作时间的内在激励机制.

单元实训

2.1 实训目的和要求

1)掌握用Mathematica命令求解函数极限的方法;

2)掌握Mathematica中通过函数作图分析观察函数变化趋势的方法.

2.2 实训设备和环境的基本要求

配置Windows 7(或更高版本)的操作系统并安装了Mathematica 5.0(或更高版本)应用软件的计算机.

2.3 实训内容

1)利用Mathematica作出函数$y=\left(1+\dfrac{1}{x}\right)^{x+1}$ $(1\leqslant x\leqslant 100)$的图形,观察当$x\to+\infty$时的变化趋势,并求出极限$\lim\limits_{x\to+\infty}\left(1+\dfrac{1}{x}\right)^{x+1}$.

作图,输入:__________

输出:__________

求极限,输入:__________

计算结果:__________

2)利用Mathematica作出函数$f(x)=\dfrac{\tan 4x}{x}$的图形,并对图形与y轴的交点处作局部放大(将图形显示范围缩小即可),估计$\lim\limits_{x\to 0}f(x)$.

作图,输入:__________

输出:__________

作局部放大,输入:__________

输出:__________

估计极限,输入:__________

结论:__________

3)利用Mathematica作出函数$g(x)=\sin\dfrac{\pi}{x}$的图形,显示区域$[-1,1]\times[-1,1]$.再对坐标原点处作局部放大,观察当$x\to 0$时$g(x)$的变化情况.

作图,输入:__________

输出:__________

作局部放大,输入:__________

输出:__________

4)(1)在计算机屏幕上作出函数$f(x)=x^{0.1}$和$g(x)=\ln x$的图形.何时开始,$f(x)>g(x)$?

作图,输入:______________________________

输出:______________________________

求$f(x)$与$g(x)$交点,输入:______________________________

当$x>$__________时,有$f(x)>g(x)$.______________________________

(2)再作出函数$h(x)=\dfrac{g(x)}{f(x)}$的图形.选用适当的显示区域,展示$x\to+\infty$时,$h(x)$的变化趋势.

定义函数$h(x)=\dfrac{g(x)}{f(x)}$,输入:______________________________

作图,输入:______________________________

输出:______________________________

变化趋势,输入:______________________________

$h(x)$的变化趋势:______________________________

5)作出函数$y=\dfrac{\sin x}{x^2}$的图形,x的显示范围分别取[-10,10],[-20,20],[-30,30],[-40,40].观察函数值随自变量的变化趋势,并求极限$\lim\limits_{x\to+\infty}\dfrac{\sin x}{x^2}$.

范围为[-10,10]作图,输入:______________________________

输出:______________________________

范围为[-20,20]作图,输入:______________________________

输出:______________________________

范围为[-30,30]作图,输入:______________________________

输出:______________________________

范围为[-40,40]作图,输入:______________________________

输出:______________________________

求极限,输入:______________________________

计算结果:______________________________

2.4　练习和思考题

试利用Mathematica在计算机上求下列极限:

(1)$\lim\limits_{x\to2}\left(\dfrac{1}{x-2}-\dfrac{1}{x^2-4}\right)$　　(2)$\lim\limits_{x\to0}(1+\tan x)^{\cot x}$

(3)$\lim\limits_{x\to\infty}\dfrac{x}{2}r^2\sin\dfrac{2\pi}{x}$　　(4)$\lim\limits_{x\to0^+}\dfrac{\ln\cot x}{\ln x}$

(5)$\lim\limits_{x\to0^-}\dfrac{2^{\frac{1}{x}}+1}{2^{\frac{1}{x}}-1}$

参考答案2-2

单元实训

复习提高

2.1　单项选择题:

(1)函数$f(x)$在点$x=x_0$处有定义,是当$x\to x_0$时,$f(x)$有极限的(　　).

A.必要条件　　B.充分条件

C.充分必要条件　　D.无关的条件

(2)下列各项中,极限存在的有(　　).

A.$\lim\limits_{x\to 0} e^{\frac{1}{x}}$　　B.$\lim\limits_{x\to 0}\dfrac{1}{2^x-1}$

C.$\lim\limits_{x\to 0}\sin\dfrac{1}{x}$　　D.$\lim\limits_{x\to\infty}\dfrac{x(x+1)}{x^2}$

(3)若$\lim\limits_{x\to 3}\dfrac{x^2-2x+k}{x-3}=4$,则$k=$(　　).

A.3　　B.-3　　C.1　　D.-1

(4)若$\lim\limits_{x\to a} f(x)=\infty$,$\lim\limits_{x\to a} g(x)=\infty$,则必有(　　).

A.$\lim\limits_{x\to a}[f(x)+g(x)]=\infty$　　B.$\lim\limits_{x\to a}[f(x)-g(x)]=\infty$

C.$\lim\limits_{x\to a}\dfrac{1}{f(x)+g(x)}=0$　　D.$\lim\limits_{x\to a} kf(x)=\infty$($k$为非零常数)

(5)函数$f(x)$在点$x=x_0$处有定义,是函数$f(x)$在$x=x_0$连续的(　　).

A.必要条件　　B.充分条件

C.充分必要条件　　D.无关条件

2.2　填空题:

(1)当$x\to 0$时,函数$\sin\dfrac{1}{x}$的值总是在________之间来回摆动,不会趋于一个确定的常数,因此$\lim\limits_{x\to 0}\sin\dfrac{1}{x}$________.

(2)当$x\to$________时,$f(x)=\dfrac{x-1}{x+1}$为无穷小;当$x\to$________时,$f(x)=\dfrac{x-1}{x+1}$为无穷大.

(3)当$x\to$________时,$f(x)=e^{-x}$为无穷大;当$x\to$________时,$f(x)=e^{\frac{1}{x}}$为无穷小.

(4)$\lim\limits_{x\to\infty}\left(1+\dfrac{k}{x}\right)^x=2$,则$k=$________.

2.3　当$x\to 0$时,两个无穷小$(1-\cos x)^2$与$\sin^2 x$,哪一个是高阶的无穷小?

2.4　设函数$f(x)=\begin{cases} x\sin\dfrac{1}{x} & (-\infty<x<0) \\ e^{-\frac{1}{x}} & (0<x<+\infty)\end{cases}$,$\lim\limits_{x\to 0} f(x)$是否存在,为什么?

2.5　求下列极限:

(1)$\lim\limits_{x\to 0}\dfrac{x^2}{1-\sqrt{1+x^2}}$　　(2)$\lim\limits_{x\to +\infty}\sqrt{x}(\sqrt{x+1}-\sqrt{x-1})$

(3)$\lim\limits_{x\to 8}\dfrac{3x^2-40x+128}{x-8}$　　(4)$\lim\limits_{x\to 1}\left(\dfrac{2}{x^2-1}-\dfrac{1}{x-1}\right)$

(5)$\lim\limits_{x\to 0}\dfrac{\sin 13x}{\tan 19x}$　　(6)$\lim\limits_{x\to 0}\dfrac{3\arctan x}{4x}$

(7) $\lim\limits_{x \to \infty}\left(1+\dfrac{\sqrt{2}}{x}\right)^{x}$

(8) $\lim\limits_{x \to 0}\left(\dfrac{2+x}{2-x}\right)^{\frac{1}{x}}$

(9) $\lim\limits_{x \to 0}\dfrac{\sqrt{x^2+3x+1}}{e^{x-1}}$

(10) $\lim\limits_{x \to \frac{\pi}{2}} \ln(\sin x+2)$

2.6 讨论函数 $y=\begin{cases} e^{\frac{1}{x}} & (x<0) \\ 1 & (x=0) \\ x+1 & (x>0) \end{cases}$ 的连续性.

2.7 求下列函数的间断点:

(1) $y=\dfrac{\sin x}{|x|}$

(2) $y=x\cos^2\dfrac{1}{x}$

2.8 设 $f(x)=\begin{cases} 1-e^{-x} & (x<0) \\ a+x & (x \geqslant 0) \end{cases}$, a 取何值, $f(x)$ 在定义域内连续?

2.9 已知 $f(x)=\begin{cases} 2x^2-2x+a & (x<0) \\ 25 & (x=0) \\ \dfrac{\sin 3x}{x}+b & (x>0) \end{cases}$, 若 $f(x)$ 在 $x=0$ 处连续, 求 a、b 的值.

参考答案2-3

复习提高

2.10 证明方程 $x^4-3x^2+7x=10$ 至少有一根在1与2之间.

只有微分学才能使自然科学有可能用数学来不仅仅表明状态，并且也表明过程：运动.

——恩格斯

第3章
导数与微分

学习目标

知识目标： 了解导数和微分的概念及几何意义.

技能目标： 掌握导数和微分的基本公式和运算法则以及求常见函数导数的方法，并能利用Mathematica软件求导数和微分；了解从实际问题中抽象出导数和微分概念的思想，培养概括经济现象中变化率问题的能力.

素养目标： 培养学生严谨的学习态度，以及独立思考、实事求是的科学态度，学会哲学思辨.

知识导图3-1

第3章

3.1 导数

导数是数学中的一个分支——微积分的两个基本概念之一，它表示一个函数的因变量相对于自变量变化的快慢程度，即因变量关于自变量的变化率.事物总是在不断运动和变化的，而描述这种运动和变化离不开变化率，导数就是对现实生活中各种各样的变化率的一种统一的数学抽象.导数是微积分以及实际生活中应用极其广泛的概念，其应用范围包括函数性态的描述、曲线的描绘、最优化问题的讨论以及变化率的分析等.

3.1.1 导数的概念

1）引例

(1)变速直线运动路程的变化率——平均速度与瞬时速度.

导数也是求函数变化率的一种方法.在第2章中我们讨论了一个与极限概念有关的问题——瞬时速度问题：一质点沿直线运动，其路程函数为 $s = s(t)$，那么在时刻 t_0 到 $t_0+\Delta t$ 这段时间间隔内，质点的平均速度(或称为路程函数 $s(t)$ 关于时间的平均变化率)为：

$$\bar{v} = \frac{s(t_0 + \Delta t) - s(t_0)}{\Delta t}$$

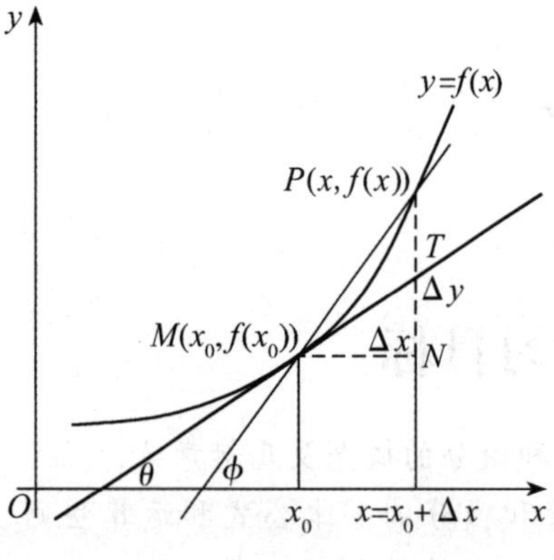

图 3-1

而质点在时刻 t_0 的瞬时速度(或称为路程函数 $s(t)$ 在 t_0 时刻的瞬时变化率)即为上述平均速度当 $\Delta t \to 0$ 时的极限：

$$v(t_0) = \lim_{\Delta t \to 0} \frac{s(t_0 + \Delta t) - s(t_0)}{\Delta t}$$

(2)切线的斜率.

设函数 $y = f(x)$ 在点 x_0 处连续，求曲线 $y = f(x)$ 在点 $M(x_0,f(x_0))$ 处的切线的斜率.

如图3-1所示，当自变量 x 在点 x_0 处取得增量 Δx 时，在曲线上相应得到另一点 $P(x,f(x))$，其中 $x=x_0+\Delta x$，连接此两点的割线 MP，其斜率为：

$$\frac{\Delta y}{\Delta x} = \frac{f(x_0 + \Delta x) - f(x_0)}{\Delta x} = \tan \phi$$

由于函数 $y = f(x)$ 在点 x_0 处连续，因此当 $\Delta x \to 0$ 时，点 P 沿曲线 $y = f(x)$ 无限趋向于点 M，对应的割线 MP 也随之变动而无限趋近于它的极限位置——切线 MT.此时割线 MP 与 x 轴的夹角 ϕ 无限趋近于切线 MT 与 x 轴的夹角 θ.

如果当 $\Delta x \to 0$ 时，割线 MP 的斜率 $\frac{\Delta y}{\Delta x}$ 的极限存在，且：

$$\lim_{\Delta x \to 0} \frac{\Delta y}{\Delta x} = \lim_{\phi \to \theta} \tan \phi = \tan \theta = K(x_0)$$

则极限值 $K(x_0)$ 称为曲线 $y = f(x)$ 在点 M 处的切线 MT 的斜率.

上面所讨论的两个具体问题虽然实际背景不同，但是在计算上都归结为极限问题：

$$\lim_{\Delta x \to 0} \frac{f(x_0 + \Delta x) - f(x_0)}{\Delta x}$$

其中，$\frac{f(x_0 + \Delta x) - f(x_0)}{\Delta x} = \frac{\Delta y}{\Delta x}$为函数的增量与自变量的增量之比，它表示函数的平均变化率．而对平均变化率取$\Delta x \to 0$，则得到函数在一点x_0处的变化率．

在实际生活中，无论是自然科学领域，还是社会科学领域，都有许多有关变化率的概念，如物理学中的速度、加速度、电流、(放射性元素的)衰变率等；化学中的反应速度、扩散速度等；生物学中的(种群)出生率、死亡率、自然增长率等；经济学中的边际成本、边际利润、边际需求等；社会学中的信息传播速度、时尚的推广速度等．这些变化率都可以用我们下面要给出的数学概念——导数来加以刻画．

2）导数的定义

定义 3-1　设函数$y = f(x)$在点x_0的某邻域[①]内有定义，如果极限$\lim_{\Delta x \to 0} \frac{\Delta y}{\Delta x} = \lim_{\Delta x \to 0} \frac{f(x_0 + \Delta x) - f(x_0)}{\Delta x}$存在，则称函数$f(x)$在点$x_0$处可导，并称此极限值为函数$f(x)$在点$x_0$处的导数，记作：$f'(x_0)$，$y'\big|_{x=x_0}$，$\frac{dy}{dx}\Big|_{x=x_0}$或$\frac{df}{dx}\Big|_{x=x_0}$，即：

$$f'(x_0) = \lim_{\Delta x \to 0} \frac{f(x_0 + \Delta x) - f(x_0)}{\Delta x}$$

如果函数$f(x)$在区间(a,b)内任意点x处，上式的极限都存在，则称函数$f(x)$在区间内可导，并称该极限表达式为函数$f(x)$的**导函数**，简称**导数**．记作$f'(x)$，y'，$\frac{df}{dx}$或$\frac{dy}{dx}$，即：

$$f'(x) = \lim_{\Delta x \to 0} \frac{f(x + \Delta x) - f(x)}{\Delta x}$$

若记$x = x_0 + \Delta x$，则当$\Delta x \to 0$时，$x \to x_0$，故函数$f(x)$在点x_0处的导数$f'(x_0)$也可表示为：$f'(x_0) = \lim_{x \to x_0} \frac{f(x) - f(x_0)}{x - x_0}$.

下面，我们先给出左、右导数的概念：设函数$y = f(x)$在点x_0的某邻域内有定义，如果极限$\lim_{\Delta x \to 0^-} \frac{\Delta y}{\Delta x} = \lim_{\Delta x \to 0^-} \frac{f(x_0 + \Delta x) - f(x_0)}{\Delta x}$存在，则称此极限值为函数$f(x)$在点$x_0$处的**左导数**，记作$f'_-(x_0)$；如果极限$\lim_{\Delta x \to 0^+} \frac{\Delta y}{\Delta x} = \lim_{\Delta x \to 0^+} \frac{f(x_0 + \Delta x) - f(x_0)}{\Delta x}$存在，则称此极限值为函数$f(x)$在点$x_0$处的**右导数**，记作$f'_+(x_0)$.

显然，函数在某一点导数存在的充分必要条件是函数在该点处的左、右导数都存在并且相等．

3）导数的几何意义

由上述引例我们可以得到导数的几何意义：

(1)函数$f(x)$在点x_0处的导数$f'(x_0)$，就是曲线$y = f(x)$在点$M(x_0, f(x_0))$处的切线

---

①　点x_0的某邻域即为：区间$(x_0-\delta, x_0) \cup (x_0, x_0+\delta)$，其中$\delta>0$.

的斜率.$f(x)$在点x_0处可导,在几何上就表示曲线$y=f(x)$在点$(x_0,f(x_0))$处存在不垂直于x轴的切线.

(2)函数$y=f(x)$在区间(a,b)内可导,在几何上表示曲线$y=f(x)$在区间(a,b)内处处存在不垂直于x轴的切线.

4)几个基本初等函数的导数公式

导数的概念是从实际问题中抽象出来的,它是一个构造性定义,因此可以按定义来求函数$y=f(x)$在点x处的导数.一般求函数$y=f(x)$的导数的步骤如下:

(1)给出函数的差,即求函数的增量(改变量)$\Delta y=f(x+\Delta x)-f(x)$.

(2)计算并化简函数差与自变量之差的比值,即差商$\dfrac{\Delta y}{\Delta x}=\dfrac{f(x+\Delta x)-f(x)}{\Delta x}$.

(3)令$\Delta x\to 0$,求出(2)中差商的极限,即$\lim\limits_{\Delta x\to 0}\dfrac{\Delta y}{\Delta x}=\lim\limits_{\Delta x\to 0}\dfrac{f(x+\Delta x)-f(x)}{\Delta x}$,则$f'(x)=\lim\limits_{\Delta x\to 0}\dfrac{\Delta y}{\Delta x}=\lim\limits_{\Delta x\to 0}\dfrac{f(x+\Delta x)-f(x)}{\Delta x}$.

【例3-1】 求函数$y=C$(C是常数)的导数.

解:当自变量x有增量Δx时,函数的增量$\Delta y=f(x+\Delta x)-f(x)=C-C=0$,差商$\dfrac{\Delta y}{\Delta x}=\dfrac{f(x+\Delta x)-f(x)}{\Delta x}=0$,从而$f'(x)=\lim\limits_{\Delta x\to 0}\dfrac{\Delta y}{\Delta x}=0$,即常数函数的导数为0.

$(C)'=0$

【例3-2】 求函数$y=x$的导数.

解:当自变量x有增量Δx时,$\Delta y=(x+\Delta x)-x=\Delta x$,差商$\dfrac{\Delta y}{\Delta x}=\dfrac{\Delta x}{\Delta x}=1$,从而$f'(x)=\lim\limits_{\Delta x\to 0}\dfrac{\Delta y}{\Delta x}=1$,即函数$y=x$的导数为1.

$(x)'=1$

类似地,函数$y=x^2$的导数$(x^2)'=2x$.我们给出幂函数的导数公式$(x^\mu)'=\mu x^{\mu-1}$.由此公式,可得两个常用函数的导数:

$$\left(\frac{1}{x}\right)'=(x^{-1})'=-1\cdot x^{-1-1}=-\frac{1}{x^2}$$

$$\left(\sqrt{x}\right)'=\left(x^{\frac{1}{2}}\right)'=\frac{1}{2}x^{\frac{1}{2}-1}=\frac{1}{2\sqrt{x}}$$

【例3-3】 求函数$y=\sin x$的导数.

解:当自变量x有增量Δx时,$\Delta y=\sin(x+\Delta x)-\sin x$,差商$\dfrac{\Delta y}{\Delta x}=\dfrac{\sin(x+\Delta x)-\sin x}{\Delta x}=\dfrac{2\cos\left(x+\dfrac{\Delta x}{2}\right)\sin\dfrac{\Delta x}{2}}{\Delta x}$,从而:

$$\lim_{\Delta x\to 0}\frac{\Delta y}{\Delta x}=\lim_{\Delta x\to 0}\frac{2\cos\left(x+\dfrac{\Delta x}{2}\right)\sin\dfrac{\Delta x}{2}}{\Delta x}=\lim_{\Delta x\to 0}\frac{\sin\dfrac{\Delta x}{2}}{\dfrac{\Delta x}{2}}\cos\left(x+\frac{\Delta x}{2}\right)=\cos x$$

即函数 $y=\sin x$ 的导数为 $\cos x$.

$(\sin x)'=\cos x$

类似可得：$(\cos x)'=-\sin x$

【例 3-4】 求函数 $y=\log_a x(a>0,a\neq1)$ 的导数.

解：当自变量 x 有增量 Δx 时，$\Delta y=\log_a(x+\Delta x)-\log_a x=\log_a\left(1+\dfrac{\Delta x}{x}\right)$，差商 $\dfrac{\Delta y}{\Delta x}=$ $\dfrac{\log_a\left(1+\dfrac{\Delta x}{x}\right)}{\Delta x}=\log_a\left(1+\dfrac{\Delta x}{x}\right)^{\frac{1}{\Delta x}}$，从而：$\lim\limits_{\Delta x\to 0}\dfrac{\Delta y}{\Delta x}=\lim\limits_{\Delta x\to 0}\log_a\left(1+\dfrac{\Delta x}{x}\right)^{\frac{1}{\Delta x}}=\lim\limits_{\Delta x\to 0}\log_a\left[\left(1+\dfrac{\Delta x}{x}\right)^{\frac{x}{\Delta x}}\right]^{\frac{1}{x}}=$ $\log_a e^{\frac{1}{x}}=\dfrac{1}{x}\log_a e=\dfrac{1}{x\ln a}$，即 $(\log_a x)'=\dfrac{1}{x\ln a}$.

特别地，$(\ln x)'=\dfrac{1}{x}$.

以上几个基本初等函数的导数公式，都是按导数的定义直接求得的.对于一些较复杂的函数，还需要建立一些运算法则，以求得它们的导数.

【例 3-5】 求曲线 $y=\sqrt{x}$ 在 $x=4$ 处的切线方程.

解：当 $x=4$ 时，$y=\sqrt{4}=2$，所以点(4，2)为曲线 $y=\sqrt{x}$ 上的点.

又因为 $y'=\dfrac{1}{2}x^{-\frac{1}{2}}$，由导数的几何意义，过点(4，2)的切线的斜率为：

$$y'\big|_{x=4}=\frac{1}{2}\times 4^{-\frac{1}{2}}=\frac{1}{4}$$

所以曲线 $y=\sqrt{x}$ 在点 $x=4$ 处的切线方程为：

$$y-2=\frac{1}{4}(x-4)$$

即 $x-4y+4=0$

5）可导与连续的关系

定理 3-1　若函数 $y=f(x)$ 在点 x_0 处可导，则函数 $y=f(x)$ 在点 x_0 处连续.

证明：若函数 $y=f(x)$ 在点 x_0 处可导，即 $\lim\limits_{\Delta x\to 0}\dfrac{\Delta y}{\Delta x}=f'(x_0)$ 存在，则：

$$\lim_{\Delta x\to 0}\Delta y=\lim_{\Delta x\to 0}\frac{\Delta y}{\Delta x}\cdot\Delta x=\lim_{\Delta x\to 0}\frac{\Delta y}{\Delta x}\cdot\lim_{\Delta x\to 0}\Delta x=0$$

所以，函数 $y=f(x)$ 在点 x_0 处连续.

注意：如果函数在某点处可导，那么函数在该点必连续.但是，如果函数在某点处连续，那么函数在该点未必可导.

例如，函数 $y=|x|$ 在点 $x=0$ 处连续，但在点 $x=0$ 处不可导.事实上，由于 $y=\begin{cases}x & (x\geqslant 0)\\ -x & (x<0)\end{cases}$，$y(0)=0$，所以：

$$\lim_{x\to 0^+}\frac{y(x)-y(0)}{x-0}=\lim_{x\to 0^+}\frac{x-0}{x-0}=1$$

$$\lim_{x\to 0^-}\frac{y(x)-y(0)}{x-0}=\lim_{x\to 0^-}\frac{-x-0}{x-0}=1$$

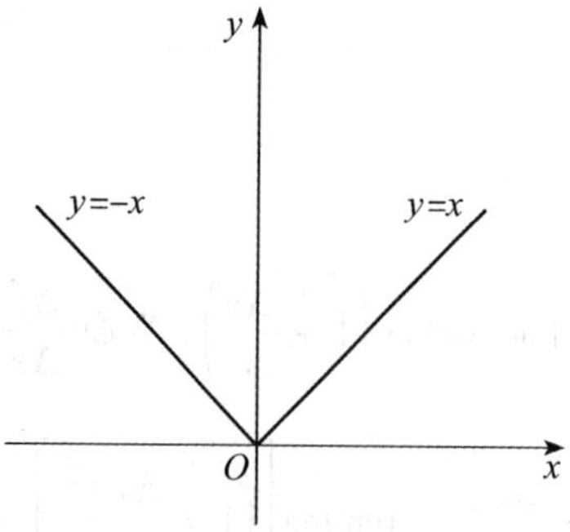

图 3-2

即 $\lim\limits_{x\to 0}\dfrac{y(x)-y(0)}{x-0}$ 不存在,所以函数 $y=|x|$ 在点 $x=0$ 处不可导.

函数 $y=|x|$ 的图形如图 3-2 所示,曲线 $y=|x|$ 在点 $(0,0)$ 处没有切线.

3.1.2 导数的基本运算法则

定理 3-2 设函数 $u(x),v(x)$ 在点 x 处可导,则函数 $u(x)\pm v(x)$, $u(x)v(x)$ 在点 x 处可导,当 $v(x)\neq 0$ 时,函数 $\dfrac{u(x)}{v(x)}$ 在点 x 处可导,且有:

(1) $[u(x)\pm v(x)]'=u'(x)\pm v'(x)$

即两个可导函数的和或差的导数等于函数导数的和或差;

(2) $[u(x)v(x)]'=u'(x)v(x)+u(x)v'(x)$

即两个可导函数乘积的导数等于第一个因子的导数与第二个因子的乘积加上第一个因子与第二个因子的导数的乘积;

(3) $\left[\dfrac{u(x)}{v(x)}\right]'=\dfrac{u'(x)v(x)-u(x)v'(x)}{v^2(x)}$

即两个可导函数商的导数等于分子的导数与分母的乘积减去分母的导数与分子的乘积,再除以分母的平方.

由定理 3-2 可得到如下推论:

(1) $[Cu(x)]'=Cu'(x)$

(2) $[C_1u(x)+C_2v(x)]'=C_1u'(x)+C_2v'(x)$

(3) $\left[\dfrac{C}{v(x)}\right]'=-\dfrac{Cv'(x)}{v^2(x)}$,特别地,$\left[\dfrac{1}{v(x)}\right]'=-\dfrac{v'(x)}{v^2(x)}$

【例 3-6】 设函数 $y=5x^3-4x^2+12x-8$,求 y'.

解: $y'=(5x^3-4x^2+12x-8)'=5(x^3)'-4(x^2)'+12(x)'-(8)'$

$=15x^2-8x^1+12x^0-0=15x^2-8x+12$

【例 3-7】 设函数 $y=x^3\ln x$,求 y'.

解: $y'=(x^3\ln x)'=(x^3)'\ln x+x^3(\ln x)'=3x^2\ln x+x^3\cdot\dfrac{1}{x}=3x^2\ln x+x^2$

【例 3-8】 设函数 $y=\dfrac{x^2+2x-21}{x-3}$,求 y'.

解: $y'=\dfrac{(x^2+2x-21)'(x-3)-(x^2+2x-21)(x-3)'}{(x-3)^2}$

$=\dfrac{(2x+2)(x-3)-(x^2+2x-21)\cdot 1}{(x-3)^2}$

$=\dfrac{x^2-6x+15}{(x-3)^2}$

【例 3-9】求函数 $y=\tan x$ 的导数 y'.

解：$y'=(\tan x)'=\left(\dfrac{\sin x}{\cos x}\right)'=\dfrac{(\sin x)'\cos x-\sin x(\cos x)'}{\cos^2 x}$

$=\dfrac{\cos^2 x+\sin^2 x}{\cos^2 x}=\dfrac{1}{\cos^2 x}=\sec^2 x$

即正切函数的导数公式为：$(\tan x)'=\sec^2 x$

类似可得：$(\cot x)'=-\csc^2 x$

【例 3-10】求函数 $y=\sec x$ 的导数 y'.

解：$y'=(\sec x)'=\left(\dfrac{1}{\cos x}\right)'=-\dfrac{(\cos x)'}{\cos^2 x}=\dfrac{\sin x}{\cos^2 x}=\sec x\cdot\tan x$

即正割函数的导数公式为：$(\sec x)'=\sec x\cdot\tan x$

类似可得：$(\csc x)'=-\csc x\cdot\cot x$

【例 3-11】一质点沿直线运动，运动方程为 $s(t)=2t^3-15t^2+36t+2$，问何时速度为零？

解：根据导数的定义，做直线运动的质点在时刻 t_0 的瞬时速度即为 $v(t_0)=s'(t_0)$. 因此速度函数为 $v(t)=s'(t)=6t^2-30t+36$，令 $v(t)=0$，解得：$t=2$ 或 $t=3$，即在时刻 $t=2$ 或 $t=3$ 时质点的速度为零.

为便于读者记忆与使用，我们将本节学过的有关基本初等函数的导数公式和运算法则列在下面：

$(C)'=0$（C 为常数）　　$(x^\mu)'=\mu x^{\mu-1}$（μ 为实数）

$(a^x)'=a^x\ln a$　　$(e^x)'=e^x$

$(\log_a x)'=\dfrac{1}{x\ln a}$　　$(\ln x)'=\dfrac{1}{x}$

$(\sin x)'=\cos x$　　$(\cos x)'=-\sin x$

$(\tan x)'=\dfrac{1}{\cos^2 x}=\sec^2 x$　　$(\cot x)'=\dfrac{-1}{\sin^2 x}=-\csc^2 x$

$(\sec x)'=\sec x\cdot\tan x$　　$(\csc x)'=-\csc x\cdot\cot x$

$(\arcsin x)'=\dfrac{1}{\sqrt{1-x^2}}$　　$(\arccos x)'=-\dfrac{1}{\sqrt{1-x^2}}$

$(\arctan x)'=\dfrac{1}{1+x^2}$　　$(\text{arccot}\, x)'=-\dfrac{1}{1+x^2}$

其中，最后四个基本公式本书不给出它们的推导过程，读者可直接使用.

3.1.3 复合函数的导数

前面我们推导出了基本初等函数的导数，但对于形如 $\ln\tan x$，$\sqrt{x^2-1}$ 这样的复合函数，我们还不知道它们的导数如何求. 通过下面的重要法则，我们可以解决这些问题.

定理 3-3 设函数 $u=\varphi(x)$ 在点 x 处可导，函数 $y=f(u)$ 在对应点 u 处可导，则复合函数 $y=f[\varphi(x)]$ 在点 x 处也可导，且：

$$\frac{dy}{dx}=\frac{dy}{du}\cdot\frac{du}{dx}$$

或记作：

$f_x'[\varphi(x)]=f_u'(u)\cdot\varphi'(x)$

即复合函数的导数等于复合函数对中间变量的导数乘以中间变量对自变量的导数.

定理3-3所给出的复合函数的求导法则亦称为**链式法则**.这个法则可以推广到多个中间变量的情形。例如,如果 $y=f(u)$,$u=\varphi(v)$,$v=\psi(x)$,那么复合函数 $y=f\{\varphi[\psi(x)]\}$ 的导数为:$\frac{dy}{dx}=\frac{dy}{du}\cdot\frac{du}{dv}\cdot\frac{dv}{dx}$.

【例3-12】 求函数 $y=\sqrt{x^2+3x+2}$ 的导数.

解:$y=\sqrt{x^2+3x+2}$ 可以看作由 $y=\sqrt{u}$,$u=x^2+3x+2$ 复合而成,因此:

$$\frac{dy}{dx}=\frac{dy}{du}\cdot\frac{du}{dx}=(\sqrt{u})_u'\cdot(x^2+3x+2)_x'=\frac{1}{2\sqrt{u}}(2x+3)=\frac{2x+3}{2\sqrt{x^2+3x+2}}$$

【例3-13】 求函数 $y=(2x-1)^{20}$ 的导数.

解:$y=(2x-1)^{20}$ 可以看作由 $y=u^{20}$,$u=2x-1$ 复合而成,因此:

$$\frac{dy}{dx}=\frac{dy}{du}\cdot\frac{du}{dx}=(u^{20})_u'\cdot(2x-1)_x'=20u^{19}\cdot 2=40(2x-1)^{19}$$

【例3-14】 求函数 $y=\sin^2 x$ 的导数.

解:$y=\sin^2 x$ 可以看作由 $y=u^2$,$u=\sin x$ 复合而成,因此:

$$\frac{dy}{dx}=\frac{dy}{du}\cdot\frac{du}{dx}=(u^2)_u'\cdot(\sin x)_x'=2u\cdot\cos x=2\sin x\cos x$$

在计算熟练后,解题时可以不必把中间变量写出来.

【例3-15】 求函数 $y=\ln\sin x$ 的导数.

解:$y'=(\ln\sin x)'=\frac{1}{\sin x}\cdot(\sin x)'=\frac{1}{\sin x}\cdot\cos x=\cot x$

【例3-16】 求函数 $y=e^{\tan\frac{1}{x}}$ 的导数.

解:$y'=(e^{\tan\frac{1}{x}})'=e^{\tan\frac{1}{x}}\cdot\left(\tan\frac{1}{x}\right)'=e^{\tan\frac{1}{x}}\cdot\sec^2\frac{1}{x}\cdot\left(\frac{1}{x}\right)'=-\frac{1}{x^2}e^{\tan\frac{1}{x}}\cdot\sec^2\frac{1}{x}$

【例3-17】 求函数 $y=\ln(x+\sqrt{x^2+a^2})$ 的导数.

解:$y'=[\ln(x+\sqrt{x^2+a^2})]'$

$$=\frac{1}{x+\sqrt{x^2+a^2}}\cdot(x+\sqrt{x^2+a^2})'$$

$$=\frac{1}{x+\sqrt{x^2+a^2}}\cdot[1+(\sqrt{x^2+a^2})']$$

$$=\frac{1}{x+\sqrt{x^2+a^2}}\cdot\left(1+\frac{1}{2\sqrt{x^2+a^2}}\cdot 2x\right)$$

$$=\frac{1}{\sqrt{x^2+a^2}}$$

3.1.4　其他求导法

1）隐函数的导数

变量 y 与 x 之间的函数关系可以用不同的方式表达，如 $y=\sin x$，$y=x^2$ 等.其表达方式有这样的特征：等式左端为因变量 y，而等式右端是含有自变量 x 的数学式子，一般我们把由解析式 $y=f(x)$ 所确定的一个变量是另一个变量的函数称为**显函数**.还有另外一些函数，其变量 x 与 y 之间的对应关系是通过一个方程 $F(x,y)=0$（$F(x,y)$ 为变量 x 和 y 的一个算式）来确定的.如方程 $x+y^3-1=0$，给定一个 x 值，就可以确定 y 的值，这里当 $x=1$ 时，$y=0$，当 $x=2$ 时，$y=-1$，可知当自变量 x 在 $(-\infty,+\infty)$ 内取值时，变量 y 有唯一确定的值与之对应，也就是说 y 是 x 的函数.一般地，我们把这种由方程 $F(x,y)=0$ 所确定的一个变量是另一个变量的函数称为**隐函数**.

把一个隐函数化成显函数，叫作隐函数的显化.例如，由方程 $x+y^3-1=0$ 解出 $y=\sqrt[3]{1-x}$，就是把隐函数化成显函数.但是，隐函数的显化有时是非常困难的，甚至是不可能的.例如，方程 $e^y-xy=0$，$y^5+3x^2y^2+5x^4=0$，在一定条件下，也在某个区间内确定了隐函数，但它们的隐函数就很难显化.

对于由方程 $F(x,y)=0$ 所确定的隐函数，不论能否显化，都可以由方程来直接算出它所确定的隐函数的导数.我们通过下面的例子来说明这种方法.

【例3-18】 求由方程 $x^2y+2y^3=3x+2y$ 所确定的隐函数的导数 $\dfrac{dy}{dx}$.

解：当我们将方程中的 y 看作由该方程所确定的隐函数 $y=y(x)$ 时，方程 $x^2y+2y^3=3x+2y$ 就是恒等式.因此，两边对 x 求导也是恒等的，即：

$$\frac{d}{dx}(x^2y+2y^3)=\frac{d}{dx}(3x+2y)$$

左边对 x 求导时注意：y^3 是 y 的函数，而 y 是 x 的函数，因此 y^3 是 x 的复合函数；x^2y 是两个 x 的函数的乘积，因此要用到两个函数乘积的求导法则，由此得：

$$2xy+x^2\cdot\frac{dy}{dx}+2\cdot 3y^2\cdot\frac{dy}{dx}=3+2\frac{dy}{dx}$$

解出 $\dfrac{dy}{dx}$，得：

$$\frac{dy}{dx}=\frac{3-2xy}{x^2+6y^2-2}$$

注意：隐函数的导数的表达式一般同时含有变量 x 和 y.其中 y 是由方程所确定的关于 x 的隐函数，这是其与显函数的导数的表达式不一样的地方.

【例3-19】 求由方程 $e^y+xy-e=0$ 所确定的隐函数的导数 $\dfrac{dy}{dx}$.

解：方程两边对 x 求导，得到 $e^y\cdot\dfrac{dy}{dx}+y+x\cdot\dfrac{dy}{dx}=0$，于是：

$$\frac{dy}{dx}=-\frac{y}{x+e^y}\qquad(x+e^y\neq 0)$$

【例 3-20】求椭圆 $4x^2+y^2=8$ 在点 $(1,-2)$ 处的切线方程.

解:在椭圆方程两边对 x 求导,得 $8x+2y\cdot y'=0$,从而有导数 $y'=-\dfrac{4x}{y}$,则椭圆曲线在点 $(1,-2)$ 处的斜率为 $k=y'\big|_{(1,-2)}=2$,因此切线方程为 $y+2=2(x-1)$,即:

$$2x-y-4=0$$

2)对数求导法

【例 3-21】求函数 $y=x^x(x>0)$ 的导数.

解:该函数既不是幂函数也不是指数函数,所以不能直接采用幂函数求导公式或指数函数求导公式。我们先在方程两边取自然对数,有 $\ln y=x\ln x$,然后将 $y=x^x$ 看作由方程 $\ln y=x\ln x$ 所确定的隐函数.用隐函数的求导方法,得:

$$\frac{1}{y}\cdot y'=\ln x+x\cdot\frac{1}{x}$$

所以 $y'=y(\ln x+1)=x^x(\ln x+1)$.

本例中的函数 $y=x^x$ 称为幂指函数,我们采用的方法是在函数式两边取对数,将显函数转化为隐函数后求导,这种求导方法称为**对数求导法**.

幂指函数的一般形式为 $y=[f(x)]^{g(x)}(f(x)>0)$,求幂指函数的导数,一般我们总是像上例那样采用对数求导法来求其导数.

对数求导法除了适用于求幂指函数的导数外,有时也可用于求含有幂、根式及乘积项比较多的函数的导数,如【例 3-22】.

【例 3-22】求函数 $y=\sqrt{\dfrac{(2x+1)(3-5x)}{(x^2+1)(x+2)}}$ 的导数.

解:该函数如果直接求导运算比较烦琐,所以先在等式两边取自然对数,同时利用对数的性质,有:

$$\ln y=\frac{1}{2}[\ln(2x+1)+\ln(3-5x)-\ln(x^2+1)-\ln(x+2)]$$

两边对 x 求导,得:

$$\frac{1}{y}\cdot y'=\frac{1}{2}\left(\frac{2}{2x+1}+\frac{-5}{3-5x}-\frac{2x}{x^2+1}-\frac{1}{x+2}\right)$$

于是可得:

$$y'=\frac{y}{2}\left(\frac{2}{2x+1}+\frac{-5}{3-5x}-\frac{2x}{x^2+1}-\frac{1}{x+2}\right)$$

$$=\frac{1}{2}\sqrt{\frac{(2x+1)(3-5x)}{(x^2+1)(x+2)}}\cdot\left(\frac{2}{2x+1}-\frac{5}{3-5x}-\frac{2x}{x^2+1}-\frac{1}{x+2}\right)$$

3)分段函数的导数

【例 3-23】设函数 $f(x)=\begin{cases}x-1 & (x\leqslant 0)\\ 2x & (0<x\leqslant 1)\\ x^2+1 & (1<x\leqslant 2)\\ \dfrac{1}{2}x+4 & (x>2)\end{cases}$,求 $f'(x)$.

解:当 $x<0$ 时,$f'(x)=1$;当 $0<x<1$ 时,$f'(x)=2$;当 $1<x<2$ 时,$f'(x)=2x$;当 $x>2$ 时,

$f'(x)=\frac{1}{2}$.

当$x=0$时,$f(0)=-1$,由于:

$\lim\limits_{x\to 0^-}\frac{f(x)-f(0)}{x-0}=\lim\limits_{x\to 0^-}\frac{x-1-(-1)}{x-0}=1$,$\lim\limits_{x\to 0^+}\frac{f(x)-f(0)}{x-0}=\lim\limits_{x\to 0^+}\frac{2x-(-1)}{x-0}=\infty$,即函数在点$x=0$处的右导数不存在,所以函数$f(x)$在点$x=0$处的导数不存在.

当$x=1$时,$f(1)=2$,由于:

$$\lim_{x\to 1^-}\frac{f(x)-f(1)}{x-1}=\lim_{x\to 1^-}\frac{2x-2}{x-1}=2$$

$$\lim_{x\to 1^+}\frac{f(x)-f(1)}{x-1}=\lim_{x\to 1^+}\frac{x^2+1-2}{x-1}=2$$

即函数在点$x=1$处的左、右导数都存在并且相等,所以函数$f(x)$在点$x=1$处的导数存在,且$f'(1)=2$.

当$x=2$时,$f(2)=5$,由于:

$$\lim_{x\to 2^-}\frac{f(x)-f(2)}{x-2}=\lim_{x\to 2^-}\frac{x^2+1-5}{x-2}=4$$

$$\lim_{x\to 2^+}\frac{f(x)-f(2)}{x-2}=\lim_{x\to 2^+}\frac{\frac{1}{2}x+4-5}{x-2}=\frac{1}{2}$$

即函数在点$x=2$处的左、右导数存在但不相等,所以函数$f(x)$在点$x=2$处的导数不存在.

由此可得:

$$f'(x)=\begin{cases}1 & (x<0)\\ 2 & (0<x\leqslant 1)\\ 2x & (1<x<2)\\ \frac{1}{2} & (x>2)\end{cases}$$

注意:在对分段函数求导数时,分段点处的导数存在与否是不确定的,必须按函数在某一点处的导数定义来求,而对于各小区间中函数的导数可以按初等函数求导法求得.

【例3-24】 某地区的人口总数为P,以百万为单位,可以近似地用函数$P=1.15(1.014)^t$来计量,其中t是以2023年为起点的年数.根据这一公式,在2023年初和2025年初该地区人口总量的增长有多快?

解:度量人口总量增长的指标量为人口增长率,它是指人口总量对于时间的变化速度.因此,$\frac{\mathrm{d}P}{\mathrm{d}t}=1.15(1.014)^t\ln 1.014$.

在2023年初,$t=0$,$\left.\frac{\mathrm{d}P}{\mathrm{d}t}\right|_{t=0}=1.15\times(1.014)^0\times\ln 1.014\approx 0.0160$,即2023年初,人口总量是以每年约1.60万的速度增长的;

在2025年初,$t=2$,$\left.\frac{\mathrm{d}P}{\mathrm{d}t}\right|_{t=2}=1.15\times(1.014)^2\times\ln 1.014\approx 0.0164$,即2025年初,人口总量是以每年约1.64万的速度增长的.

3.1.5 高阶导数

在本小节中，我们将讨论一个量的变化率的变化率.这样的变化率有很多种，例如，汽车的加速度是它的速度关于时间的变化率，而速度本身又是路程关于时间的变化率.如果路程的单位是千米，时间的单位是小时，那么速度(路程关于时间的变化率)的单位是千米/小时，而加速度(速度的变化率)的单位则是千米/小时^2.

上述有关变化率的变化率的问题，在经济上是常用的.例如，在通货膨胀时期，你可以看到经济部门的报告指出，“尽管通货膨胀率在增长，但其增长速度在减缓”，就是指物价在上涨，但增长速度已经没有以前快了.

1）高阶导数的概念

设函数$y=f(x)$关于x的变化率由其导函数$f'(x)$给出.类似地，函数$f'(x)$关于x的变化率由$f'(x)$的导函数$[f'(x)]'$给出，即函数$f(x)$的导函数的导函数.

一般地，我们将函数$y=f(x)$的导数的导数称为函数$f(x)$的**二阶导函数**，简称**二阶导数**，记作y''，$f''(x)$或$\frac{d^2y}{dx^2}$.

函数的二阶导数给出了函数的变化率的变化率.

由二阶导数的概念可知，一物体的速度为路程函数关于时间的一阶导数，加速度为路程函数关于时间的二阶导数，即$v=s'(t)$，$a=s''(t)$.

如果对函数$f(x)$的二阶导数$f''(x)$再求一次导数，那么我们将得到函数的**三阶导数**，记作y'''，$f'''(x)$或$\frac{d^3y}{dx^3}$.而三阶导数的导数则称为**四阶导数**，注意四阶导数记作$y^{(4)}$，$f^{(4)}(x)$或$\frac{d^4y}{dx^4}$.

一般地，我们定义函数$y=f(x)$的$(n-1)$阶导数的导数为函数$f(x)$的**n阶导数**，即：

$$f^{(n)}(x)=[f^{(n-1)}(x)]' \quad (n=2,3,4,\cdots)$$

记作$y^{(n)}$，$f^{(n)}(x)$或$\frac{d^ny}{dx^n}$.

二阶和二阶以上的导数统称为**高阶导数**.相对于高阶导数，我们把$f'(x)$称为函数$f(x)$的**一阶导数**.

2）高阶导数的计算

由高阶导数的定义可知，计算一个函数的高阶导数并不需要新的求导方法，只要对函数逐次求导，直到所求的阶数即可.

【例3-25】 求函数$y=2x^4-3x^2-3x+7$的二阶导数.

解：先求函数的一阶导数，得到$y'=8x^3-6x-3$，因此函数的二阶导数为$y''=24x^2-6$.

【例3-26】 求函数$y=e^x$的各阶导数.

解：$y'=e^x$，$y''=e^x$，$y'''=e^x$，$\cdots$，$y^{(n)}=e^x$

【例3-27】 求函数$y=\sin x$的四阶导数.

解：$y'=(\sin x)'=\cos x$，$y''=-\sin x$，$y'''=-\cos x$，$y^{(4)}=\sin x$.

一般地，有$y^{(n)}=\sin\left(x+n\cdot\frac{\pi}{2}\right)$

【例 3-28】一物体沿直线运动，其运动方程为 $s(t)=t^3-3t^2+4t$. 求该物体在时刻 t 的速度和加速度.

解：该物体在时刻 t 的速度为：$v(t)=s'(t)=3t^2-6t+4$

在时刻 t 的加速度为：$a(t)=v'(t)=s''(t)=6t-6$

3.2 微分

3.2.1 微分的定义

1）引例

【例 3-29】一个正方形的边长由 x 变到 $x+\Delta x$（$|\Delta x|$ 很小），求其面积的改变量的近似值.

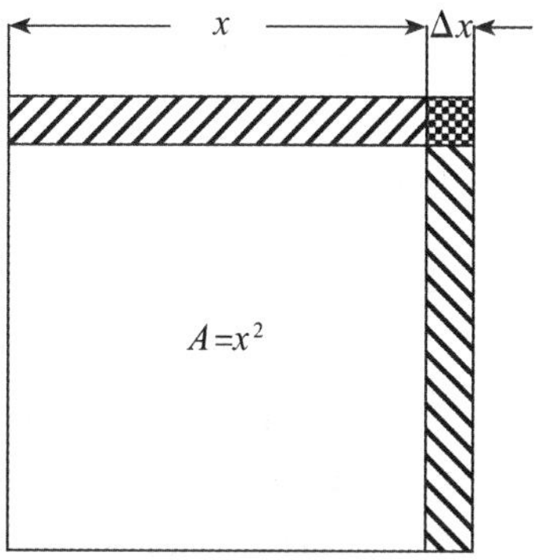

图 3-3

解：用 A 表示边长为 x 的正方形面积，即 $A=x^2$. 当边长由 x 变到 $x+\Delta x$ 时（如图 3-3 所示），面积相应的改变量为：

$\Delta A=(x+\Delta x)^2-x^2=2x\cdot\Delta x+(\Delta x)^2$

上式右边第一部分 $2x\cdot\Delta x$ 是 Δx 的线性函数，第二部分 $(\Delta x)^2$ 是当 $x\to 0$ 时的一个比 Δx 高阶的无穷小量. 因此，当 $|\Delta x|$ 很小时，我们可以把第二部分忽略，而用一个简单的函数——Δx 的线性函数作为 ΔA 的近似值，$\Delta A\approx 2x\cdot\Delta x$. 而 $f'(x)=2x$，所以 $\Delta A\approx 2x\cdot\Delta x=f'(x)\Delta x$.

在【例 3-29】中，当 $|\Delta x|$ 很小时，能用 Δx 的一次函数 $f'(x)\Delta x$ 去近似地代替函数的改变量（这种近似仅相差一个比 Δx 高阶的无穷小）. 该 Δx 的一次函数 $f'(x)\Delta x$ 称为函数 $f(x)$ 的微分. 由此我们引出微分的定义.

2）微分的定义

定义 3-2　设函数 $y=f(x)$ 在点 x_0 处可导，则称导数值 $f'(x_0)$ 与 x 的改变量 Δx 的乘积为函数 $y=f(x)$ 在点 x_0 处的**微分**，记作：

$$\mathrm{d}y\Big|_{x=x_0}=f'(x_0)\Delta x$$

如果函数 $y=f(x)$ 在某区间内每一点都可导，则函数在该区间内任一点 x 处的微分，记作：

$$\mathrm{d}y=f'(x)\Delta x$$

关于微分定义的几点说明：

（1）函数的微分 $\mathrm{d}y$ 是 Δx 的一次函数，它不仅与 Δx 有关，而且与 x 也有关. 函数的微分 $\mathrm{d}y$ 与 Δy 只差一个比 Δx 高阶的无穷小，它是 Δy 的主要部分，所以也称微分 $\mathrm{d}y$ 是函数改变量 Δy 的线性主部.

（2）若函数 $y=f(x)$ 在 x 处的改变量 Δy 可以表示成 Δx 的线性函数 $k(x)\Delta x$ 与一个比 Δx 高阶的无穷小之和 $\Delta y=k(x)\Delta x+o(\Delta x)$，则称函数 $y=f(x)$ 在点 x 处可微.

（3）由于自变量 x 的微分 $\mathrm{d}x=(x)'\Delta x=\Delta x$，故 $\mathrm{d}x$ 可理解为自变量 x 的改变量 Δx. 于是 $\mathrm{d}y=f'(x)\Delta x=f'(x)\mathrm{d}x$，即函数的微分等于函数的导数乘自变量的微分.

函数的导数$\frac{dy}{dx}$可以看作函数的微分dy与自变量的微分dx的商，导数也称微商.

3.2.2 微分的运算法则

由微分法的定义可见，要计算函数$y=f(x)$的微分，只需要先求出导数$f'(x)$，再乘以dx就可以了.根据基本初等函数的求导公式及求导法则可得到如下的**微分公式和运算规则**：

1）微分基本公式

$d(C)=0$　　　　$dx^{\mu}=\mu x^{\mu-1}dx$

$da^x=a^x\ln a dx$　　　　$de^x=e^x dx$

$d\log_a x=\frac{1}{x\ln a}dx$　　　　$d\ln x=\frac{1}{x}dx$

$d\sin x=\cos x dx$　　　　$d\cos x=-\sin x dx$

$d\tan x=\sec^2 x dx$　　　　$d\cot x=-\csc^2 x dx$

$d\sec x=\sec x\tan x dx$　　　　$d\csc x=-\csc x\cot x dx$

$d\arcsin x=\frac{1}{\sqrt{1-x^2}}dx$　　　　$d\arccos x=\frac{-1}{\sqrt{1-x^2}}dx$

$d\arctan x=\frac{1}{1+x^2}dx$　　　　$d\text{arccot } x=\frac{-1}{1+x^2}dx$

2）函数的和、差、积、商的微分运算法则

$d[u(x)\pm v(x)]=du(x)\pm dv(x)$

$d[u(x)v(x)]=v(x)du(x)+u(x)dv(x)$

$d[Cu(x)]=Cdu(x)$（C为常数）

$d\left[\frac{u(x)}{v(x)}\right]=\frac{v(x)du(x)-u(x)dv(x)}{v^2(x)}$　　　　$(v(x)\neq 0)$

3）复合函数的微分法则

设函数$y=f(u)$，而$u=\varphi(x)$，则复合函数$y=f[\varphi(x)]$的微分为：

$dy=f'(u)\varphi'(x)dx=f'(u)du$

上式称为**一阶微分形式不变性**.即不论u是自变量或中间变量，函数$y=f(u)$的微分形式总是$dy=f'(u)du$.

【例3-30】试求下列函数的微分：

(1)$y=x\ln x-x$；(2)$y=\cos\sqrt{x}$；(3)$y=e^{\sin x}$.

解：(1)$dy=d(x\ln x-x)=d(x\ln x)-dx$

$$=\ln x dx+x d\ln x-dx=\ln x dx+x\cdot\frac{1}{x}dx-dx=\ln x dx$$

或$y'=(x\ln x-x)'=\ln x+x\cdot\frac{1}{x}-1=\ln x$

$dy=\ln x dx$

(2)$y'=(\cos\sqrt{x})'=-\sin\sqrt{x}\cdot\frac{1}{2\sqrt{x}}$

$dy=y'dx=-\frac{\sin\sqrt{x}}{2\sqrt{x}}dx$

或 $dy=d(\cos\sqrt{x})=-\sin\sqrt{x}\,d(\sqrt{x})=-\dfrac{\sin\sqrt{x}}{2\sqrt{x}}dx$

(3) $y'=(e^{\sin x})'=e^{\sin x}\cdot\cos x$

$dy=y'dx=e^{\sin x}\cos x dx$

或 $dy=d(e^{\sin x})=e^{\sin x}d(\sin x)=e^{\sin x}\cos x dx$

3.3 Mathematica软件介绍

本节介绍如何使用Mathematica软件求函数的导数以及微分.

3.3.1 一阶导数

命令格式:D [函数表达式，自变量]

或　先定义函数f [x]，再利用命令f ′ [x]

或　先定义函数f [x]，再利用命令D [f [x]，x]

【例3-31】求函数 $y=x^2+\sin 2x-xe^x$ 的导数.

解:计算机处理如下:

```
In[1]:=D[x^2+Sin[2x]-x*E^x,x]
Out[1]=-e^x+2x-e^x x+2Cos[2x]
```

或者

```
In[2]:=f[x_]=x^2+Sin[2x]-x*E^x
       D[f[x],x]
Out[2]=-e^x x+x^2+Sin[2x]
Out[3]=-e^x+2x-e^x x+2Cos[2x]
```

或者在上述定义函数的基础上:

```
In[4]:=f′[x]
Out[4]=-e^x+2x-e^x x+2Cos[2x]
```

即 $y'=2x-e^x-xe^x+2\cos 2x$

3.3.2 二阶导数

命令格式:D [函数表达式，{自变量，2}]

或　先定义函数f [x]，再利用命令f″ [x]

或　先定义函数f [x]，再利用命令D [f [x]，{x，2}]

【例3-32】设函数 $s=\sin(at+b)$ (a,b 为常数),求 s''.

解:计算机处理如下:

```
In[5]:=D[Sin[a*t+b],{t,2}]
Out[5]=-a^2Sin[b+at]
```

或者

```
In[6]:=s[t_]=Sin[a*t+b]
       s″[t]
```

Out[6]=Sin[b+at]

Out[7]=-a²Sin[b+at]

或者在上述函数定义的基础上：

ln[8]:=D[s[t],{t,2}]

Out[8]=-a²Sin[b+at]

即 $s''=-a^2\sin(at+b)$

3.3.3 高阶导数

命令格式:D [函数表达式，{自变量，求导阶数}]

【例 3-33】设函数 $y=\dfrac{1}{x+1}$，求 $y^{(5)}$.

解:计算机处理如下:

In[9]:=D[1/(x+1),{x,5}]

Out[9]= $-\dfrac{120}{(1+x)^6}$

或者

In[10]:=g[x_]=1/(x+1)

D[g[x],{x,5}]

Out[10]= $\dfrac{1}{1+x}$

Out[11]= $-\dfrac{120}{(1+x)^6}$

即 $y^{(5)}=-\dfrac{120}{(1+x)^6}$

3.3.4 隐函数的导数

设方程 $f[x,y]=0$，确定隐函数 $y=y(x)$.

命令格式:A=D [f [x, y [x]] ==0, 自变量]; Solve [A, D [y [x], x]] 或Solve [D [f [x, y [x]] ==0, x], D [y [x], x]]

【例 3-34】求由方程 $x^2+y^2=4$ 所确定的隐函数的导数 $\dfrac{dy}{dx}$.

解:计算机处理如下:

In[12]:=A=D[x^2+y[x]^2==4,x]

Solve[A,D[y[x],x]]

Out[12]=2x+2y[x]y'[x]==0

Out[13]= $\{\{y'[x]\to -\dfrac{x}{y[x]}\}\}$

或者

In[14]:=Solve[[D[x^2+y[x]^2]==4,x],D[y[x],x]]

Out[14]= $\{\{y'[x]\to -\dfrac{x}{y[x]}\}\}$

即 $y'=-\dfrac{x}{y}$

3.3.5 微分

命令格式:Dt［函数表达式］

【例3-35】求函数 $y=\mathrm{e}^{1-2x}\tan x$ 的微分.

解:计算机处理如下:

In[15]:=Dt[(E^(1-2x))*Tan[x]]

Out[15]=e^{1-2x}Dt[x]Sec[x]^2−2e^{1-2x}Dt[x]Tan[x]

这里,Dt[x]表示自变量 x 的微分 $\mathrm{d}x$,即上式的微分为:

$\mathrm{d}y=(\mathrm{e}^{1-2x}\sec^2 x-2\mathrm{e}^{1-2x}\tan x)\mathrm{d}x$

素养提升3-1

在引入导数概念时,我们讲述了变速直线运动过程中的变化率和曲线在某点切线的斜率问题,这两个问题是完全不同领域的问题,但经观察,其内在有共同的特征,都可归结为增量之比的极限问题.所以在我们日常生活和工作中会遇到形形色色、错综复杂的问题,我们要用敏锐的思维、较强的分析能力,发现其内在的规律,寻找其内在共同的特征,从而以点带面有效解决问题.

在讲述高阶导数时,要求n阶导数,必须先求一阶导数,由一阶导数再求二阶导数,再逐步往上求解,这样才能达到最终的目标,求得n阶导数.所以我们在生活、学习以及工作中,做任何事情都要一步一个脚印,没有捷径可循,更不能一蹴而就.学好数学,可以练就脚踏实地、实事求是的做事态度.

研究内在的规律,寻找共同特征的事例在我们身边常常发生.20世纪50年代,新中国建设非常需要石油,而国外的一些专家断言中国是贫油国家.中国到底有没有石油?我国著名的地质学家李四光比较了我国各个地区的地理地貌后,发现位于东北地区的松辽平原的地质结构与富含石油的中亚细亚地区极为相似,有着共同的地质特征.他提出了“新华夏系的构造带”设想,提出了大地构造理论和油气田形成的原理.通过分析我国生储油地质条件,他认为整个新华夏体系就是“多字型构造体系”.他提出了找油要先找油区、再找油田的方法,并组织了石油地质踏勘组,在松辽平原和华北平原开展石油勘探普查,结果相继发现了大港油田、大庆油田和胜利油田,新中国迅速摘掉了“贫油国”帽子.

透过现象看本质是辩证法的基本方法,也是党的二十大报告中强调的系统观念,我们应该学会分析所遇到的问题,抓住其共同特征,了解事物的内在规律,这样才能正确认识事物,把握好工作和生活中各类问题的全局和局部关系,掌握辩证科学的思维方法.

核心素养:辩证思维 透过现象看本质

思考:发现身边表象不同但实质相同的问题.

伟大的数学家
3-1

陈省身:“微分几何之父”

本章小结

● 导数的定义

函数在某一点处的导数是指函数的增量与自变量增量之比，当自变量增量趋向于零时的极限.它可以有以下几种表示方式：

(1)$f'(x_0)=\lim\limits_{\Delta x\to 0}\dfrac{f(x_0+\Delta x)-f(x_0)}{\Delta x}$

(2)$f'(x_0)=\lim\limits_{x\to x_0}\dfrac{f(x)-f(x_0)}{x-x_0}$

(3)$f'(x_0)=\lim\limits_{h\to 0}\dfrac{f(x_0+h)-f(x_0)}{h}$或$f'(x_0)=\lim\limits_{h\to 0}\dfrac{f(x_0-h)-f(x_0)}{-h}$

(4)左导数$f'_-(x_0)=\lim\limits_{\Delta x\to 0^-}\dfrac{f(x_0+\Delta x)-f(x_0)}{\Delta x}$或$f'_-(x_0)=\lim\limits_{x\to x_0^-}\dfrac{f(x)-f(x_0)}{x-x_0}$

(5)右导数$f'_+(x_0)=\lim\limits_{\Delta x\to 0^+}\dfrac{f(x_0+\Delta x)-f(x_0)}{\Delta x}$或$f'_+(x_0)=\lim\limits_{x\to x_0^+}\dfrac{f(x)-f(x_0)}{x-x_0}$

利用导数的几何意义可以求出曲线上某一点的切线和法线方程.

● 常用的求导方法

(1)利用导数的定义求导数.

(2)运用基本导数公式与导数的四则运算法则求显函数的一、二阶导数.

(3)利用复合函数的求导法则求导数，要注意正确分析给定的复合函数是由哪些中间变量复合而成的，而且要求这些中间变量均为简单函数，由外到内，由左向右，逐步求导.

(4)隐函数的导数.

求由方程$F(x,y)=0$所确定的隐函数的导数，只需方程两边同时对x求导，注意y是x的函数.

(5)对数求导法(适用于幂指函数以及乘积项比较多的函数求导).

(6)分段函数的导数.

在对分段函数求导数时，分段点处的导数存在与否是不确定的，必须按函数在某一点处的导数定义来求，可用结论：当且仅当$f'_+(x_0)$与$f'_-(x_0)$同时存在并且相等时，$f'(x_0)$存在.而对于各小区间中函数的导数可以按初等函数求导法求得.

● 微分的求法

由函数$y=f(x)$在点x处微分为$dy=f'(x)\Delta x$，可知微分的运算可以转化为导数的运算.相应地，不论是显函数还是隐函数，只需先求出$f'(x)$，由公式$dy=f'(x)\Delta x$即可求出微分.

主要概念

导数(p.65)　微分(p.75)

基本训练

● 知识题

3.1 函数在某点处有定义、有极限、连续、可导以及可微的关系是什么？

3.2 若曲线 $y=f(x)$ 处处有切线，函数 $y=f(x)$ 是否处处可导？

3.3 函数 $y=f(x)$ 的微分 dy 是否一定为正？当 $dx>0$ 时，dy 是否一定为正？

3.4 若函数 $P(t)$ 表示在时刻 t 某种产品的价格，则在通货膨胀期间，$P(t)$ 将迅速增加. 假设某国的经济正处于通货膨胀时期，该国总统通过经济部门的调查发现，通货膨胀率正在降低. 于是在某次发布会上，总统指出，“通货膨胀仍然存在，但已经在控制之下，不久物价将会稳定下来”.

(1)用导数描述为什么“通货膨胀仍然存在”.

(2)用导数描述为什么总统相信“通货膨胀已经在控制之下”.

(3)用导数描述总统的预言“不久物价将会稳定下来”.

● 技能题

3.1 用定义求 $y=\sqrt{x}$ 在 $x=4$ 处的导数值.

3.2 已知 $f'(x_0)=1$，求下列各式的值：

(1) $\lim\limits_{\Delta x\to 0}\dfrac{f(x_0+\Delta x)-f(x_0)}{2\Delta x}$　　(2) $\lim\limits_{\Delta x\to 0}\dfrac{f(x_0-\Delta x)-f(x_0)}{2\Delta x}$

3.3 求下列曲线在指定点的切线方程和法线方程：

(1) $y=\dfrac{1}{x}$ 在点 $(1,1)$　　(2) $y=x^3$ 在点 $(2,8)$

(3) $y=\ln x$ 在点 $(e,1)$

3.4 讨论函数 $f(x)=\begin{cases} x & (x<0) \\ \ln(1+x) & (x\geqslant 0)\end{cases}$ 在点 $x=0$ 处的连续性与可导性.

3.5 问 a,b 取何值时，函数 $f(x)=\begin{cases} x^2 & (x\leqslant 2) \\ ax+b & (x>2)\end{cases}$ 在点 $x=2$ 处连续且可导？

3.6 求下列各函数的导数：

(1) $y=x^5-4x^3+2x-2$　　(2) $y=2\sqrt{x}-\dfrac{1}{x}+\sqrt[4]{3}$

(3) $y=3\cdot\sqrt[3]{x^2}-\dfrac{1}{x^3}+\cos\dfrac{\pi}{3}$　　(4) $y=x^2\cdot\sqrt[3]{x^2}$

(5) $y=\dfrac{a}{\sqrt[3]{x^2}}-\dfrac{b}{x\cdot\sqrt[3]{x}}$　　(6) $y=x\ln x$

(7) $y=x^{10}+10^x$　　(8) $y=x(2x-1)(3x+2)$

(9) $y=\dfrac{x^3}{1+x^2}$　　(10) $y=\dfrac{1}{1+x+x^2}$

(11) $y=\dfrac{\sin x}{1+\cos x}$　　(12) $y=\dfrac{1-\ln x}{1+\ln x}$

(13) $y=x\tan x+\cot x$　　(14) $y=\dfrac{\sin x}{x}+\dfrac{x}{\sin x}$

(15) $y=2t\sin t-(t^2-2)\cos t$　　(16) $y=\ln x\log_a x-\ln a\log_a x$

(17) $y=(2+\sec t)\sin t$

(18) $y=\frac{2\csc t}{1+t^2}$

3.7 求下列函数在给定点处的导数:

(1) $y=\cos x-\sin x$,求 $y'\big|_{x=\frac{\pi}{6}}$ 和 $y'\big|_{x=\frac{\pi}{4}}$.

(2) $f(t)=\frac{1-\sqrt{t}}{1+\sqrt{t}}$,求 $f'(4)$.

(3) $\varphi(t)=\frac{t-\sin t}{t+\sin t}$,求 $\varphi'\left(\frac{\pi}{2}\right)$.

(4) $y=(1+x^3)(5-\frac{1}{x^2})$,求 $y'\big|_{x=1}$.

3.8 设曲线 $y=x^2+5x+4$,直线 $y=3x+b$ 为曲线的切线,求 b 的值.

3.9 一质点沿直线运动,运动方程为 $s=\frac{1}{4}t^4-4t^3+16t^2$($s$ 的单位为米,时间 t 的单位为秒),请问何时速度为零.

3.10 求下列函数的导数:

(1) $y=(x^3-x)^6$

(2) $y=\left(\frac{1+x^2}{1+x}\right)^5$

(3) $y=3\sin(3x+5)$

(4) $y=\cos^2 x$

(5) $y=\sin^2(2x-1)$

(6) $y=\sqrt{1+\ln^2 x}$

(7) $y=\log_2(x^3-3x^2+x)$

(8) $y=(\ln x^2)^3$

(9) $y=x^2\sin\frac{1}{x}$

(10) $y=\sin^2(\cos 3x)$

(11) $y=x^7 e^x$

(12) $y=\sec^2 3x$

(13) $y=\ln\frac{x}{1-x}$

(14) $y=\ln\tan x$

(15) $y=\sqrt{1+e^x}$

(16) $y=e^{\sqrt{x+1}}$

(17) $y=\arcsin(1-2x)$

(18) $y=\arctan(1+x^2)$

(19) $y=a^{\arctan\sqrt{x}}$

(20) $y=\frac{\arccos x}{\sqrt{1-x^2}}$

(21) $y=\arcsin(1-x)+\sqrt{2x-x^2}$

(22) $y=\arcsin\frac{x}{2}+\sqrt{4-x^2}$

3.11 求由下列方程所确定的隐函数的导数 $\frac{dy}{dx}$:

(1) $x^2-y^2=xy$

(2) $x^{\frac{2}{3}}+y^{\frac{2}{3}}=a^{\frac{2}{3}}$

(3) $x=y+\arctan y$

(4) $\arctan\frac{y}{x}=\ln\sqrt{x^2+y^2}$

(5) $e^x-e^y=\sin(xy)$

(6) $xy+\ln y=1$

3.12 求下列函数的导数:

(1) $y=\frac{(x+1)^2\cdot\sqrt[3]{3x-2}}{\sqrt[3]{(x-3)^2}}$

(2) $y=\ln\sqrt{\frac{1+\sin x}{1-\sin x}}$

(3) $y=(\sin x)^{\cos x}$　$(\sin x>0)$　　(4) $y=x^{2x}$　$(x>0)$

3.13　讨论下列函数在分段点处的可导性,并求出分段函数的导数:

(1) $f(x)=\begin{cases}\ln(1+3x) & (x\geqslant 0)\\ x & (x<0)\end{cases}$　　(2) $f(x)=\begin{cases}\sin x & (x<0)\\ \ln(1+x) & (x\geqslant 0)\end{cases}$

3.14　求下列函数的二阶导数:

(1) $y=\tan x$　　(2) $y=xe^{x}$

(3) $y=\ln(x+\sqrt{1+x^2})$　　(4) $y=x\sqrt{x^2-16}$

3.15　验证函数 $y=e^{x}\sin x$ 满足关系式 $y''-2y'+2y=0$.

3.16　求下列函数的微分:

(1) $y=\sqrt{1-x^2}$　　(2) $y=\ln x^2$

(3) $y=\tan\dfrac{x}{2}$　　(4) $y=\arcsin\sqrt{x}$

(5) $y=\dfrac{x}{1-x^2}$　　(6) $y=e^{-x}\cos x$

(7) $y=(e^{x}+e^{-x})^2$　　(8) $\dfrac{x^2}{a^2}+\dfrac{y^2}{b^2}=1$

(9) $xy=a^2$　　(10) $y^2+\ln y=x^4$

3.17　已知一物体做直线运动,运动方程为 $s=Ae^{-kt}$(A,k 为常数),求它的速度和加速度.

3.18　据估计,某杂志的发行量将随着时间的变化而变化,其关系由 $C(t)=100t^2+400t+500$ 给出(时间 t 的单位为年).

(1)求发行量关于时间 t 的变化率.

(2)求第5年发行量的变化率,那时发行量是增加还是减少?

(3)第6年发行量实际变化了多少?

参考答案3-1

基本训练

单元实训

3.1　实训目的和要求

1)掌握Mathematica中函数导数的定义和求解方法;

2)掌握Mathematica中隐函数导数的定义和求解方法;

3)掌握Mathematica中函数高价导数的定义和求解方法.

3.2　实训设备和环境

配置Windows 7(或更高版本)的操作系统并安装了Mathematica 5.0(或更高版本)应用软件的计算机.

3.3　实训内容

1)利用Mathematica求下列函数的导数.

(1) $y=\sin(x^3)$

求导数,输入:________________________________

计算结果:________________________________

(2) $y=\arctan(\ln x)$

求导数,输入:________________________________

计算结果:______________________________

(3) $y=\ln(x+\sqrt{x^2+a^2})-\frac{\sqrt{x^2+a^2}}{x}$

求导数,输入:______________________________

计算结果:______________________________

(4) $y=\left(1+\frac{1}{x}\right)^x$

求导数,输入:______________________________

计算结果:______________________________

(5) $y=\frac{x}{2}\sqrt{x^2+a^2}+\frac{a^2}{2}\ln(x+\sqrt{x^2+a^2})$

求导数,输入:______________________________

计算结果:______________________________

(6) $y=a^x+x^n+\ln x+x^x$

求导数,输入:______________________________

计算结果:______________________________

2)利用Mathematica求由下列方程确定的隐函数的导数.

(1) $\arctan\frac{y}{x}=\ln\sqrt{x^2+y^2}$

求导数,输入:______________________________

计算结果:______________________________

(2) $y=\cos(xy)-x$

求导数,输入:______________________________

计算结果:______________________________

3)设 $f(x)=x^3+9x^2+2x+2$,求满足 $f(x)=f'(x)$ 的所有 x 的数值.

定义函数,输入:______________________________

求方程的根,输入:______________________________

计算结果:______________________________

4)设函数 $f(x)=\ln(1+x)$,求 $f^{10}(1)$.

求高阶导数值,输入:______________________________

计算结果:______________________________

参考答案3-2

3.4 练习和思考题

利用Mathematica软件求技能题3.14中函数的二阶导数.

单元实训

复习提高

3.1 单项选择题:

(1)函数 $f(x)$ 在点 x_0 处连续,是函数 $f(x)$ 在点 x_0 处可导的( ).

A.必要条件　　B.充分条件

C.充分必要条件　　D.无关条件

(2)设函数$f(x)=x^2$,则$\lim\limits_{x\to 2}\dfrac{f(x)-f(2)}{x-2}$=(　　).

A.$2x$　　B.2　　C.4　　D.不存在

(3)若函数$f(x)$可微,则当$\Delta x\to 0$时,点x处的$(\Delta y-\mathrm{d}y)$是关于Δx的(　　).

A.等价无穷小　　B.低阶无穷小

C.高阶无穷小　　D.不可以比较

(4)函数$y=|x-2|$在点$x=2$处的导数为(　　).

A.1　　B.0　　C.-1　　D.不存在

(5)曲线$y=2x^2+3x-26$上点M处的切线斜率是15,则点M的坐标是(　　).

A.(3,15)　　B.(3,1)　　C.(−3,15)　　D.(−3,1)

3.2　填空题:

(1)设函数$f(x)$在点$x=0$处可导,且$f(0)=0$,则$\lim\limits_{x\to 0}\dfrac{f(x)}{x}$=________.

(2)函数$f(x)$在点x_0处可导,则$f(x)$在点x_0处的左、右导数为________.

(3)设函数$f(x)$在点x_0处的导数$f'(x_0)$存在,则按照导数定义可知:

$\lim\limits_{h\to 0}\dfrac{f(x_0-h)-f(x_0)}{h}$=________;$\lim\limits_{h\to 0}\dfrac{f(x_0+h)-f(x_0-h)}{h}$=________.

(4)d________$=\dfrac{1}{1+x}\mathrm{d}x$,d________$=\sin\omega x\mathrm{d}x$,d________$=\dfrac{1}{\sqrt{x}}\mathrm{d}x$.

3.3　求曲线$y=3x^3+3x^2-6x+1$上有水平切线的所有点.

3.4　求下列函数的导数:

(1)$y=\sqrt{x\sqrt{x\sqrt{x}}}$　　(2)$y=\dfrac{\tan x}{x}$

(3)$y=\left(x+\dfrac{1}{x}\right)\ln x$　　(4)$y=2^{\frac{1}{x}}$

(5)$y=x\arcsin(\ln x)$　　(6)$y=\sqrt{x+\sqrt{x+\sqrt{x}}}$

(7)$y=\mathrm{e}^{ax}\sin bx$　　(a,b为常数)　　(8)$y=\arctan\dfrac{x}{2}+\arctan\dfrac{2}{x}$

(9)$y=(\ln x)^x$　　($\ln x>0$)　　(10)$y=x^{\frac{1}{x}}$　　($x>0$)

(11)$y=\tan(x+y)$　　(12)$x^3+y^3-3axy=0$

(13)$x^y=y^x$

3.5　求下列函数的二阶导数:

(1)$y=x\ln x$　　(2)$y=xe^{\frac{1}{x}}$

3.6　求下列函数的微分:

(1)$y=x\sqrt{3-x^2}$　　(2)$u=\cos\dfrac{v}{5}$

(3)$s=\mathrm{e}^{-t}\sin(2-t)$　　(4)$y=2^{\sec x}$

3.7　讨论函数$f(x)=\begin{cases}x\arcsin\dfrac{1}{x} & (x\neq 0)\\ 0 & (x=0)\end{cases}$在点$x=0$处的连续性与可导性.

3.8 求曲线$y=\begin{cases}\ln x & (x \geqslant 1)\\ x-1 & (x<1)\end{cases}$在任意点$x$处的切线斜率.

3.9 统计资料表明,某地区的人口数将由表达式$P(t)=20-\dfrac{6}{t+1}$(万人)(t的单位为年)给出.

(1)求t年后人口数的变化率的表达式.

(2)1年后人口增长率是多少?

(3)第2年人口实际增长了多少?

(4)9年后的人口增长率是多少?

(5)许多年以后,该地区的人口增长率将如何变化?

参考答案3-3

复习提高

事类相推，各有攸归.

——刘徽

第4章 导数的应用

学习目标

知识目标： 了解函数的极值与最大（小）值、函数的凹性以及拐点的概念.

技能目标： 掌握应用罗必达法则求未定型极限的方法，掌握求函数单调性、凹性及极值的方法，并能利用Mathematica软件求函数的极值；能利用导数对经济问题作边际分析、弹性分析及解决经济活动中的优化问题.

素养目标： 弘扬社会主义核心价值观，培养学生不怕困难、勇敢面对挫折的乐观精神.

知识导图4-1

第4章

4.1 罗必达法则

在开始接触函数的极限时,我们第一个碰到的重要极限是$\lim\limits_{x \to 0}\frac{\sin x}{x}=1$.

当$x\to 0$时,分子$\sin x$、分母x都趋向于零,我们记这种极限的形式为"$\frac{0}{0}$"型(两个无穷小量之比),如:

$$(1)\lim_{x \to 0}\frac{\sin ax}{\sin bx};(2)\lim_{x \to 0}\frac{\cos x-1}{\sin x};(3)\lim_{x \to +\infty}\frac{\frac{\pi}{2}-\arctan x}{\frac{1}{x}}.$$

这三个极限的形式都是"$\frac{0}{0}$"型.

对于(1)和(2)可用重要极限来求,(3)目前不可求.

又如$\lim\limits_{x \to +\infty}\frac{\ln x}{x^n}$(n>0),当$x\to 0$时,$\ln x\to+\infty$,$x^n\to+\infty$,这是两个无穷大量之比的极限,即这种极限的形式为"$\frac{\infty}{\infty}$"型,这类极限目前也不可求.

一般地,当$x\to x_0$(或$x\to\infty$)时,两个函数$f(x)$和$g(x)$都趋向于零或趋向于无穷大,记$\lim\frac{f(x)}{g(x)}$为"$\frac{0}{0}$"型或"$\frac{\infty}{\infty}$"型,称为**未定型极限**,这时极限可能存在,也可能不存在.下面我们就来讨论未定型极限.

4.1.1 $\frac{0}{0}$型未定式

定理4-1 (L' Hospital法则) 设函数$f(x)$和$g(x)$在点x_0的某一邻域内(点x_0可除外)有定义,且满足下列条件:

(1)$\lim\limits_{x \to x_0} f(x)=0$, $\lim\limits_{x \to x_0} g(x)=0$;

(2)$f'(x)$和$g'(x)$都存在,且$g'(x)\neq 0$;

(3)$\lim\limits_{x \to x_0}\frac{f'(x)}{g'(x)}$存在(或为$\infty$).

则:

$$\lim_{x \to x_0}\frac{f(x)}{g(x)}=\lim_{x \to x_0}\frac{f'(x)}{g'(x)}(\text{或为}\infty).$$

这个定理告诉我们一个关于$\frac{0}{0}$型未定式极限的求法.对未定式$\lim\limits_{x \to x_0}\frac{f(x)}{g(x)}$的分子、分母分别求导,再求极限$\lim\limits_{x \to x_0}\frac{f'(x)}{g'(x)}$.如果$\lim\limits_{x \to x_0}\frac{f'(x)}{g'(x)}$的极限存在,则$\lim\limits_{x \to x_0}\frac{f(x)}{g(x)}$的极限也存在,并且极限值就是$\lim\limits_{x \to x_0}\frac{f'(x)}{g'(x)}$;若$\lim\limits_{x \to x_0}\frac{f'(x)}{g'(x)}$为无穷大,则$\lim\limits_{x \to x_0}\frac{f(x)}{g(x)}$也为无穷大.这就是罗必达(L'Hospital)法则.

上述定理对于$x\to\infty$时的$\frac{0}{0}$型极限也成立.

【例4-1】求极限$\lim\limits_{x\to 0}\frac{\sin ax}{\sin bx}$.

解:$\lim\limits_{x\to 0}\frac{\sin ax}{\sin bx}=\lim\limits_{x\to 0}\frac{(\sin ax)'}{(\sin bx)'}=\lim\limits_{x\to 0}\frac{a\cos ax}{b\cos bx}=\frac{a}{b}$.

【例4-2】求极限$\lim\limits_{x\to 0}\frac{\cos x-1}{\sin x}$.

解:$\lim\limits_{x\to 0}\frac{\cos x-1}{\sin x}=\lim\limits_{x\to 0}\frac{(\cos x-1)'}{(\sin x)'}=\lim\limits_{x\to 0}\frac{-\sin x}{\cos x}=0$.

【例4-3】求极限$\lim\limits_{x\to +\infty}\frac{\frac{\pi}{2}-\arctan x}{\frac{1}{x}}$.

解:$\lim\limits_{x\to +\infty}\frac{\frac{\pi}{2}-\arctan x}{\frac{1}{x}}=\lim\limits_{x\to +\infty}\frac{\left(\frac{\pi}{2}-\arctan x\right)'}{\left(\frac{1}{x}\right)'}=\lim\limits_{x\to +\infty}\frac{-\frac{1}{1+x^2}}{-\frac{1}{x^2}}=\lim\limits_{x\to +\infty}\frac{x^2}{1+x^2}=1$.

【例4-4】求极限$\lim\limits_{x\to 0}\frac{x-\sin x}{x^3}$.

解:$\lim\limits_{x\to 0}\frac{x-\sin x}{x^3}=\lim\limits_{x\to 0}\frac{1-\cos x}{3x^2}=\lim\limits_{x\to 0}\frac{\sin x}{6x}=\frac{1}{6}$.

在这个例题中,用了一次罗必达法则后$\lim\limits_{x\to 0}\frac{1-\cos x}{3x^2}$仍是$\frac{0}{0}$型的极限,可继续使用罗必达法则(只要条件允许).

4.1.2 $\frac{\infty}{\infty}$型未定式

定理4-2（L'Hospital法则） 设函数$f(x)$和$g(x)$在点x_0的某一邻域内（点x_0可除外）有定义，且满足下列条件：

(1) $\lim\limits_{x\to x_0}f(x)=\infty$, $\lim\limits_{x\to x_0}g(x)=\infty$;

(2) $f'(x)$和$g'(x)$都存在,且$g'(x)\neq 0$;

(3) $\lim\limits_{x\to x_0}\frac{f'(x)}{g'(x)}$存在(或为$\infty$).

则:

$$\lim_{x\to x_0}\frac{f(x)}{g(x)}=\lim_{x\to x_0}\frac{f'(x)}{g'(x)}\text{(或为}\infty\text{)}.$$

同样,上述定理对于$x\to\infty$时的$\frac{\infty}{\infty}$型也成立.

【例4-5】求极限$\lim\limits_{x\to +\infty}\frac{\ln x}{x^n}$(n>0).

解:$\lim\limits_{x\to +\infty}\frac{\ln x}{x^n}=\lim\limits_{x\to +\infty}\frac{(\ln x)'}{(x^n)'}=\lim\limits_{x\to +\infty}\frac{\frac{1}{x}}{nx^{n-1}}=\lim\limits_{x\to +\infty}\frac{1}{nx^n}=0$.

【例 4-6】求极限 $\lim\limits_{x \to +\infty} \frac{x}{e^x}$.

解：$\lim\limits_{x \to +\infty} \frac{x}{e^x}=\lim\limits_{x \to +\infty} \frac{(x)'}{(e^x)'}=\lim\limits_{x \to +\infty} \frac{1}{e^x}=0$.

【例 4-7】求极限 $\lim\limits_{x \to \infty} \frac{x^2-3x+2}{2x^2+2x+1}$.

解：$\lim\limits_{x \to \infty} \frac{x^2-3x+2}{2x^2+2x+1}=\lim\limits_{x \to \infty} \frac{2x-3}{4x+2}=\lim\limits_{x \to \infty} \frac{2}{4}=\frac{1}{2}$.

罗必达法则的条件仅仅是其结论的充分条件，当能算出$\frac{f'(x)}{g'(x)}$的极限值或能判断它是无穷大量时，可按罗必达法则求极限；而当$\frac{f'(x)}{g'(x)}$的极限不存在也不是∞时，罗必达法则失效，但此时极限$\lim\frac{f(x)}{g(x)}$可能存在.

例如$\lim\limits_{x \to 0} \frac{x^2\sin\frac{1}{x}}{\sin x}$，是$\frac{0}{0}$型的极限，若用罗必达法则无法求得其极限，事实上：

$$\lim_{x \to 0} \frac{x^2\sin\frac{1}{x}}{\sin x}=\lim_{x \to 0} \frac{x}{\sin x}\cdot x\sin\frac{1}{x}=0$$

4.1.3 其他未定式

当$x \to x_0$（或$x \to \infty$）时，还可能出现$0\cdot\infty$型、$\infty-\infty$型、1^∞型、0^0型、∞^0型等，对于这类未定式的极限可以化为$\frac{0}{0}$型或$\frac{\infty}{\infty}$型的极限来计算.

【例 4-8】求极限 $\lim\limits_{x \to 0^+} x\ln x$.

解：这是一个$0\cdot\infty$型的极限，不能直接使用罗必达法则，但我们可以通过对函数的变形将它转化为$\frac{\infty}{\infty}$型的极限，然后使用罗必达法则.

$$\lim_{x \to 0^+} x\ln x=\lim_{x \to 0^+} \frac{\ln x}{\frac{1}{x}}=\lim_{x \to 0^+} \frac{\frac{1}{x}}{-\frac{1}{x^2}}=-\lim_{x \to 0^+} x=0$$

【例 4-9】求极限 $\lim\limits_{x \to 1}\left(\frac{x}{x-1}-\frac{1}{\ln x}\right)$.

解：这是一个$\infty-\infty$型的极限，也不能直接使用罗必达法则，可以通过通分将它转化为$\frac{0}{0}$型的极限，然后使用罗必达法则.

$$\lim_{x \to 1}\left(\frac{x}{x-1}-\frac{1}{\ln x}\right)=\lim_{x \to 1}\frac{x\ln x-(x-1)}{(x-1)\ln x}=\lim_{x \to 1}\frac{\ln x+1-1}{\ln x+1-\frac{1}{x}}=\lim_{x \to 1}\frac{\frac{1}{x}}{\frac{1}{x}+\frac{1}{x^2}}=\frac{1}{2}$$

【例 4-10】求极限 $\lim\limits_{x \to 0^+} x^x$.

解：这是一个0^0型的未定型极限，注意到x^x是一个幂指函数，设$y=x^x$，两边取对数得$\ln y=x\ln x$. 当$x\to0^+$时，右端是$0\cdot\infty$型的极限. 由例4-8可得$\lim\limits_{x\to0^+}\ln y=\lim\limits_{x\to0^+}x\ln x=0$，所以：

$$\lim_{x\to0^+}x^x=\lim_{x\to0^+}e^{\ln y}=e^{\lim\limits_{x\to0^+}\ln y}=e^0=1$$

1^∞型、0^0型和∞^0型等极限，都是幂指函数$y=f(x)^{g(x)}$随着$f(x)$，$g(x)$趋向于1，0或∞时而分别形成的. 对于这类函数极限通常可采用如下的方法：

设$y=f(x)^{g(x)}$，两边取对数，得$\ln y=g(x)\ln f(x)$.

若$\lim\ln y=\lim g(x)\ln f(x)=A$，则$\lim f(x)^{g(x)}=\lim e^{\ln y}=e^{\lim\ln y}=e^A$.

最后需要指出：罗必达法则是用来求$\frac{0}{0}$型和$\frac{\infty}{\infty}$型极限的一种有效的方法，但是最好能够与前面所学的其他求极限的方法结合使用，这样可使运算更简便.

4.2 函数的单调性

我们先来看一个实际问题. 假设某生产商每月销售MP3播放器获得的利润可由函数$L(x)=400(5-x)(x-2)$表示，其中x为每台MP3播放器的售价. 图4-1是利润函数$L(x)$的图形，从中可看出一个最优的销售价格x，此时该生产商可获得最大收益. 从几何上看，这个最优价格x对应的是该图形的顶点.

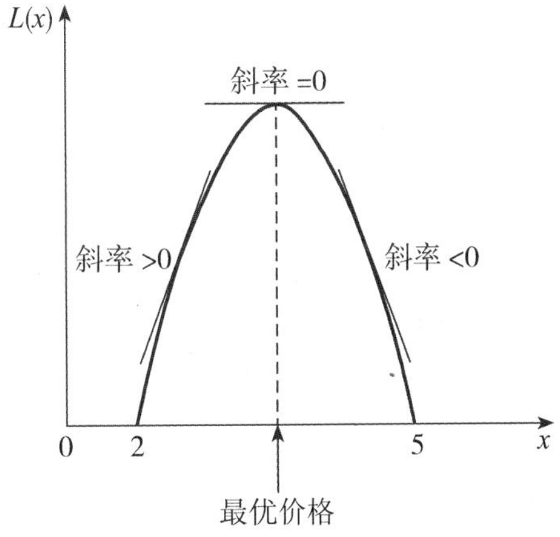

图4-1

在这个例子中，顶点可用图形的切线来刻画其特征. 事实上，顶点是该图形中唯一的一点，在该点处切线是水平的，即该点切线的斜率为0，而在顶点的左侧，切线的斜率为正（$L(x)$的导数为正），在顶点的右侧，切线的斜率为负（$L(x)$点的导数为负）. 而从函数$L(x)$本身来讲，在顶点的左侧是单调增加的，在顶点的右侧是单调减少的. 那么从函数导数的符号能否知道函数的单调性呢？一般有下面的结论：

定理4-3 设函数$y=f(x)$在$[a,b]$上连续，在(a,b)内可导，那么：

(1)如果在(a,b)内$f'(x)>0$，则函数$y=f(x)$在$[a,b]$上单调增加；

(2)如果在(a,b)内$f'(x)<0$，则函数$y=f(x)$在$[a,b]$上单调减少；

(3)如果在(a,b)内$f'(x)=0$，则函数$y=f(x)$在$[a,b]$内是常数，即$f(x)=C$（C为常数）.

注意：如果$f'(x)\geqslant0$，只要在$[a,b]$内使$f'(x)=0$的x是个别点，上述结论仍成立.

【例4-11】 判定函数$y=x-\sin x$在$[0,2\pi]$上的单调性.

解：$y'=1-\cos x>0$，$x\in(0,2\pi)$，所以，函数$y=x-\sin x$在$[0,2\pi]$上单调增加.

由于在$(-\infty,+\infty)$上，$y'=1-\cos x\geqslant0$，使$y'=0$的点是个别点，因此在$(-\infty,+\infty)$上函数$y=x-\sin x$是单调增加的.

【例4-12】讨论函数$y=e^x-x-1$的单调性.

解:函数$y=e^x-x-1$的定义域是$(-\infty,+\infty)$,并且$y'=e^x-1$,而y'的符号取决于x的取值,显然$x=0$是导数符号的一个分界点.我们将函数的单调性通过表4-1表示出来:

表4-1

x	$(-\infty, 0)$	0	$(0, +\infty)$
y'	−	0	+
y	↘单调减少		↗单调增加

注:表中第一行是自变量的取值范围,第二行是一阶导数在不同区间内的符号,第三行则反映函数在不同区间内的单调性,即函数$y=e^x-x-1$在$(-\infty, 0)$内单调减少,在$(0, +\infty)$内单调增加.

一般地,导数为零的点及导数不存在的点,可能是函数增减的分界点.求函数单调区间的步骤如下:

(1)求$y=f(x)$的定义域,并计算其一阶导数;

(2)找出$f'(x)=0$的点和导数不存在的点,用这些点将定义域分成若干个子区间;

(3)确定每个子区间上导数$f'(x)$的符号;

(4)利用函数单调性的判别法,在每个子区间上讨论函数的单调性.

一般采用列表法可使判断过程简单明了.

【例4-13】确定函数$f(x)=2x^3+3x^2-12x-7$的单调区间.

解:函数$f(x)=2x^3+3x^2-12x-7$的定义域是$(-\infty,+\infty)$,并且$f'(x)=6x^2+6x-12=6(x+2)(x-1)$,令$f'(x)=0$,得$x=-2, x=1$,它们将定义域分成3个子区间.列表讨论见表4-2.

表4-2

x	$(-\infty, -2)$	−2	$(-2, 1)$	1	$(1, +\infty)$
$f'(x)$	+	0	−	0	+
$f(x)$	↗单调增加		↘单调减少		↗单调增加

【例4-14】确定函数$y=\sqrt[3]{x^2}$的单调区间.

解:函数$y=\sqrt[3]{x^2}$的定义域是$(-\infty,+\infty)$,并且$y'=\dfrac{2}{3\cdot\sqrt[3]{x}}$,可知当$x=0$时导数不存在,将定义域分成2个子区间.列表讨论见表4-3.

表4-3

x	$(-\infty, 0)$	0	$(0, +\infty)$
y'	−	不存在	+
y	↘单调减少		↗单调增加

4.3　函数的极值与最大（小）值

在讨论函数的单调性时，我们发现，如果函数从单调增加变化到单调减少，一定会经过某一类点，而这一类点实际上就是使函数单调性发生变化的分界点（如【例4-13】中的点 $x=-2$ 和 $x=1$）. 这样的点在实际问题中有着很重要的意义，也正是我们要引入的函数极值的概念.

4.3.1　函数的极值

1）极值的定义

定义4-1　设函数 $f(x)$ 在点 x_0 的某邻域内有定义，且对此邻域内的任意一点 x（$x \neq x_0$），均有 $f(x) < f(x_0)$ 成立，则称 $f(x_0)$ 是函数 $f(x)$ 的一个**极大值**；对此邻域内的任意一点 $x(x \neq x_0)$，均有 $f(x) > f(x_0)$ 成立，则称 $f(x_0)$ 是函数 $f(x)$ 的一个**极小值**. 极大值、极小值统称为**极值**，使函数 $f(x)$ 取得极值的点称为**极值点**.

如图4-2所示，函数 $f(x)$ 有两个极大值 $f(x_2)$，$f(x_4)$，三个极小值 $f(x_1)$，$f(x_3)$，$f(x_5)$，但这并不意味着 $f(x_2)$ 或 $f(x_1)$ 是函数 $f(x)$ 在定义域中的最大值或最小值，而只是对 x_i 附近局部范围来说的，如图4-2所示的函数 $f(x)$，其极小值 $f(x_5)$ 甚至比极大值 $f(x_2)$ 大.

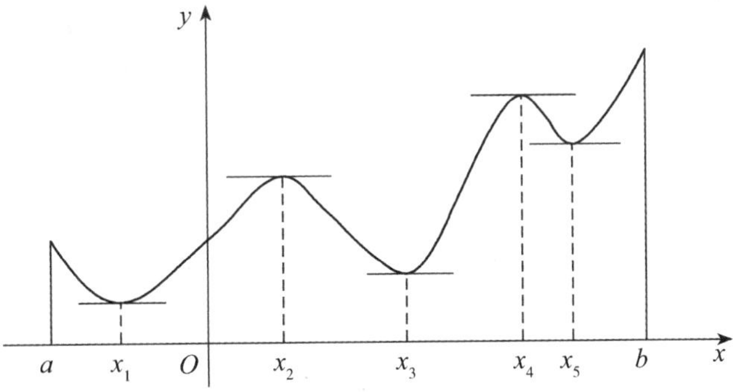

图4-2

从图4-2中可以看出，在函数取得极值处，相应曲线上该点处的切线是水平的，即 $f'(x)=0$. 这是否有一定的必然性呢？

2）极值的必要条件

定理4-4　设函数 $f(x)$ 在点 x_0 处具有导数，且在点 x_0 处取得极值，则 $f'(x_0)=0$.

通常称使函数 $f(x)$ 的导数值为零的点为驻点. 即若 $f'(x_0)=0$，则 x_0 为驻点. 因此，可导函数的极值点必定是它的驻点，但是函数的驻点却不一定是它的极值点. 例如，对于函数 $f(x)=x^3$ 而言，点 $x_0=0$ 是它的驻点. 但是在定义域 $(-\infty,+\infty)$ 内函数是单调增加的，即在点 $x_0=0$ 的某个邻域内既有大于 $f(0)=0$ 的值，又有小于 $f(0)=0$ 的值，所以点 $x_0=0$ 不是它的极值点，可见函数的驻点只是可能的极值点. 此外，函数在它的导数不存在的点处也可能取得极值. 例如，我们知道函数 $f(x)=|x|$ 在点 $x=0$ 处的导数是不存在的，但是在该点取得极小值. 由此可知，对于连续函数，可能成为函数极值点的，一定是函数的驻点或导数不存在的点，我们把它叫作**极值可疑点**.

那么如何判定极值可疑点是否为极值点呢？

3） 极值的判别法

定理4-5（第一充分条件） 设函数$f(x)$在点x_0的某邻域内连续并且可导（导数$f'(x_0)$也可以不存在）：

(1)若$x\in(x_0-\delta,x_0)$时，$f'(x)>0$，而$x\in(x_0,x_0+\delta)$时，$f'(x)<0$，则$f(x)$在点x_0处取得极大值；

(2)若$x\in(x_0-\delta,x_0)$时，$f'(x)<0$；而$x\in(x_0,x_0+\delta)$时，$f'(x)>0$，则$f(x)$在点x_0处取得极小值；

(3)若$x\in(x_0-\delta,x_0)$和$(x_0,x_0+\delta)$时，导数$f'(x)$的符号不变，则函数$f(x)$在点x_0处没有极值.

定理4-5说明，当点x在点x_0的邻近渐增地经过点x_0时，如果函数$f(x)$的导数$f'(x)$的符号由正变到负，则函数$f(x)$在点x_0处取得极大值；如果函数$f(x)$的导数$f'(x)$的符号由负变到正，则函数$f(x)$在点x_0处取得极小值；如果函数$f(x)$的导数$f'(x)$的符号不变，则函数$f(x)$在点x_0处没有极值.

根据定理4-5，求函数在某区间内的极值的步骤如下：

(1)求出函数的导数$f'(x)$，并求出函数$f(x)$的全部驻点和导数不存在的点(即极值可疑点)；

(2)根据定理4-5，判别每个极值可疑点是否为极值点；如果是极值点，进一步确定是极大值点还是极小值点；

(3)求出极值点处的函数值，就得到相应的极值.

【例4-15】 求函数$f(x)=2x^3+3x^2-12x-7$的极值.

解：函数$f(x)=2x^3+3x^2-12x-7$的定义域是$(-\infty,+\infty)$，并且$f'(x)=6x^2+6x-12=6(x+2)(x-1)$，令$f'(x)=0$，得极值可疑点为$x=-2$和$x=1$.列表讨论见表4-4(判别它们是否为极值点的过程).

表4-4

x	$(-\infty,-2)$	-2	$(-2,1)$	1	$(1,+\infty)$
$f'(x)$	+	0	−	0	+
$f(x)$	↗单调增加	有极大值	↘单调减少	有极小值	↗单调增加

所以，函数在$x=-2$处取得极大值$f(-2)=13$，在$x=1$处取得极小值$f(1)=-14$.函数图形如图4-3所示.

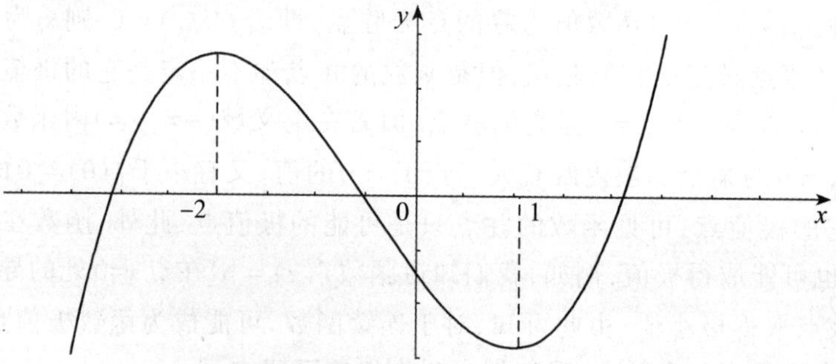

图4-3

【例4-16】求函数 $y=(x-1)\cdot\sqrt[3]{x^2}$ 的极值.

解：函数 $y=(x-1)\cdot\sqrt[3]{x^2}$ 的定义域是 $(-\infty,+\infty)$，并且 $y'=\frac{5}{3}x^{\frac{2}{3}}-\frac{2}{3}x^{-\frac{1}{3}}=\frac{5x-2}{3x^{\frac{1}{3}}}$，当 $y'=0$ 时，$x=\frac{2}{5}$，当 $x=0$ 时，y' 不存在，即极值可疑点为 $x=\frac{2}{5}$ 和 $x=0$. 列表讨论见表4-5.

表4-5

x	$(-\infty,0)$	0	$(0,\frac{2}{5})$	$\frac{2}{5}$	$(\frac{2}{5},+\infty)$
y'	+	不存在	−	0	+
y	↗单调增加	有极大值	↘单调减少	有极小值	↗单调增加

所以，函数在 $x=0$ 处取得极大值 $f(0)=0$，在 $x=\frac{2}{5}$ 处取得极小值：$f\left(\frac{2}{5}\right)=-\frac{3}{5}\sqrt[3]{\frac{4}{25}}$.

对于驻点，我们可以用下面的定理来判别其是否取得极值.

定理4-6（第二充分条件）　设函数 $f(x)$ 在点 x_0 处具有二阶导数，且 $f'(x_0)=0$，$f''(x_0)\neq 0$，那么

(1)当 $f''(x_0)<0$ 时，函数 $f(x)$ 在点 x_0 处取得极大值；

(2)当 $f''(x_0)>0$ 时，函数 $f(x)$ 在点 x_0 处取得极小值.

定理4-6告诉我们，如果函数 $f(x)$ 在驻点 x_0 处的二阶导数 $f''(x_0)\neq 0$，那么该驻点 x_0 一定是极值点，并可按 $f''(x_0)$ 的符号来判定 $f(x_0)$ 是极大值还是极小值，但当 $f''(x_0)=0$ 时，该方法就失效. 这时 $f'(x_0)=0, f''(x_0)=0$，x_0 处可能有极值，可能无极值，可用定理4-5来判别.

【例4-17】求函数 $f(x)=x^2(x^4-3x^2+3)$ 的极值.

解：函数 $f(x)=x^2(x^4-3x^2+3)$ 的定义域为 $(-\infty,+\infty)$，且二阶导数存在.

$f'(x)=2x\cdot(x^4-3x^2+3)+x^2\cdot(4x^3-6x)=6x(x^2-1)^2$

$f''(x)=6(x^2-1)^2+6x\cdot 2(x^2-1)\cdot 2x=6(x^2-1)(5x^2-1)$

令 $f'(x)=0$，求得驻点 $x_1=-1, x_2=0, x_3=1$.

由 $f''(0)=6>0$，得函数 $f(x)$ 在点 $x_2=0$ 处取得极小值，极小值为 $f(0)=0$. 由于 $f''(-1)=f''(1)=0$，故对驻点 $x_1=-1, x_3=1$ 不能应用定理4-6. 但是在 $x_1=-1$ 的左右两侧附近 $f'(x)=6x(x^2-1)^2<0$，所以由定理4-5可知，函数 $f(x)$ 在点 $x_1=-1$ 处没有极值. 同理，函数 $f(x)$ 在点 $x_3=1$ 处也没有极值（如图4-4所示）.

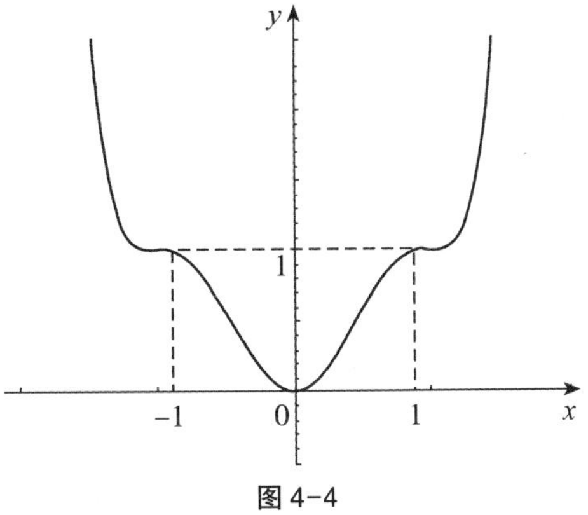

图4-4

4.3.2　函数的最大(小)值

在第2章中我们曾经指出，闭区间上的连续函数一定存在最大值和最小值. 与极值概念不同的是，极值是一个局部性的概念，而最大值（或最小值）是全局性的概念. 最大值（或最小值）是函数在所考察的区间内全部函数值中的最大者（或最小者），而极值只

是函数在极值点的某个邻域内的最大值或最小值.

一般地,函数在给定的区间内的最大值与最小值可能在区间内部的点处取得,也可能在区间的端点处取得.如果函数的最大值与最小值是在区间内部的点处取得,那么这个最大值(或最小值)一定也是极大值(或极小值).因此,对于在给定区间内的函数,可直接求出极值可疑点(驻点和导数不存在的点)及区间端点处的函数值,比较这些数值的大小,即可求出函数的最大值与最小值.

【例 4-18】 求函数$f(x)=2x^3+3x^2-12x+14$在$[-3,4]$上的最大值和最小值.

解:$f'(x)=6x^2+6x-12=6(x+2)(x-1)$,令$f'(x)=0$,得$x_1=1,x_2=-2$.

由于$f(1)=7,f(-2)=34,f(4)=142,f(-3)=23$,因此函数$f(x)$在区间$[-3,4]$上的最大值为$f(4)=142$,最小值为$f(1)=7$.

对于最大值和最小值有两个特殊情况:

(1)如果函数$f(x)$在$[a,b]$上单调增加,则$f(a)$就是$f(x)$在$[a,b]$上的最小值,$f(b)$就是$f(x)$在$[a,b]$上的最大值;如果函数$f(x)$在$[a,b]$上单调减少,则$f(a)$就是$f(x)$在$[a,b]$上的最大值,$f(b)$就是$f(x)$在$[a,b]$上的最小值.

(2)如果连续函数在区间(a,b)内仅有一个极大值,而没有极小值,则此极大值就是函数在区间$[a,b]$上的最大值;如果连续函数在区间(a,b)内仅有一个极小值,而没有极大值,则此极小值就是函数在区间$[a,b]$上的最小值.很多实际问题中的最大值和最小值就属于这种类型.

在实际问题中,往往根据问题的性质,我们就可以判断可导函数$f(x)$在定义区间内确有最大值(或最小值),这时如果$f(x)$在定义区间内只有一个驻点,则不必讨论,就可断定在该点处函数一定取得最大值(或最小值).

【例 4-19】 铁路线上AB段的距离为100千米,工厂C距A处为20千米.AC垂直于AB(如图4-5所示).今要在AB上选定一点D向工厂修一条公路,已知铁路每千米货运的费用与公路上每千米货运的费用之比为3:5,为了使货物从供应站B运到工厂C的费用最小,问D点应选在何处?

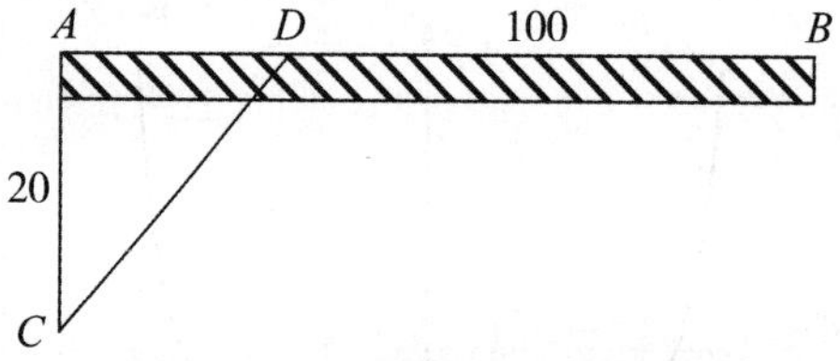

图 4-5

解:设$AD=x$(千米),那么$BD=100-x$(千米),$CD=\sqrt{20^2+x^2}=\sqrt{400+x^2}$.由已知条件,不妨设铁路上每千米货运的费用为$3k$,公路上每千米货运的费用为$5k$($k$是某个正数).设从$B$点到$C$需要的总费用为$y$,则:

$$y=5k\cdot CD+3k\cdot DB=5k\sqrt{400+x^2}+3k(100-x)\qquad(0\leqslant x\leqslant 100)$$

于是该实际问题就归结为求函数y在闭区间$[0,100]$上的最小值点.

先求y对x的导数:$y'=k\left(\dfrac{5x}{\sqrt{400+x^2}}-3\right)$,得到函数在区间$(0,100)$内唯一的驻点$x=15$,由实际问题可知,函数在$x=15$时取得最小值,即$D$点应选在距$A$点为15千米处,总运费最小.

4.4　函数的凹性与拐点

凹性是函数的一种重要性质，具有凹性的函数在优化领域中起着重要的作用.

4.4.1　函数的凹性

考察曲线弧（如图4-6所示），图4-6（a）中的两条曲线所表示的都是单调增加函数，而图4-6（b）中的两条曲线所表示的都是单调减少函数，但是从我们的视觉上讲，图中的两条曲线弧有明显的不同：位于上侧的两条曲线给我们向上凸起的感觉，而位于下侧的两条曲线则给我们向下凹陷的感觉．我们把前者称为**凸曲线**，后者称为**凹曲线**.

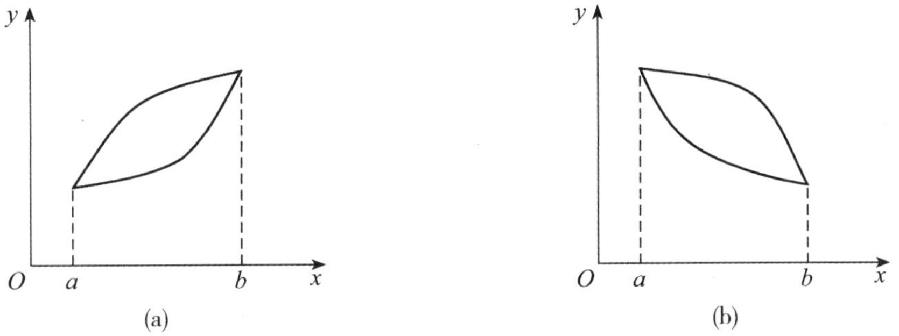

图4-6

直观上看，曲线的凹凸有很大的不同，那么这两种曲线究竟有何不同呢？一般地，我们有下面的概念：

定义4-2　在某个区间内，若曲线弧位于其上每一点处切线的上方，则称此曲线弧在该区间内是**凹的**（或称为**上凹**）；若曲线弧位于其上每一点处切线的下方，则称此曲线弧在该区间内是**凸的**（或称为**下凹**）（如图4-7所示）.

图4-7

定理4-7　设函数$f(x)$在区间(a,b)内具有二阶导数，则在该区间内：

（1）当$f''(x)>0$时，曲线弧$y=f(x)$是凹的.

（2）当$f''(x)<0$时，曲线弧$y=f(x)$是凸的.

【例4-20】 讨论函数$y=x^3$的凹凸性.

解：定义域$(-\infty,+\infty)$，$y'=3x^2$，$y''=6x$，凹凸性列表讨论见表4-6.

表 4-6

x	$(-\infty, 0)$	0	$(0, +\infty)$
y''	-	0	+
y	∩（凸）		∪（凹）

由上述讨论可知，函数 $y = x^3$ 在区间 $(-\infty, 0)$ 内是凸的，而在区间 $(0, +\infty)$ 内是凹的.

【例 4-21】 讨论函数 $y=\dfrac{1}{x}$ 的凹凸性.

解：定义域 $(-\infty, 0)\cup(0, +\infty)$，$y'=-\dfrac{1}{x^2}$，$y''=\dfrac{2}{x^3}$，凹凸性列表讨论见表 4-7.

表 4-7

x	$(-\infty, 0)$	$(0, +\infty)$
y''	-	+
y	∩（凸）	∪（凹）

由上述讨论可知，函数 $y = x^3$ 在区间 $(-\infty, 0)$ 内是凸的，而在区间 $(0, \infty)$ 内是凹的.

4.4.2 拐点

在【例 4-20】中，在函数 $y = x^3$ 的曲线上，存在一个凹、凸区间的分界点，这样的点对研究函数的性态也是很重要的，由此我们给出下面的定义：

定义 4-3 连续曲线 $y = f(x)$ 上凹弧与凸弧的分界点称为曲线 $y = f(x)$ 的**拐点**.

如【例 4-20】中的 $(0,0)$ 是曲线 $y = x^3$ 的拐点；而【例 4-21】中的 $(0,0)$ 却不是曲线 $y=\dfrac{1}{x}$ 的拐点，因为当 $x=0$ 时函数 $y=\dfrac{1}{x}$ 不连续.

图 4-8 直观地描绘出曲线的凹凸区间与拐点. 根据曲线凹凸的判定法可知，函数 $y = f(x)$ 在区间 (a,b) 内具有二阶导数 $f''(x)$，并且 $f''(x_0) = 0$，如果 $f''(x)$ 在点 $(x_0, f(x_0))$ 的左右两侧符号相反，则点 $(x_0, f(x_0))$ 是曲线 $y = f(x)$ 的拐点. 因此，二阶可导函数拐点的横坐标应该在使得 $f''(x) = 0$ 的点中去寻找. 但对于二阶导数不存在的点，在曲线上相应的点也可能是曲线的拐点，如图 4-8 中 $(x_*, f(x_*))$ 就是这样一个点.

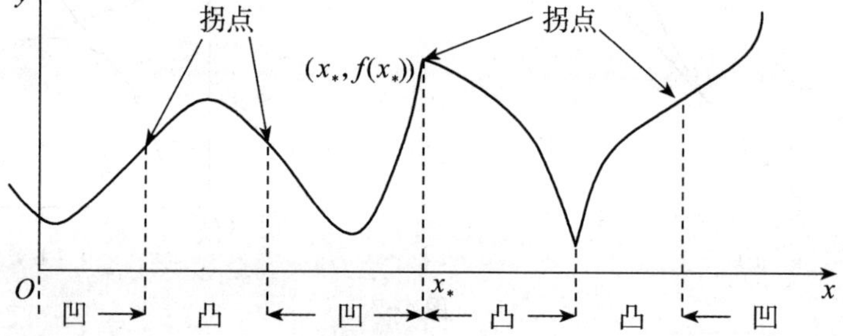

图 4-8

注意：使二阶导数 $f''(x) = 0$ 的点 x_0 并不一定是曲线 $y = f(x)$ 上的拐点的横坐标.

一般地，判定曲线 $y = f(x)$ 的凹凸性与拐点的步骤如下：

(1) 求出函数 $y = f(x)$ 的定义域，求出一阶导数 $f'(x)$、二阶导数 $f''(x)$；

(2) 求出所有满足方程 $f''(x)=0$ 的点及二阶导数不存在的点；

(3) 以 (2) 中找出的全部点，把函数的定义域分成若干区间，然后考察二阶导数在各区间的符号,从而判定曲线在各区间的凹凸性及拐点.

【例4-22】讨论曲线 $y=x^4-2x^3+1$ 的凹凸性与拐点.

解:定义域 $(-\infty,+\infty)$, $y'=4x^3-6x^2$, $y''=12x^2-12x=12x(x-1)$,令 $y''=0$,得 $x=0$, $x=1$. 曲线的凹凸性及拐点列表讨论见表4-8。

表4-8

x	$(-\infty,0)$	0	$(0,1)$	1	$(1,+\infty)$
y''	+	0	−	0	+
曲线 $y=f(x)$	∪凹	有拐点	∩凸	有拐点	∪凹

曲线在区间 $(-\infty,0)$, $(1,+\infty)$ 上是凹的;在区间 $(0,1)$ 上是凸的;曲线的拐点为 $(0,1)$, $(1,0)$(如图4-9所示).

【例4-23】讨论函数 $y=(x-1)\cdot\sqrt[3]{x^2}$ 的单调性与极值以及相应曲线 $y=(x-1)\cdot\sqrt[3]{x^2}$ 的凹凸性与拐点.

解:定义域 $(-\infty,+\infty)$, $y'=\frac{5}{3}x^{\frac{2}{3}}-\frac{2}{3}x^{-\frac{1}{3}}=\frac{5x-2}{3x^{\frac{1}{3}}}$. 当 $x=\frac{2}{5}$ 时, $y'=0$;当 $x=0$ 时, y' 不存在,

又 $y''=\frac{2(5x+1)}{9x^{\frac{4}{3}}}$,当 $x=-\frac{1}{5}$ 时, $y''=0$;当 $x=0$ 时, y'' 不存在.列表讨论见表4-9(函数的图形如图4-10所示).

表4-9

x	$\left(-\infty,-\frac{1}{5}\right)$	$-\frac{1}{5}$	$\left(-\frac{1}{5},0\right)$	0	$\left(0,\frac{2}{5}\right)$	$\frac{2}{5}$	$\left(\frac{2}{5},+\infty\right)$
y'	+		+	不存在	−	0	+
y''	−	0	+	不存在	+		+
y	↗	有拐点	↗	极大值	↘	极小值	↗

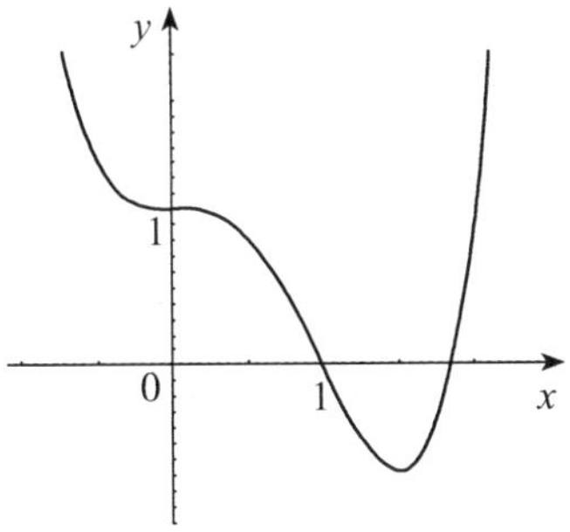

图4-9

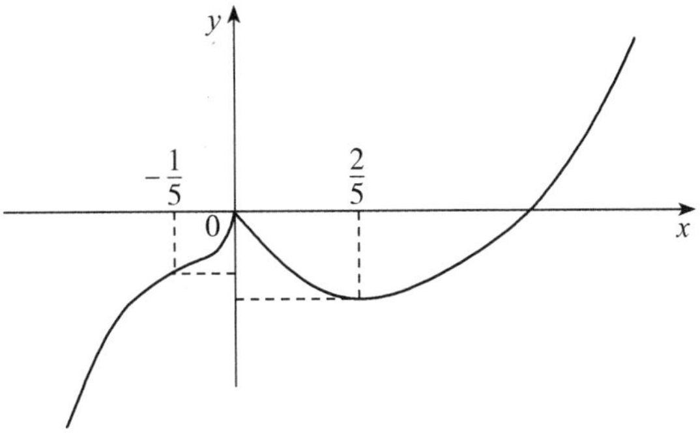

图4-10

4.5　导数在经济中的应用

经济学家面对着规模越来越大的经济和商业行为,日益倾向于用数学方法来帮助决策者进行分析和决策.今天,他们正越来越广泛地应用数学的理论进行经济理论的研究.这里我们仅介绍与导数概念相关的"边际"与"弹性"这两个经济学中的概念.

4.5.1 导数的概念在经济中的应用

1）边际分析

在第1章中，我们介绍了几个经济中常用的函数：

成本函数$C(Q)$：给出生产Q单位产品的总成本．

收益函数$R(Q)$：给出销售Q单位产品的总收益．

利润函数$L(Q)=R(Q)-C(Q)$：给出生产Q单位产品并全部销售出去后的总利润．

这三个函数中的自变量Q只能取非负整数，但对现代企业而言，产品的生产、销售数量是一个很大的数目，一个单位的产品就显得是一个微不足道的量．因此经济学家通常假设以上三个函数为定义在非负实数集上的可导函数．

这里，我们以成本函数为例，假设生产某种产品的成本函数为$C(Q)$，当产量为Q时，增加产量ΔQ，相应的成本增加$\Delta C=C(Q+\Delta Q)-C(Q)$，则$\dfrac{\Delta C}{\Delta Q}$为产品增加部分的平均成本，也就是产量的变化引起成本变化的平均变化率．当$\Delta Q \to 0$时，取比值$\dfrac{\Delta C}{\Delta Q}$的极限，经济学上称该极限为这种产品在产量为$Q$时的边际成本，记为$MC$或$C'(Q)$，即：

$$\mathrm{MC}=\lim_{\Delta Q \to 0}\frac{\Delta C}{\Delta Q} \quad （成本函数C(Q)在Q处的导数）$$

边际成本$MC=C'(Q)$的经济意义是：当产量达到Q时，多生产一个单位的产品所增加的成本．

我们将边际成本MC和平均成本$AC=\bar{C}(Q)=\dfrac{C(Q)}{Q}$进行比较，可以作为生产决策的一个影响因素．例如，当产量达到Q这一水平时，如果$C'(Q)<\bar{C}(Q)$，即多生产一个单位的产品所增加的成本小于平均成本，则可以考虑增加产量以降低单位产品的成本，如果$C'(Q)>\bar{C}(Q)$，则可以考虑减少产量以降低单位产品的成本．

一般地，可导函数$y=f(x)$的导函数$f'(x)$称为函数$f(x)$的**边际函数**．

类似地，经济学上称极限$\lim\limits_{\Delta Q \to 0}\dfrac{\Delta R}{\Delta Q}$为**边际收益**，即收益函数$R(Q)$在点$Q$处的导数．其经济意义是：当销售量达到$Q$时，多售出一个单位的产品所增加的收益．

我们一般称极限$\lim\limits_{\Delta Q \to 0}\dfrac{\Delta L}{\Delta Q}$为**边际利润**，即利润函数$L(Q)$在点$Q$处的导数．其经济意义是：当销售量达到$Q$时，多售出一个单位的产品所增加的利润．

【例4-24】 设某企业生产一种产品，每天的总利润$L(x)$（元）与产量x（吨）之间的函数关系为$L(x)=250x-5x^2$，试求$x=10$，$x=25$和$x=30$时的边际利润．

解：边际利润为$L'(x)=250-10x$．

当$x=10$时，$L'(10)=250-10x=150$（元）．其经济意义是：当每天的生产水平在10吨时，再多生产1吨，总利润将增加150元．

当$x=25$时，$L'(25)=250-10x=0$（元）．其经济意义是：当每天的生产水平在25吨时，再多生产1吨，总利润几乎没有变化，即这1吨的产量并没有产生利润．

当$x=30$时，$L'(30)=250-10x=-50$（元）．其经济意义是：当每天的生产水平在30吨时，再多生产1吨，总利润将减少50元.

本例说明：并非生产的产品数量越多，利润就越高.

很多经济决策是基于对"边际"成本和收益的分析得到的，看下面的例子：

假设你经营一家连锁便利店，你要决定是否增加一个新的经营网点，该如何决策呢？这里我们假定决策纯粹是根据财务理由作出的：如果该经营点能给公司挣钱，则应该增加.显然你必须考虑有关的成本和收益.由于要在增加营业点和维持原有营业点数量之间作出决策，所以关键是增加营业点的附加成本即边际成本是大于还是小于该营业点所产生的附加收益即边际收益.

设$C(Q)$是经营Q个经营网点的总成本函数.如果你的公司最初计划经营100个经营网点，则其成本为$C(100)$.由于增加了一个经营网点，于是其成本为$C(101)$，因此：

边际成本$=C(101)-C(100)$

而$C(101)-C(100)=\dfrac{C(101)-C(100)}{1}$

这个量是100到101个经营网点之间成本的平均变化率，如图4-11所示，这个平均变化率是割线的斜率.如果成本函数在该点附近弯曲得不太快，那么割线斜率近乎是该处的切线斜率.由于这两个变化率区别不太大，很多经济学家就把边际成本定义为成本的瞬时变化率：

边际成本$=MC=C'(Q)$

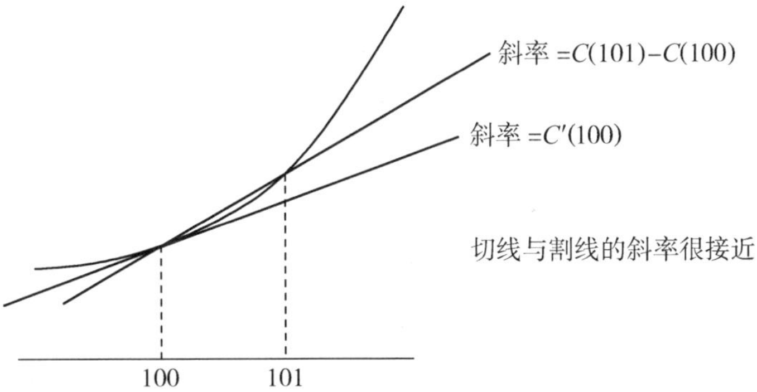

图4-11

类似地，如果Q个经营网点产生的收益是$R(Q)$，则经营网点数量从100增加到101所产生的附加收益为：

边际收益$=R(101)-R(100)$

而$R(101)-R(100)$是100到101个经营网点之间收益的平均变化率.如前所述，这个平均变化率通常几乎与瞬时变化率相等.因而经济学家常常定义：

边际收益$=MR=R'(Q)$

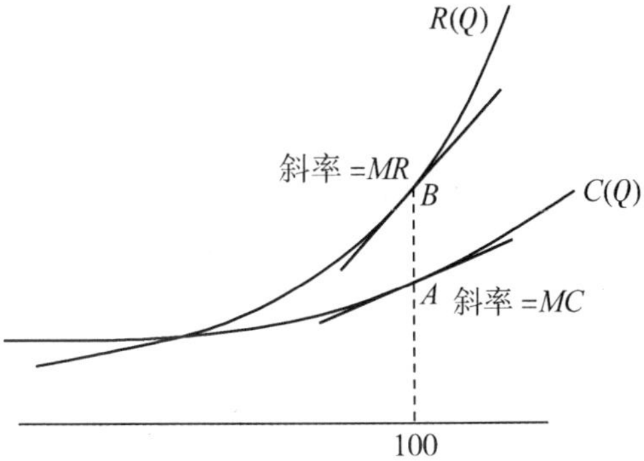

图4-12

如果你的公司的$C(Q)$与$R(Q)$如图4-12所示，你应该增加第101个经营网点吗？

边际收益是在点$Q=100$处收益曲线的斜率，边际成本是在点$Q=100$处成本曲线的斜率.从图4-12中可以看出,点A处的斜率小于点B处的斜率,所以$MC < MR$.即你的公司如果再经营一个经营网点,它所获得的附加收益要比支出的附加成本多,所以你应当着手经营第101个经营网点.

2) 弹性分析

(1)函数的弹性.

前面我们讨论了函数的绝对变化率.在经济领域里,经济学家还要关心相对改变量和相对变化率.例如,商品甲的单位价格是500元,涨价100元;商品乙的单位价格是10 000元,涨价100元.此时,两种商品价格的绝对改变量都是100元,但二者涨价的百分比有很大的差异,商品甲涨了20%,而商品乙涨了1%.反映在数学上,需要引入函数的相对改变量与相对变化率.

定义4-4 设函数$y=f(x)$可导,函数的相对改变量$\frac{\Delta y}{y}=\frac{f(x+\Delta x)-f(x)}{f(x)}$与自变量的相对改变量$\frac{\Delta x}{x}$之比,当$\Delta x \to 0$时的极限称为函数$y=f(x)$的**弹性函数**,记作$\frac{Ey}{Ex}$.

一般地,有:

$$\frac{Ey}{Ex}=\lim_{\Delta x \to 0}\frac{\frac{\Delta y}{y}}{\frac{\Delta x}{x}}=\lim_{\Delta x \to 0}\frac{\Delta y}{\Delta x}\cdot\frac{x}{y}=f'(x)\cdot\frac{x}{f(x)}$$

点$x=x_0$处的**弹性值**,简称为**弹性**,记为$\left.\frac{Ey}{Ex}\right|_{x=x_0}$,它表示在点$x_0$处,当自变量$x$产生1%的改变时,$f(x)$近似地改变$\left.\frac{Ey}{Ex}\right|_{x=x_0}$%.

(2)需求弹性.

在市场经济中,经常要分析一个经济量对另一个经济量相对变化的灵敏程度,这就是经济量的弹性.一般来说,商品的需求量对市场价格的反应是很灵敏的,反映当商品价格变动时需求量变动的强弱程度的量就是需求弹性.

设需求函数$Q=f(P)$,这里P表示产品的价格,该商品在点P_0处的需求弹性或需求弹性系数为:$\eta\big|_{P=P_0}=\eta(P_0)=f'(P_0)\frac{P_0}{f(P_0)}$.需求弹性函数为:$\eta=\eta(P)=f'(P)\frac{P}{f(P)}$.在经济上表示,当产品的价格为$P$时,价格变动1%,需求量将变化$\eta$%.

注意:一般地,需求函数是单调减少函数,需求量随着价格的提高(或下降)而减少(或增加),故需求弹性一般是负值,它反映了产品需求量对价格变动反应的灵敏程度.

【例4-25】某商品的需求函数为$Q=e^{-\frac{P}{5}}$,求:

①该商品的需求弹性函数.

②当价格为3和6时的需求弹性,给出其经济解释.

③当该商品的价格为多少时,弹性系数为-1?其经济意义是什么?

解：①由于 $Q'=-\frac{1}{5}e^{-\frac{P}{5}}$，故需求弹性函数为 $\eta(P)=-\frac{1}{5}e^{-\frac{P}{5}}\cdot\frac{P}{e^{-\frac{P}{5}}}=-\frac{P}{5}$.

②$\eta(3)=-\frac{3}{5}=-0.6$，其经济意义是：当价格水平在 $P=3$ 时，价格上涨1%，需求量只减少0.6%，即需求变动的幅度小于价格变动的幅度.

$\eta(6)=-\frac{6}{5}=-1.2$，其经济意义是：当价格水平在 $P=6$ 时，价格上涨1%，需求量减少1.2%，即需求变动的幅度大于价格变动的幅度.

③当 $\eta(P)=-\frac{P}{5}=-1$，即 $P=5$ 时，需求弹性为-1.表明价格水平在 $P=5$ 时，价格上涨1%将引起需求量减少1%，即需求变动的幅度与价格变动的幅度相同.

(3)用需求弹性分析总收益的变化.

由于总收益 $R=PQ=P\cdot f(P)$，所以：

$$R'(P)=f(P)+P\cdot f'(P)=f(P)\left[1+f'(P)\frac{P}{f(P)}\right]=f(P)(1+\eta)$$

由此我们可以得到下面的结论：

①若 $|\eta|<1$，需求变动的幅度小于价格变动的幅度.此时 $R'>0$，R 单调增加，即价格上涨，总收益增加；价格下跌，总收益减少.

②若 $|\eta|>1$，需求变动的幅度大于价格变动的幅度.此时 $R'<0$，R 单调减少，即价格上涨，总收益减少；价格下跌，总收益增加.

③若 $|\eta|=1$，需求变动的幅度等于价格变动的幅度.此时 $R'=0$，总收益为最大值.

总收益的变化受需求弹性的制约，随商品需求弹性的变化而变化(如图4-13所示).

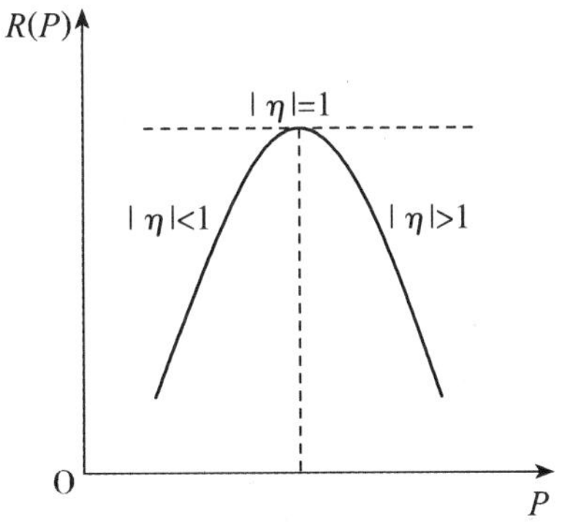

图4-13

【例4-26】 某商品的需求函数为 $q=f(P)=12-\frac{P}{2}$，求：

①在 $P=6$ 时，若价格上涨1%，总收益是增加还是减少？将变化百分之几？

②当价格水平为多少时，总收益最大？最大总收益是多少？

解：①由于 $q'=-\frac{1}{2}$，故需求弹性函数为 $\eta(P)=-\frac{1}{2}\cdot\frac{P}{12-\frac{P}{2}}=\frac{P}{P-24}$，$\eta(6)=\frac{6}{6-24}=-\frac{1}{3}$，$|\eta(6)|=\frac{1}{3}<1$，所以，价格上涨1%，总收益将增加.

下面计算收益函数对价格的弹性.

由于 $R'(P)=f(P)(1+\eta)$，$R'(6)=\left(12-\frac{6}{2}\right)\times\left(1-\frac{1}{3}\right)=6$，$R=PQ=12P-\frac{P^2}{2}$，$R(6)=54$，所以有：

$$\left.\frac{ER}{EP}\right|_{P=6}=R'(6)\frac{6}{R(6)}=6\times\frac{6}{54}=\frac{2}{3}\approx0.67$$

即当 $P=6$ 时，价格上涨1%，总收益约增加0.67%.

②$R'(P)=12-P$，当$R'(P)=0$，即$P=12$时总收益最大，最大总收益为$R(12)=72$.

4.5.2 极值在经济中的应用

在现实生活中，小到个人的衣食住行，大到企业的经营活动，我们都希望花最少的钱，取得最大的经济效益.例如，城市规划者要设计交通模型使交通堵塞最小，企业经营者要使企业花费最小的成本而获得最大的利润，物流部门管理者则要确定进货的批量而使仓储费用最小，等等.这些问题在数学上，就称为优化问题.通过求函数的极值这一方法，可以解决经济或商务上的一些优化问题.

1） 最小平均成本

【例 4-27】设某企业生产Q单位的某产品总成本为$C(Q)=3Q^2+Q+48$.

(1)当生产水平为多少时，单位产品的平均成本最小？

(2)当生产水平为多少时，单位产品的平均成本等于边际成本？

(3)在同一个坐标系中，画出平均成本和边际成本的图形.

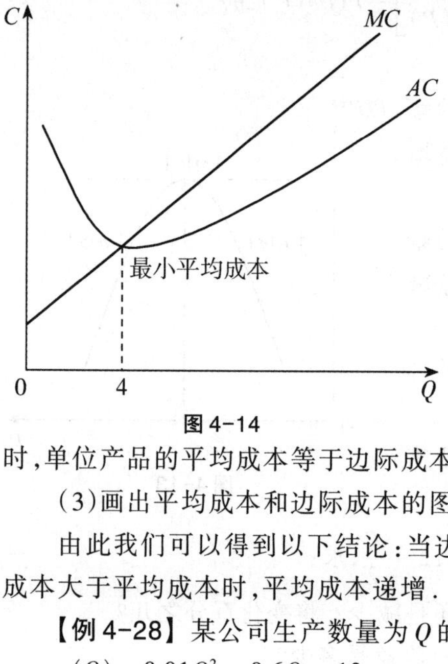

图 4-14

解：(1)平均成本$\overline{C}(Q)=\dfrac{C(Q)}{Q}=3Q+1+\dfrac{48}{Q}$，要使得平均成本最小，求出$\overline{C}'(Q)=3-\dfrac{48}{Q^2}$，并且令$\overline{C}'(Q)=0$，解得$Q=4(Q>0)$，此时$\overline{C}''(Q)=\dfrac{96}{Q^3}>0$，所以$Q=4$时有极小值.又因为仅有一个极值点，所以当生产水平达到4时，平均成本最小.

(2)边际成本$C'(Q)=6Q+1$，由$\overline{C}(Q)=C'(Q)$，即$3Q+1+\dfrac{48}{Q}=6Q+1$，解得$Q=4$.即当生产水平为4时，单位产品的平均成本等于边际成本.

(3)画出平均成本和边际成本的图形，如图4-14所示.

由此我们可以得到以下结论：当边际成本小于平均成本时，平均成本递减；当边际成本大于平均成本时，平均成本递增.

【例 4-28】某公司生产数量为Q的某种商品，每件产品的平均成本由下式给出：

$a(Q)=0.01Q^2-0.6Q+13$

(1)生产Q件产品的总成本是多少？

(2)最小边际成本是多少？

(3)生产水平为多少时，平均成本最小？最小值是多少？

(4)计算$Q=30$时的边际成本，将答案与(3)比较，二者有何关系？分析并定性解释上述关系.

解：(1)生产Q件产品的总成本为$C(Q)=Q\cdot a(Q)=0.01Q^3-0.6Q^2+13Q$.

(2)边际成本$C'(Q)=0.03Q^2-1.2Q+13$，为求边际成本的最小值，先求边际成本函数的导数$(C'(Q))'=C''(Q)=0.06Q-1.2$，令$0.06Q-1.2=0$，得$Q=20$.又因为仅有一个驻点，由实际问题得：当$Q=20$时，边际成本最小，为$C'(20)=0.03\times20^2-1.2\times20+13=1$.

(3) $a'(Q)=0.02Q-0.6$，令 $a'(Q)=0.02Q-0.6=0$，得 $Q=30$. 又因为仅有一个驻点，由实际问题得：当 $Q=30$ 时，平均成本最小，为 $a(30)=0.01\times30^2-0.6\times30+13=4$.

(4) 当 $Q=30$ 时，边际成本为 $C'(30)=0.03\times30^2-1.2\times30+13=4$. 将此结果与(3)的结果作比较，可得当边际成本与平均成本相等时，平均成本达到最小值.

2) 最大利润

设某产品的成本函数为 $C(Q)$，收益函数为 $R(Q)$，则利润函数为 $L(Q)=R(Q)-C(Q)$. 若 $L(Q)$ 可导，则在其极值点处应有：

$$L'(Q) = R'(Q) - C'(Q) = 0$$

即 $R'(Q) = C'(Q)$

为使 $L(Q)$ 取得极大值，还应满足 $L''(Q) = R''(Q) - C''(Q) < 0$，即 $R''(Q) < C''(Q)$.

我们将 $\begin{cases} R'(Q) = C'(Q) \\ R''(Q) < C''(Q) \end{cases}$ 称为**利润最大化原则**.

即当边际收益等于边际成本，并且边际收益的变化率小于边际成本的变化率时，利润取得最大值.

【例4-29】 设某商店以每件10元的进价购进一批衬衫，已知这种衬衫的需求函数为 $Q=80-2P$（其中，Q 为需求量，单位为件，P 为销售价格，单位为元）. 问该商店应将售价定为多少元，才能获得最大利润？最大利润为多少？

解：设总利润函数为 L，总收益函数为 R，总成本函数为 C，所以：

$$L = L(P) = R(P) - C(P)$$

总收益函数 $R(P) = PQ = P(80 - 2P) = 80P - 2P^2$，边际收益为 $R'(P) = 80 - 4P$.

总成本函数 $C(P) = 10Q = 10 \times (80 - 2P) = 800 - 20P$，边际成本为 $C'(P) = -20$.

由利润最大化原则，$R'(P) = C'(P)$，即 $80 - 4P = -20$，得 $P = 25$.

又因为 $R''(25) = -4, C''(25) = 0$，即 $R''(25) < C''(25)$，又因为仅有一个极大值点，所以当 $P = 25$ 时，利润最大.

$$L(P) = 80P - 2P^2 - (800 - 20P) = 100P - 2P^2 - 800$$

最大利润为：

$$L(25) = 100 \times 25 - 2 \times 252 - 800 = 450(\text{元})$$

【例4-30】 某商场每天以批发价3元/件购进一批商品用以销售. 根据经验，当零售价定为4元/件时，可销售400件，零售价每降低0.05元，则可多销售40件. 当每件商品定价为多少元时以及每天购进多少件时，可获得最大利润？最大利润是多少？

解：由题意，该商场销量的增加与售价的降低成正比，其数量关系可由表4-10给出.

表4-10

售价（元/件）	4	3.95	3.90	…
销量（件）	400	440	480	…

设销量为 x，售价为 y，由表4-10可知 $\dfrac{x-400}{y-4}=\dfrac{480-400}{3.90-4}$，即 $x=3\,600-800y$. 商场购进 x 件的成本为 $C(x) = 3x$，全部售出的收益函数为 $R(x)=yx=\dfrac{1}{800}(3\,600-x)x$，则利润函

数为 $L(x)=R(x)-C(x)=\frac{1}{800}(3\ 600-x)x-3x=\frac{3}{2}x-\frac{x^2}{800}$.

令 $L'(x)=\frac{3}{2}-\frac{x}{400}=0$，得 $x=600$，此时 $y=3.75$. 又因为仅有一个驻点，由实际问题得：当售价定为3.75元/件，每天进货600件时，可获得最大利润，最大利润为：

$$L(600)=\frac{3}{2}\times600-\frac{600^2}{800}=450(\text{元})$$

可以验证，当 $x=600$ 时，$R'(600)=C'(600)$.

3） 最优批量

仓储原料或货物对于企业、商业流通各部门都是必不可少的. 存储过多，会导致占用流动资金过多、仓储费用增多等问题；存储过少，会导致进货批次增多从而增加订货费用，存贮过少还可能造成缺货，从而造成经营的损失.

【例4-31】 某商店每年销售某种产品 a 件，每次购进的手续费为 b 元，而每件产品的库存费为 c 元/年. 若该商品均匀销售，且上批销售完后，立即进下一批货（此时商品库存数为批量的一半）. 问该商店应如何选择批量，才能使一年中的库存费与进货手续费之和最小?

解：设批量为 x，库存费与进货手续费之和为 $P(x)$. 因为年销量为 a，所以每年进货的批数为 $\frac{a}{x}$，则进货手续费为 $b\cdot\frac{a}{x}$. 由于库存量为 $\frac{x}{2}$，故库存费为 $c\cdot\frac{x}{2}$，因此可得：

$P(x)=\frac{ab}{x}+\frac{c}{2}x\ (x\in(0,a])$（所求的问题转化为一个一元函数的极值问题）.

$P'(x)=-\frac{ab}{x^2}+\frac{c}{2}$，令 $P'(x)=0$，有 $cx^2-2ab=0$，解得 $x=\pm\sqrt{\frac{2ab}{c}}$（负号舍去）. 又因为仅有一个驻点，由实际问题得：当 $x=\sqrt{\frac{2ab}{c}}$ 时，$P(x)$ 取得最小值.

于是得到，使一年中库存费与进货手续费之和最小的最优批量为 $x=\sqrt{\frac{2ab}{c}}$.

4.6 Mathematica 软件介绍

用导数对函数的性态进行研究，大量的工作在于求导和解方程，而利用Mathematica软件中的求导语句和解方程语句，可使我们免去研究函数性态时的烦琐计算. 本节我们仅介绍利用软件求函数极值或最值的应用问题.

4.6.1 求函数的极值与最值

【例4-32】 求函数 $y=x^3-3x^2-9x+14$ 的极值.

解：计算机处理如下：

(1)定义函数：

In[1]:=f[x_]=x^3-3x^2-9x+14

Out[1]=14-9x-3x^2+x^3

(2)对所给定的函数 $f(x)$ 求导：

In[2]:=D[f[x],x]

Out[2]=-9-6x+3x^2

即$f'(x)=3x^2-6x-9$.

(3)解方程，求出驻点：

In[3]:=Solve[%==0,x]

Out[3]={{x→-1},{x→3}}

即驻点为$x=-1,x=3$.

(4)为判定驻点是否为极值点，是极大值点还是极小值点，求出函数的二阶导数：

In[4]:=D[f[x],{x,2}]

Out[4]=-6+6x

即$f''(x)=6x-6$.

(5)求出二阶导数在驻点处的函数值：

In[5]:=%/.x→-1

Out[5]=-12

In[6]:=%%/.x→3

Out[6]=12

即二阶导数在驻点处的值为$f''(-1)=-12<0$，$f''(3)=12>0$，可知函数在点$x=-1$处取得极大值，在点$x=3$处取得极小值．这里，"%/.x→-1"表示上述倒数第一个结果在$x=-1$处的值，"%%/.x→3"表示上述倒数第二个结果在$x=3$处的值．

(6)求出极值点的函数值：

In[7]:=f[{-1,3}]

Out[7]={19,-13}

因此，极大值为$f(-1)=19$，极小值为$f(3)=-13$.

若要求函数在区间上的最大值和最小值，则只需要计算出函数在驻点、导数不存在的点以及区间端点的函数值，再进行比较即可．

如求出【例4-32】中的函数在区间[-5,4]上的最大值和最小值：

In[8]:=f[{-1,3,-5,4}]

Out[8]={19,-13,-141,-6}

即最大值为$f(-1)=19$，最小值为$f(-5)=-141$.

4.6.2 讨论函数的单调性与凹性

【例4-33】 讨论函数$f(x)=2x^3-6x^2-18x+7$的单调区间和凹凸区间．

解：计算机处理如下：

(1)定义函数：

In[1]:=Clear[f];f[x_]=2x^3-6x^2-18x+7

Out[1]=7-18x-6x^2+2x^3

这里，"Clear[f]"即清除前面使用过的函数名f[x].

(2)求一阶导数：

In[2]:=D[f[x],x]

Out[2]=-18-12x+6x^2

(3)求出驻点：

In[3]:=Solve[%==0,x]

Out[3]={{x→-1},{x→3}}

(4)求二阶导数：

In[4]:=D[f[x],{x,2}]

Out[4]=-12+12x

(5)求出驻点处二阶导数值：

In[5]:=%/.x→-1

Out[5]=-24

In[6]:=%%/.x→3

Out[6]=24

(6)求出驻点处的函数值：

In[7]:=f[-1]

f[3]

Out[7]=17

Out[8]=-47

(7)解出二阶导数为零的点：

In[9]:=Solve[%4==0,x]

Out[9]={{x→1}}

这里,"%4"表示调用第4个输出的结果.

即得到函数的驻点为$x=-1$,$x=3$,经观察无导数不存在的点,且二阶导数为零的点为$x=1$.这样我们就找到了决定函数增减和凹凸的分界点.

(8)在包含分界点的区间内作出函数的图形,观察其性态.

In[10]:=Plot[f[x],{x,-5,5}]

Out[10]=-Graphics-

即可得到图4-15.

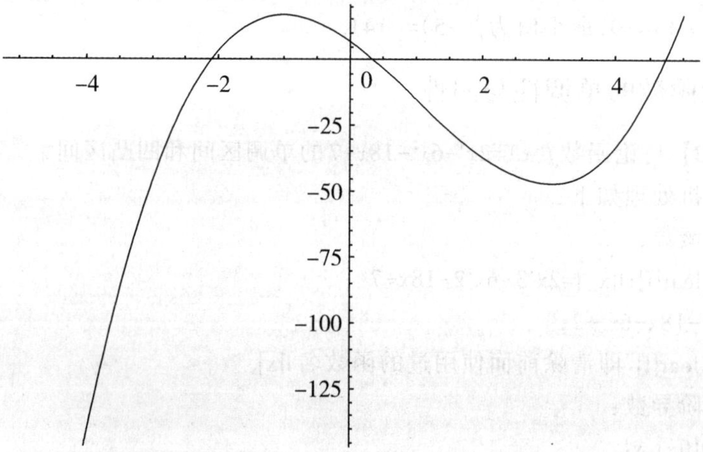

图4-15

观察图4-15，可知该函数在区间$(-\infty,-1]$，$[3,+\infty)$内单调增加，在区间$[-1,3]$内单调减少；在$(-\infty,1]$内为凸弧，在$[1,+\infty)$内为凹弧.

素养提升4-1

我们在讨论函数的极值时，可以明显看到在某一区间极大值在曲线顶端，极小值在曲线底端，如图4-16所示.

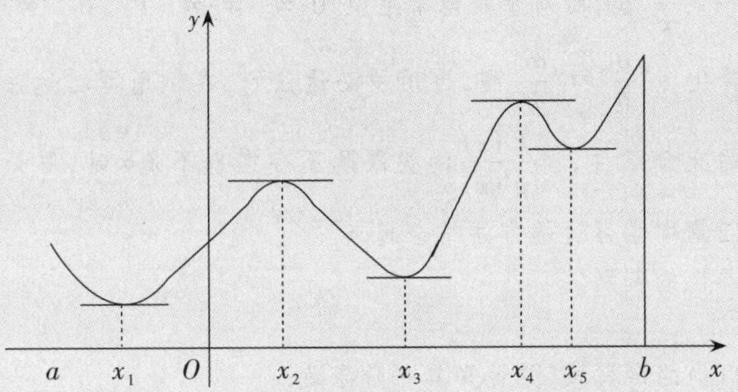

图4-16

但从全局看，极值是局部的概念，最值是整体的概念，而极小值和极大值反映在人生旅途中，就是人生的“低谷”和“高潮”.通过图4-16可看到，“低谷”是暂时的，通过不懈的努力会走出“低谷”，迎来一波上升的曲线.

越王勾践“卧薪尝胆”的故事就很富有教育意义.

战国时期，吴国经过改革，变得国富兵强，很快打败了周边的越国并俘虏了越王勾践.身为一国之君，被俘虏已是大耻，而勾践在吴国狱中又频频遭受侮辱，瞬间人生就从高潮跌落到了低谷.苦难的生活激发了他的斗志，他下决心要改变自己，要变得优秀.于是他在薪草堆成的卧铺前挂了一副苦胆，每天一起床就咬一口苦胆，以此来提醒自己，一切苦难都是自己过于松懈、不思上进造成的.在被关押的漫长岁月里，他反思了许多，学会了许多.

在吴王夫差的召见中，他赢得了吴王的信任，最后得以回到越国，继续当国君.他励精图治、富国强民.几年后，在周密部署之下，越国一举攻破吴国，勾践洗刷了耻辱，又重新回到了人生的巅峰.

所以人生的曲折都是暂时的，不要悲观、气馁，磨难是一种财富，经历磨难，磨炼自己的人生，不断提升自我抗挫折的能力，练就宽阔的胸襟，美好的前程就在眼前.同样，在取得一定成绩时，我们要保持清醒的头脑，不骄不躁，往更高的目标努力.起起落落是人生必经之路，得之坦然，失之淡然，要学会品味自己的人生.

党的二十大报告提出“必须坚持自信自立”的理念.这提示我们要加强独立思考能力的培养，自信有助于个人发挥自己的最大潜能，自立则能够建立良好的独立意识，坚持自信自立能够促进自我完善和自我超越，为国家和社会多做贡献，从而充实自己的人生.

核心素养：自信自立　百折不挠　乐观向上

思考：以自己学习和生活中的一个典型事件为例，分析其拐点及意义.

伟大的数学家4-1

陈景润：永远纯真的数学巨人

本章小结

● 罗必达法则

罗必达法则给出了一个求未定型极限"$\frac{0}{0}$"和"$\frac{\infty}{\infty}$"的方法，在使用中必须注意所求极限是否为"$\frac{0}{0}$"和"$\frac{\infty}{\infty}$"型，而对于其他未定型"$0\cdot\infty$""$\infty-\infty$""1^{∞}""0^0""∞^0"的极限，则可通过相应的方法转化为"$\frac{0}{0}$"和"$\frac{\infty}{\infty}$"型，再用罗必达法则．在运用罗必达法则时，它的条件仅仅是其结论的充分条件，当$\frac{f'(x)}{g'(x)}$的极限既不存在也不是∞时，罗必达法则失效．同时，应注意同第2章中学习过的方法结合起来．

● 函数单调性的判别

步骤：

(1)求$y=f(x)$的定义域，并计算其一阶导数；

(2)找出$f'(x)=0$的点和导数不存在的点，用这些点将定义域分成若干个子区间；

(3)确定每个子区间上导数$f'(x)$的符号；

(4)利用函数单调性的判别法，在每个子区间上讨论函数的单调性．

● 函数极值的判别及其求法

步骤：

(1)求出函数的导数$f'(x)$，并求出函数$f(x)$的全部驻点和导数不存在的点(即极值可疑点)．

(2)根据定理4-5，判别每个极值可疑点是否为极值点；如果是极值点，进一步确定是极大值点还是极小值点．

(3)对于驻点，也可根据定理4-6求出驻点处的二阶导数值，由二阶导数的符号来判别其为极大值还是极小值．

(4)求出极值点处的函数值，就得到相应的极值．

● 函数的凹性与拐点的判定方法

步骤：

(1)求出函数$y=f(x)$的定义域，求出一阶导数$f'(x)$、二阶导数$f''(x)$；

(2)求出所有满足方程$f''(x_0)=0$的点及使二阶导数不存在的点；

(3)以(2)项中找出的全部点，把函数的定义域分成若干部分区间，然后考察二阶导数在各部分区间的符号，从而判定曲线在各部分区间的凹凸性与拐点．

将判定函数的单调性与极值的方法同判定曲线的凹凸性与拐点的方法结合起来，可以讨论函数的一般性态．

● 求函数的极值与最大(小)值的方法

(1)对于在给定区间$[a,b]$上的函数，可直接求出疑似极值点(驻点和导数不存在的点)及区间端点的函数值，比较这些数值的大小，即可求出函数的最大值与最小值．

(2)如果函数$f(x)$在$[a,b]$上单调增加，则$f(a)$就是$f(x)$在$[a,b]$上的最小值，$f(b)$就

是$f(x)$在$[a,b]$上的最大值；如果函数在$[a,b]$上单调减少，则$f(a)$就是$f(x)$在$[a,b]$上的最大值，$f(b)$就是$f(x)$在$[a,b]$上的最小值.

(3)如果连续函数在区间(a,b)内仅有一个极大值，而没有极小值，则此极大值就是函数在区间$[a,b]$上的最大值；如果连续函数在区间(a,b)内仅有一个极小值，而没有极大值，则此极小值就是函数在区间$[a,b]$上的最小值.

主要概念

未定型极限(p.88)　极值(p.93)　拐点(p.98)　边际函数(p.100)

基本训练

● 知识题

4.1　指出下列运用罗必达法则计算极限过程中的错误之处：

$$\lim_{x\to 1}\frac{x^3-3x+2}{x^3-x^2-x+1}=\lim_{x\to 1}\frac{3x^2-3}{3x^2-2x-1}=\lim_{x\to 1}\frac{6x}{6x-2}=\lim_{x\to 1}\frac{6}{6}=1$$

4.2　能否用罗必达法则计算极限 $\lim\limits_{x\to\infty}\dfrac{x+\sin x}{x-\sin x}$？

4.3　下列说法是否正确：

(1)一个函数不是单调增加，就是单调减少；

(2)导函数为单调函数，则函数必定为单调函数.

4.4　函数的极大值是否一定大于函数的极小值?

4.5　已知函数在点x_0处二阶导数存在，且$f''(x0)=0$，问点$(x_0,f(x_0))$是否一定是曲线$y=f(x)$的拐点?

4.6　假设$P(t)$表示在时刻t时某公司的股票价格，请根据下面的情况判断$P(t)$的一阶导数和二阶导数的符号为正还是为负：

(1)“股票价格上升得越来越快.”

(2)“股票价格接近最低点.”

● 技能题

4.1　求下列函数的极限：

(1) $\lim\limits_{x\to 0}\dfrac{e^x-e^{-x}}{x}$

(2) $\lim\limits_{x\to 0}\dfrac{e^x-\cos x}{\sin x}$

(3) $\lim\limits_{x\to 1}\dfrac{\ln x}{x-1}$

(4) $\lim\limits_{x\to a}\dfrac{x^m-a^m}{x^n-a^n}$

(5) $\lim\limits_{x\to 0}\dfrac{a^x-b^x}{x}$　$(a,b>0)$

(6) $\lim\limits_{x\to +\infty}\dfrac{x^{10}}{e^{\lambda x}}$　$(\lambda>0)$

(7) $\lim\limits_{x\to +\infty}\dfrac{(\ln x)^2}{x}$

(8) $\lim\limits_{x\to 1}(1-x)\tan\dfrac{\pi x}{2}$

(9) $\lim\limits_{x\to 0^+}\dfrac{\ln\cot x}{\ln x}$

(10) $\lim\limits_{x\to 0}\left(\dfrac{1}{x}-\dfrac{1}{e^x-1}\right)$

(11) $\lim\limits_{x\to 0^+}\left(\dfrac{1}{x}\right)^{\tan x}$

(12) $\lim\limits_{x\to 0^+}(\sin x)^x$

(13) $\lim\limits_{x \to 0}\dfrac{1-\cos^2 x}{x(1-e^x)}$　　(14) $\lim\limits_{x \to 0}\dfrac{e^x-1+x^2\sin\frac{1}{x}}{x}$

4.2　求下列函数的单调区间：

(1) $y=3x^2+6x+5$　　(2) $y=x^3+x$

(3) $y=x-e^x$　　(4) $y=2x^2-\ln x$

(5) $y=\dfrac{x^2}{1+x}$　　(6) $y=\dfrac{\sqrt{x}}{x+100}$

4.3　求下列函数的极值：

(1) $y=x^3-3x^2+7$　　(2) $y=\dfrac{2x}{1+x^2}$

(3) $y=\sqrt{2+x-x^2}$　　(4) $y=1-(x-2)^{\frac{2}{3}}$

(5) $y=-x^4+2x^2$　　(6) $y=2x+3\cdot\sqrt[3]{x^2}$

(7) $y=x^2e^{-x}$　　(8) $y=2x-\ln(4x)^2$

(9) $y=2e^x+e^{-x}$　　(10) $y=x+\tan x$

4.4　设函数 $f(x)=a\ln x+bx^2+x$ 在点 $x_1=1, x_2=2$ 处都取得极值，试确定 a,b 的值，并指出函数 $f(x)$ 在点 $x_1=1, x_2=2$ 处取得极大值还是极小值？

4.5　求下列函数在给定区间上的最大值与最小值：

(1) $y=x^4-2x^2+5$　$(x\in[-2,2])$

(2) $y=x+\sqrt{x}$　$(x\in[0,4])$

(3) $y=\dfrac{x^2}{1+x}$　$(x\in[-\frac{1}{2},1])$

(4) $y=\dfrac{1-x}{1+x}$　$(x\in[0,4])$

4.6　将边长为a的一块正方形铁皮的四角各截去相同的小正方形，把四边折起来做成一个无盖的方盒，问截去的小正方形边长为多少时，可使盒子的容积最大？

4.7　求下列曲线的凹凸区间以及拐点：

(1) $y=x^2-x^3$　　(2) $y=xe^x$

(3) $y=\ln(1+x^2)$　　(4) $y=x+x^{\frac{5}{3}}$

(5) $y=\dfrac{2x}{1+x^2}$　　(6) $y=x^2+\dfrac{1}{x}$

4.8　设某企业生产 Q 单位的某产品总成本为 $C(Q)=3Q^2+5Q+75$.

(1)当生产水平为多少时，单位产品的平均成本最小？

(2)当生产水平为多少时，单位产品的平均成本等于边际成本？

(3)在同一个坐标系中，画出平均成本和边际成本的图形.

4.9　已知某商场销售 Q 件某种商品的总收益为 $R(Q)=-2Q^2+68Q-128$.

(1)当销售水平为多少时，平均收益最大？

(2)当销售水平为多少时，平均收益等于边际收益？

(3)在同一个坐标系中，画出平均收益和边际收益的图形.

(4)从(2)和(3)中你可得到什么结论?(根据(2)的结果说明平均收益的增减情况)

4.10　设某商品的需求函数为 $Q=75-P^2$.

(1)求 $P=4$ 时的边际需求,并说明其经济意义.

(2)求 $P=4$ 时的需求弹性,并说明其经济意义.

(3)当 $P=4$ 时,若价格上涨1%,总收益将变化百分之几,是增加还是减少?

(4)当 $P=6$ 时,若价格上涨1%,总收益将变化百分之几,是增加还是减少?

(5)P为多少时,总收益最大?

4.11　设某产品的需求函数为 $P=240-0.2Q$,成本函数为 $C(Q)=80Q+2\,000$(元),当产量和价格分别为多少时,该产品的利润最大,并求最大利润。

4.12　某市一旅游公司举办市内观光旅游.若票价为每人40元,则一周游客为1 000人;若票价为30元,则一周游客为1 400人.假定游客人数 x 与票价 P 是线性关系,那么为了使一周的收益最大,票价应定为多少? 又若举办此项观光旅游一周的成本约 $C(x)=20\,000+10x$(元),问为使一周的利润最大,票价应定为多少?

4.13　某厂每年需购某种零件100万件,每次购进该种零件需各种费用1 000元,而每个零件的库存费为0.05元.如果工厂使用零件是均匀的,且上批用完后,立即购进下一批(即零件的库存数为购进批量的一半),问工厂应分几次购进这种零件,才能使所用的各种费用总和最少?

4.14　某厂商的总收益函数和总成本函数分别为 $R(Q)=30Q-3Q^2$,$C(Q)=Q^2+2Q+2$,其中 Q 为产品的产量.厂商要追求最大利润,而政府要征收与产量成正比的税.试求:

(1)征税收益的最大值以及此时的税率.

(2)厂商纳税前后的最大利润以及每单位产品的价格.

(提示:当每单位产品纳税 t 时,纳税后的总成本函数为 $C_t=C(Q)+tQ$,征税收益的最大值在纳税后厂商获得最大利润的产出水平时取得)

参考答案4-1

基本训练

单元实训

4.1　实训目的和要求

1)掌握Mathematica中运用罗必达法则求解函数极限的方法;

2)掌握Mathematica中通过作图来分析函数极值和最值的方法;

3)掌握Mathematica中运用导数求解函数极值和最值的方法.

4.2　实训设备和环境

配置Windows 7(或更高版本)的操作系统并安装了Mathematica 5.0(或更高版本)应用软件的计算机.

4.3　实训内容

1)利用Mathematica软件计算技能题4.1中的极限.

(1)求极限,输入:____________________

计算结果:____________________

(2)求极限,输入:____________________

计算结果:____________________

(3)求极限,输入:____________________

计算结果：________________________________

(4) 求极限，输入：________________________________

计算结果：________________________________

(5) 求极限，输入：________________________________

计算结果：________________________________

(6) 求极限，输入：________________________________

计算结果：________________________________

(7) 求极限，输入：________________________________

计算结果：________________________________

(8) 求极限，输入：________________________________

计算结果：________________________________

(9) 求极限，输入：________________________________

计算结果：________________________________

(10)求极限，输入：________________________________

计算结果：________________________________

(11) 求极限，输入：________________________________

计算结果：________________________________

(12) 求极限，输入：________________________________

计算结果：________________________________

(13) 求极限，输入：________________________________

计算结果：________________________________

(14) 求极限，输入：________________________________

计算结果：________________________________

2)利用 Mathematica 验证技能题 4.5 中的结果.

(1)定义函数，输入：________________________________

输出：________________________________

求导数，输入：________________________________

输出：________________________________

求驻点，输入：________________________________

输出：________________________________

求边界点的函数值，输入：________________________________

输出：________________________________

结论：________________________________

(2) 定义函数，输入：________________________________

输出：________________________________

求导数，输入：________________________________

输出：________________________________

求驻点，输入：________________________________

输出：________________________________

求边界点的函数值,输入:____________________

输出:____________________

结论:____________________

(3) 定义函数,输入:____________________

输出:____________________

求导数,输入:____________________

输出:____________________

求驻点,输入:____________________

输出:____________________

求驻点及边界点的函数值,输入:____________________

输出:____________________

结论:____________________

(4) 定义函数,输入:____________________

输出:____________________

求导数,输入:____________________

输出:____________________

求驻点,输入:____________________

输出:____________________

求边界点的函数值,输入:____________________

输出:____________________

结论:____________________

3)利用 Mathematica 软件作出函数$f(x)=\frac{1}{x^2+2x+c}(-5\leqslant x\leqslant 4)$的图形,$c$分别取$-1$,0,1,2,3,试比较作出的5个图形,并从图形上观察极值点,驻点,单调增加和单调减少区间,凹凸区间,拐点以及渐近线.

$c=-1$作图,输入:____________________

输出:____________________

$c=0$作图,输入:____________________

输出:____________________

$c=1$作图,输入:____________________

输出:____________________

$c=2$作图,输入:____________________

输出:____________________

$c=3$作图,输入:____________________

输出:____________________

4)设函数$f(x)=x+\frac{4}{x}$.

(1)在屏幕上选定显示区域$[0,10]\times[0,10]$,作出曲线$y=f(x)$的图形.

(2)写出曲线$f(x)=x+\frac{4}{x}$上过两点$(1,5)$和$(8,8.5)$的割线方程,在同一显示区域中作出割线图形.

(3)找出区间(1,8)中的一点x_0,使得$f(8)-f(1)=f'(x_0)(8-1)$成立,然后求出曲线在点$(x_0,f(x_0))$处的切线,在同一显示区域中作出切线的图形,观察此切线与(2)中所作割线的位置关系.

定义函数,输入:________________

输出:________________

作图,输入:________________

输出:________________

割线方程:________________

作图$y[x]$和割线图,输入:________________

输出:________________

求导数,输入:________________

输出:________________

找x_0点,输入:________________

输出:________________

x_0点切线方程:________________

作图$y[x]$和切线图,输入:________________

输出:________________

参考答案4-2

单元实训

复习提高

4.1 单项选择题:

(1)下列极限中能用罗必达法则计算的有( ).

A. $\lim\limits_{x\to+\infty}\dfrac{\sqrt{x+1}}{\sqrt{x+3}}$　　B. $\lim\limits_{x\to\infty}\dfrac{\sin x}{x}$

C. $\lim\limits_{x\to\infty}\dfrac{1}{x}$　　D. $\lim\limits_{x\to\infty}\dfrac{\sin x}{x}$

(2)函数$y=x^3+12x+1$在定义域内( ).

A.单调增加　　B.单调减少

C.不增不减　　D.有增有减

(3)设函数$y=f(x)$在区间$[a,b]$上满足$f'(x)<0,f''(x)>0$,则曲线$y=f(x)$在$[a,b]$上为( ).

A.上升的凹弧　B.上升的凸弧　C.下降的凹弧　D.下降的凸弧

(4)函数$y=f(x)$在点$x=x_0$处取得极大值,则必有( ).

A. $f'(x_0)=0$　　B. $f''(x_0)<0$

C. $f'(x_0)=0$且$f''(x_0)<0$　　D. $f'(x_0)=0$或不存在

4.2 填空题:

(1)函数$y=x+\dfrac{4}{x}$的单调增加区间是________,单调减少区间是________.

(2)函数 $y=\frac{1}{9}x^3-\frac{1}{3}x^2-x$ 在点________处取得极大值，在点________处取得极小值.

(3)设某商品的需求函数为 $Q=3-2P$，则需求弹性函数为________.

4.3　求下列极限：

(1) $\lim\limits_{x \to a}\frac{\sin x - \sin a}{x - a}$　　(2) $\lim\limits_{x \to 0^+}\frac{\ln x}{\ln \sin x}$

(3) $\lim\limits_{x \to +\infty}\frac{\ln(\ln x)}{x}$　　(4) $\lim\limits_{x \to 1}\left(\frac{1}{x-1}-\frac{2}{x^2-1}\right)$

(5) $\lim\limits_{x \to 0}\arcsin x \cdot \cot x$　　(6) $\lim\limits_{x \to 0}(e^x+x)^{\frac{1}{x}}$

4.4　讨论下列函数的单调性、极值以及相应曲线的凹凸性与拐点：

(1) $y=x^3-x^2-x+1$　　(2) $y=2+\frac{1-2x}{x^2}$

4.5　试问 a 为何值时，函数 $f(x)=a\sin x+\frac{1}{3}\sin 3x$ 在 $x=\frac{\pi}{3}$ 处取得极值？并判定它是极大值还是极小值，求出该极值.

4.6　已知某厂生产某商品的固定成本为100元，可变成本函数为 $\frac{1}{4}Q^2$，求：

(1)当 $Q=10$ 时的总成本、平均成本、边际成本.

(2)当产量 Q 为多少时，平均成本最小？

4.7　某房地产中介公司有50套商品房可供出租.当租金定为每套180元/月时，房屋可全部租出；租金每增加10元，就有一套房屋租不出去，而租出去的房屋每月要花费20元的整修维护费.试问房租定为多少时该中介公司可获得最大利润？

4.8　某厂生产某产品 x 单位的费用为 $C(x)=5x+200$（元），得到的收益为 $R(x)=10x-0.01x^2$（元），问生产水平为多少时利润最大？

4.9　某商品的需求函数为 $Q=150-2P^2$.求：

(1)当 $P=6$ 时的边际需求.

(2)当 $P=6$ 时的需求弹性.

(3)当 $P=6$ 时，若价格下降2%，那么总收益将变化百分之几？是增加还是减少？

参考答案4-3

复习提高

亲量圭尺，躬察仪漏，目尽毫厘，心穷筹策.

——祖冲之

第5章
不定积分

学习目标

知识目标： 了解不定积分和原函数的概念.

技能目标： 掌握求不定积分的常用方法，并能利用Mathematica软件求不定积分；能用不定积分解决经济活动中的总函数问题.

素养目标： 培养学生理论联系实际的意识，引导学生运用数学思维化繁为简，解决问题.

知识导图5-1

第5章

5.1 不定积分的概念

在第3章中,我们讨论了如何求一个已知函数的导数,而如何根据函数的导数求出原来的函数,这正是本章要讨论的问题——求不定积分.

5.1.1 原函数的概念

在现实生活中,往往会有这样的问题:已知一个函数的导数,而要求这个函数的本身.例如,社会学家已知人口的增长率而希望利用这一信息来预测今后的人口水平;物理学家已知一个物体的运动速度而希望计算它的路程;经济学家则希望从已知的通货膨胀率来估计今后的物价水平;等等.

上述这些问题,从数学上讲,就是已知$f'(x)$,求$f(x)$.

定义 5-1 设函数$f(x)$是定义在某区间内的已知函数,若存在可微函数$F(x)$,使得对于该区间内每一点x都有:

$F'(x)=f(x)$或$dF(x)=f(x)dx$

则称$F(x)$是函数$f(x)$在该区间内的一个**原函数**.

如果函数$f(x)$在某区间内连续,那么它的原函数一定存在.

例如,在区间$(-\infty,+\infty)$内,x^2的导数是$2x$,所以,x^2是$2x$的一个原函数;$(\sin 3x)'=3\cos 3x$,所以,$\sin 3x$是$3\cos 3x$的一个原函数等等.

我们知道,$(\sin x)'=\cos x$,$\sin x$是$\cos x$的一个原函数,又因为:

$(\sin x+1)'=\cos x$,$(\sin x-3)'=\cos x$,$(\sin x+C)'=\cos x$

因此函数$\sin x+1$,$\sin x-3$,$\sin x+C$(C是任意常数)等都是$\cos x$的原函数,一般有以下的结论:

如果$F(x)$是函数$f(x)$的原函数,即$F'(x)=f(x)$,那么函数族$\{F(x)+C\}$(C是任意常数)中的任何一个函数也一定是函数$f(x)$的原函数.

由此可知,如果函数$f(x)$有原函数,那么原函数有无穷多个.而这些原函数中的任意两个只相差一个常数,因此函数族$F(x)+C$包含了$f(x)$的所有原函数.换句话说,假如找到了$f(x)$的一个原函数,那么就找到了原函数的全体(函数族),即$f(x)$的任意一个原函数+任意常数.

例如,$\sin x+C$是函数$\cos x$的原函数的全体.

5.1.2 不定积分的定义

定义 5-2 若函数$F(x)$是函数$f(x)$的一个原函数,则称$f(x)$的原函数全体$F(x)+C$(C为任意常数)为函数$f(x)$的**不定积分**,记作$\int f(x)dx$,即:

$$\int f(x)dx=F(x)+C$$

式中:$\int$称为积分号,$f(x)$称为**被积函数**,$f(x)dx$称为**被积表达式**,x称为**积分变量**,C称为**积分常数**.

由不定积分的定义可知：$\int \cos x\mathrm{d}x = \sin x + C$.

【例5-1】求不定积分$\int x^2\mathrm{d}x$.

解：因为$\left(\frac{x^3}{3}\right)'=x^2$，所以$\frac{x^3}{3}$是$x^2$的一个原函数，因此$\int x^2\mathrm{d}x = \frac{x^3}{3} + C$.

【例5-2】求不定积分$\int \frac{1}{1+x^2}\mathrm{d}x$.

解：因为$(\arctan x)'=\frac{1}{1+x^2}$，所以$\arctan x$是$x^2$的一个原函数，因此：

$$\int \frac{1}{1+x^2}\mathrm{d}x=\arctan x + C$$

【例5-3】求不定积分$\int \frac{1}{x}\mathrm{d}x$.

解：因为当$x>0$时，$(\ln x)'=\frac{1}{x}$，所以$\frac{1}{x}$是$\ln x$的一个原函数，$\int \frac{1}{x}\mathrm{d}x=\ln x + C$；当$x<0$时，$[\ln(-x)]'=\frac{-1}{-x}=\frac{1}{x}$，所以$\frac{1}{x}$是$\ln(-x)$的一个原函数，$\int \frac{1}{x}\mathrm{d}x=\ln(-x) + C$；将上述两式合并即得：

$$\int \frac{1}{x}\mathrm{d}x=\ln|x| + C$$

从不定积分的定义，我们可以得到下述关系：

$$\frac{\mathrm{d}}{\mathrm{d}x}\left[\int f(x)\mathrm{d}x\right] = f(x),\ \mathrm{d}\left[\int f(x)\mathrm{d}x\right] = f(x)\mathrm{d}x$$

$$\int f'(x)\mathrm{d}x = f(x) + C,\ \int \mathrm{d}f(x) = f(x) + C$$

由此可见，如果不计任意常数，求导数与求不定积分互为逆运算.

5.2　基本积分公式

由导数的基本公式可以得到相应的基本积分公式如下：

(1) $\int k\mathrm{d}x = kx + C$　（k是常数）

(2) $\int x^\mu\mathrm{d}x=\frac{1}{\mu+1}x^{\mu+1} + C$　（$\mu\neq-1$）

(3) $\int \frac{1}{x}\mathrm{d}x=\ln|x| + C$

(4) $\int \mathrm{e}^x\mathrm{d}x=\mathrm{e}^x + C$

(5) $\int a^x\mathrm{d}x=\frac{a^x}{\ln a} + C$

(6) $\int \sin x\mathrm{d}x=-\cos x + C$

(7) $\int \cos x\mathrm{d}x=\sin x + C$

(8) $\int \frac{1}{\cos^2 x}\mathrm{d}x=\int \sec^2 x\mathrm{d}x=\tan x + C$

(9) $\int \frac{1}{\sin^2 x}\mathrm{d}x=\int \csc^2 x\mathrm{d}x=-\cot x + C$

(10) $\int \sec x\tan x\mathrm{d}x=\sec x + C$

(11) $\int \csc x\cot x\mathrm{d}x=-\csc x + C$

(12) $\int \frac{1}{1+x^2}\mathrm{d}x=\arctan x + C$

(13) $\int \frac{1}{\sqrt{1-x^2}}\mathrm{d}x=\arcsin x + C$

5.3 不定积分的性质

性质1 $\int kf(x)\mathrm{d}x = k\int f(x)\mathrm{d}x$ （k为不等于零的常数）

性质2 $\int[f(x) \pm g(x)]\mathrm{d}x=\int f(x)\mathrm{d}x \pm \int g(x)\mathrm{d}x$

由性质1、2可得推论：

$$\int[k_1 f_1(x) + k_2 f_2(x) + \cdots + k_n f_n(x)]\mathrm{d}x=k_1\int f_1(x)\mathrm{d}x + k_2\int f_2(x)\mathrm{d}x + \cdots + k_n\int f_n(x)\mathrm{d}x$$

利用基本积分公式所能计算的不定积分是非常有限的，因此有必要进一步研究不定积分的计算方法．一般通过对被积函数进行恒等变形将其分解为简单函数或基本积分公式中已有的形式，然后利用性质和公式求积分，我们称这种积分方法为直接积分法．

【例5-4】 求下列不定积分：

(1)$\int 4x^3\mathrm{d}x$；(2)$\int 1\mathrm{d}x$；(3)$\int \frac{1}{x\cdot\sqrt[3]{x}}$]$\mathrm{d}x$.

解：(1)$\int 4x^3\mathrm{d}x=4\cdot\frac{1}{3+1}x^{3+1} + C=x^4 + C$.

(2)被积函数1视作x^0，因此$\int 1\mathrm{d}x=x + C$.

(3)先将被积函数化为幂函数形式$\frac{1}{x\cdot\sqrt[3]{x}}=x^{-\frac{4}{3}}$，所以：

$$\int\frac{1}{x\cdot\sqrt[3]{x}}\mathrm{d}x=\int x^{-\frac{4}{3}}\mathrm{d}x=\frac{1}{-\frac{4}{3}+1}x^{-\frac{4}{3}+1} + C=-3x^{-\frac{1}{3}} + C.$$

【例5-5】 求不定积分$\int\left(\sqrt{x} + 2\mathrm{e}^x - \cos x + \frac{5}{1+x^2}\right)\mathrm{d}x$.

解：直接利用不定积分的运算性质和基本公式，可得：

$$\int\left(\sqrt{x} + 2\mathrm{e}^x - \cos x + \frac{5}{1+x^2}\right)\mathrm{d}x=\int x^{\frac{1}{2}}\mathrm{d}x + 2\int e^x\mathrm{d}x-\int\cos x\mathrm{d}x + 5\int\frac{1}{1+x^2}\mathrm{d}x$$

$$=\frac{2}{3}x^{\frac{3}{2}} + 2\mathrm{e}^x-\sin x + 5\arctan x + \mathrm{C}$$

【例5-6】 求不定积分$\int 3x\mathrm{e}^x\mathrm{d}x$.

解：因为$3^x\mathrm{e}^x=(3\mathrm{e})^x$，所以把3e看作$a$并利用第5项基本积分公式，可以得到：

$$\int 3x\mathrm{e}^x\mathrm{d}x=\int(3e)^x\mathrm{d}x=\frac{(3e)^x}{\ln(3\mathrm{e})} + \mathrm{C}=\frac{3^x\mathrm{e}^x}{1+\ln 3} + C$$

【例5-7】 求不定积分$\int\frac{x^4}{1+x^2}\mathrm{d}x$.

解：这个被积函数是基本积分公式中没有的函数类型，但是可以先通过被积函数的变形，将它化为基本积分公式中所列的形式，然后再逐项积分：

$$\int\frac{x^4}{1+x^2}\mathrm{d}x=\int\frac{x^4-1+1}{1+x^2}\mathrm{d}x=\int\frac{(x^2-1)(x^2+1)+1}{1+x^2}\mathrm{d}x$$

$$=\int\left(x^2-1+\frac{1}{1+x^2}\right)dx=\int x^2dx-\int dx+\int\frac{1}{1+x^2}dx$$

$$=\frac{1}{3}x^3-x+\arctan x+C$$

【例 5-8】求不定积分 $\int \tan^2 x dx$.

解：$\int \tan^2 x dx=\int(\sec^2 x-1)dx=\int \sec^2 x dx-\int dx=\tan x-x+C$

【例 5-9】求不定积分 $\int \sin^2\frac{x}{2}dx$.

解：$\int \sin^2\frac{x}{2}dx=\int\frac{1-\cos x}{2}dx=\frac{1}{2}\left(\int dx-\int\cos x dx\right)=\frac{1}{2}(x-\sin x)+C$

【例 5-10】求不定积分 $\int\frac{\cos 2x}{\sin x+\cos x}dx$.

解：$\int\frac{\cos 2x}{\sin x+\cos x}dx=\int\frac{\cos^2 x-\sin^2 x}{\sin x+\cos x}dx=\int(\cos x-\sin x)dx$

$$=\int\cos x dx-\int\sin x dx=\sin x+\cos x+C$$

注意：(1)在分项积分后，每个不定积分的结果都含有任意常数，但由于任意常数之和仍是任意常数，因此只要写出一个任意常数即可.

(2)检验不定积分运算结果是否正确，只要把结果求导，看它的导数是否等于被积函数，相等时结果正确，否则结果就是错误的.

5.4 换元积分法

利用基本积分公式与不定积分的性质进行的直接积分法，我们所能计算的不定积分是非常有限的，因此有必要进一步来研究不定积分的求法.我们把复合函数的求导法则反过来用于求不定积分，而得到的一种基本的积分法，称为**换元积分法**(简称换元法).利用这种方法，可以把某些不定积分化为基本积分公式中所列的函数积分.

1）第一类换元法——凑微分法

由一阶微分的形式不变性可知，无论 u 是自变量还是中间变量，总有：

$$dF(u)=F'(u)du$$

于是，若 $\int f(x)dx=F(x)+C$，则无论 u 是自变量还是中间变量，也总有：

$$\int f(u)du=F(u)+C$$

将基本积分公式中的自变量 x 换成中间变量 u(设 $u=\varphi(x)$ 有连续导数)，公式仍然成立.例如：

$$\int\cos x dx=\sin x+C\Rightarrow\int\cos u du=\sin u+C$$

若设 $u=3x$，$u=\sin x$，$u=e^x$，同样下列各式成立：

$$\int\cos(3x)d(3x)=\sin(3x)+C$$

$$\int\cos(\sin x)d(\sin x)=\sin(\sin x)+C$$

$\int\cos(e^x)d(e^x)=\sin(e^x)+C$

这里要注意：$\int\cos(3x)dx\neq\sin(3x)+C$

由于$(\sin 3x+C)'=3\cos 3x$，所以：

$$\int\cos(3x)dx=\int\cos(3x)\cdot\frac{1}{3}\cdot d(3x)$$

$$\xlongequal{3x=u}\frac{1}{3}\int\cos u du=\frac{1}{3}\sin u+C=\frac{1}{3}\sin 3x+C$$

一般有下面的定理：

定理5-1 设$\int f(u)du=F(u)+C, u=\varphi(x)$，且$u=\varphi(x)$有连续导函数，则：

$$\int f[\varphi(x)]\varphi'(x)dx=F[\varphi(x)]+C \tag{5.1}$$

事实上：

$$\int f[\varphi(x)]\varphi'(x)dx\xlongequal{凑微分}\int f[\varphi(x)]d\varphi(x)\xlongequal{代换\varphi(x)=u}\int f(u)du$$

$$=F(u)+C\xlongequal{还原}F[\varphi(x)]+C$$

当我们要求某个不定积分$\int g(x)dx$而又不能直接用基本积分公式时，如果被积函数$g(x)$可以写成$f[\varphi(x)]\varphi'(x)$的形式，而$\int f(u)du$又比较容易求出，那么，我们就可以应用公式(5.1)求得$\int g(x)dx$，即：

$$\int g(x)dx=\int f[\varphi(x)]\varphi'(x)dx=\int f(u)du=F(u)+C=F[\varphi(x)]+C$$

第一类换元法的关键在于将被积表达式$g(x)dx$凑成易积的$f[\varphi(x)]d\varphi(x)$形式，所以第一类换元法也称为**凑微分法**.

【例5-11】 求不定积分$\int(1+2x)^{10}dx$.

解：被积函数$(1+2x)^{10}$是u^{10}与$u=1+2x$的复合函数，并且$u'=(1+2x)'=2$，于是有：

$$\int(1+2x)^{10}dx=\int\frac{1}{2}(1+2x)^{10}\cdot(1+2x)'dx=\frac{1}{2}\int u^{10}du$$

$$=\frac{1}{2}\cdot\frac{1}{11}u^{11}+C=\frac{1}{22}(1+2x)^{11}+C$$

【例5-12】 求不定积分$\int\frac{2}{3+2x}dx$.

解：被积函数$\frac{2}{3+2x}$是$\frac{2}{u}$与$u=3+2x$的复合函数，并且$u'=(3+2x)'=2$，于是有：

$$\int\frac{2}{3+2x}dx=\int\frac{2}{3+2x}\cdot\frac{1}{2}\cdot(3+2x)'dx=\int\frac{1}{u}du$$

$$=\ln|u|+C=\ln|3+2x|+C$$

当计算熟练后，解题过程中可以不必写出中间变量u.

【例5-13】 求不定积分$\int x\sqrt{x^2-3}\,dx$.

解：$\int x\sqrt{x^2-3}\,dx=\int\sqrt{x^2-3}\cdot\frac{1}{2}d(x^2)=\frac{1}{2}\int\sqrt{x^2-3}\,d(x^2-3)$

$$=\frac{1}{2}\cdot\frac{1}{\frac{1}{2}+1}(x^2-3)^{\frac{1}{2}+1}+C=\frac{1}{3}(x^2-3)^{\frac{3}{2}}+C$$

这里，$x\mathrm{d}x\Rightarrow\frac{1}{2}\mathrm{d}(x^2)\Rightarrow\frac{1}{2}\mathrm{d}(x^2-3)$.

从上述例题可以看出，对于形如$\int f(ax+b)\mathrm{d}x(a\neq 0)$的积分，可进行如下的凑微分步骤：

$$\int f(ax+b)\mathrm{d}x=\int\frac{1}{a}f(ax+b)\cdot(ax+b)'\mathrm{d}x=\frac{1}{a}\int f(ax+b)\mathrm{d}(ax+b)$$

【例5-14】 求不定积分$\int xe^{x^2}\mathrm{d}x$.

解：$\int xe^{x^2}\mathrm{d}x=\frac{1}{2}\int e^{x^2}\cdot 2x\mathrm{d}x=\frac{1}{2}\int e^{x^2}\mathrm{d}(x^2)=\frac{1}{2}e^{x^2}+C$

这里，$x\mathrm{d}x\Rightarrow\frac{1}{2}\mathrm{d}(x^2)$.

【例5-15】 求不定积分$\int\frac{1}{x^2}\sin\frac{1}{x}\mathrm{d}x$.

解：$\int\frac{1}{x^2}\sin\frac{1}{x}\mathrm{d}x=\int\sin\frac{1}{x}\mathrm{d}\left(-\frac{1}{x}\right)=-\int\sin\frac{1}{x}\mathrm{d}\left(\frac{1}{x}\right)=\cos\frac{1}{x}+C$

这里，$\frac{dx}{x^2}\Rightarrow-\mathrm{d}(\frac{1}{x})$.

【例5-16】 求不定积分$\int\tan x\mathrm{d}x$.

解：$\int\tan x\mathrm{d}x=\int\frac{\sin x}{\cos x}\mathrm{d}x=-\int\frac{1}{\cos x}\mathrm{d}(\cos x)=-\ln|\cos x|+C$

这里，$\sin x\mathrm{d}x\Rightarrow-\mathrm{d}(\cos x)$.

【例5-17】 求不定积分$\int\frac{1}{a^2+x^2}\mathrm{d}x$.

解：$\int\frac{1}{a^2+x^2}\mathrm{d}x=\int\frac{1}{a^2\left[1+\left(\frac{x}{a}\right)^2\right]}\mathrm{d}x=\frac{1}{a}\int\frac{1}{1+\left(\frac{x}{a}\right)^2}\mathrm{d}\left(\frac{x}{a}\right)=\frac{1}{a}\arctan\frac{x}{a}+C$

【例5-18】 求不定积分$\int\frac{1}{x^2-a^2}\mathrm{d}x$.

解：$\int\frac{1}{x^2-a^2}\mathrm{d}x=\int\frac{1}{(x-a)(x+a)}\mathrm{d}x=\frac{1}{2a}\int\frac{(x+a)-(x-a)}{(x-a)(x+a)}\mathrm{d}x$

$$=\frac{1}{2a}\int\left(\frac{1}{x-a}-\frac{1}{x+a}\right)\mathrm{d}x$$

$$=\frac{1}{2a}\left[\int\int\frac{1}{x-a}\mathrm{d}(x-a)-\int\frac{1}{x+a}\mathrm{d}(x+a)\right]$$

$$=\frac{1}{2a}\ln\left|\frac{x-a}{x+a}\right|+\mathrm{C}$$

【例5-19】 求不定积分$\int\sec x\mathrm{d}x$.

解：$\int\sec x\mathrm{d}x=\int\frac{1}{\cos x}\mathrm{d}x=\int\frac{\cos x}{\cos^2 x}\mathrm{d}x=\int\frac{1}{\cos^2 x}\mathrm{dsin}\,x$

$$=-\int\frac{1}{\sin^2x-1}\mathrm{d}\sin x$$（这里，利用【例 5-18】的结论）

$$=-\frac{1}{2}\ln\left|\frac{\sin x-1}{\sin x+1}\right|+C=\frac{1}{2}\ln\left|\frac{\sin x+1}{\sin x-1}\right|+C$$

$$=\ln|\sec x+\tan x|+C$$

同样可得：$\int\csc x\mathrm{d}x=\ln|\csc x-\cot x|+C$

2）第二类换元法

有时候，不定积分 $\int f(x)\mathrm{d}x$ 不容易计算，但在选择适当的变量代换 $x=\psi(t)$ 后，将不定积分 $\int f(x)\mathrm{d}x$ 化为 $\int f[\psi(t)]\psi'(t)\mathrm{d}t$ 后，后者的不定积分却是容易求出的，这时我们就可以考虑使用这种形式的换元法．请看下面的例题．

【例 5-20】 求不定积分 $\int\frac{1}{1+\sqrt{x}}\mathrm{d}x$.

解：令 $\sqrt{x}=t, x=t^2, \mathrm{d}x=2t\mathrm{d}t$，于是：

$$\int\frac{1}{1+\sqrt{x}}\mathrm{d}x=\int\frac{1}{1+t}\cdot2t\mathrm{d}t=2\int\left(1-\frac{1}{1+t}\right)\mathrm{d}t=2t-2\ln|1+t|+C$$

将 $t=\sqrt{x}$ 回代得：

$$\int\frac{1}{1+\sqrt{x}}\mathrm{d}x=2\sqrt{x}-2\ln\left|1+\sqrt{x}\right|+C$$

一般有下面的定理：

定理 5-2 设函数 $x=\psi(t)$ 单调并有连续导数，且 $\psi'(t)\neq0$，如果：

$$\int f[\psi(t)]\psi'(t)\mathrm{d}t=\Psi(t)+C$$

则 $\int f(x)\mathrm{d}x=\Psi[\psi^{-1}(x)]+C$

其中，$\psi^{-1}(x)$ 是 $x=\psi(t)$ 的**反函数**．

这种方法称为**第二类换元法**，而选择合适的函数 $x=\psi(t)$ 是第二类换元法的关键．

【例 5-21】 求不定积分 $\int\frac{x}{\sqrt{x-3}}\mathrm{d}x$.

解：令 $t=\sqrt{x-3}$，则 $x=t^2+3, \mathrm{d}x=2t\mathrm{d}t$，于是有

$$\int\frac{x}{\sqrt{x-3}}\mathrm{d}x=\int\frac{t^2+3}{t}\cdot2t\mathrm{d}t=2\int(t^2+3)\mathrm{d}t=2\left(\frac{1}{3}t^3+3t\right)+C=\frac{2}{3}t^3+6t+C$$

将 $t=\sqrt{x-3}$ 回代，整理得到：

$$\int\frac{x}{\sqrt{x-3}}\mathrm{d}x=\frac{2}{3}(x+6)(x-3)^{\frac{1}{2}}+C$$

【例 5-22】 求不定积分 $\int\frac{1}{\sqrt{a^2-x^2}}\mathrm{d}x(a>0)$.

解：令 $x=a\sin t, t\in\left[-\frac{\pi}{2},\frac{\pi}{2}\right], \mathrm{d}x=a\cos t\mathrm{d}t, \sqrt{a^2-x^2}=a\cos t$，于是：

$$\int\frac{1}{\sqrt{a^2-x^2}}dx=\int\frac{a\cos t}{a\cos t}dt=\int dt=t+C=\arcsin\frac{x}{a}+C$$

【例 5-23】求不定积分$\int\frac{1}{\sqrt{a^2+x^2}}dx(a>0)$.

解：可以利用三角公式 $1+\tan^2x=\sec^2x$ 来化去根式．令 $x=a\tan t,t\in\left(-\frac{\pi}{2},\frac{\pi}{2}\right)$, $dx=a\sec^2t dt$, $\sqrt{a^2+x^2}=a\sec t$,则：

$$\int\frac{1}{\sqrt{a^2+x^2}}dx=\int\frac{a\sec^2t dt}{a\sec t}=\int\sec t dt$$（利用【例 5-19】的结论）

$$=\ln|\sec t+\tan t|+C_1=\ln\left|\frac{\sqrt{x^2+a^2}}{a}+\frac{x}{a}\right|+C_1$$

$$=\ln\left|\sqrt{x^2+a^2}+x\right|+C$$

其中,$C=C_1-\ln a$ 仍是任意常数．而将变量 t 换回到 x,可借助图 5-1 中的直角三角形,$\sec t=\frac{\sqrt{x^2+a^2}}{a}$, $\tan t=\frac{x}{a}$.

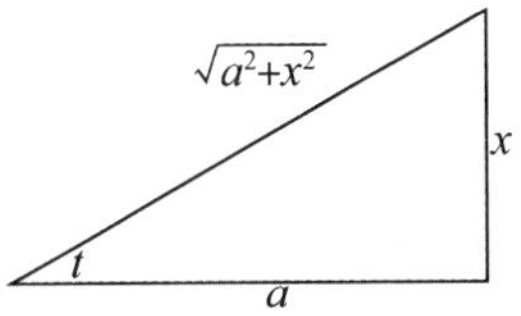

图 5-1

【例 5-24】求不定积分$\int\frac{1}{\sqrt{x^2-a^2}}dx(a>0)$.

解：本题利用三角公式 $\tan^2x=\sec^2x-1$ 来化去根式．令 $x=a\sec t,t\in\left(0,\frac{\pi}{2}\right)$, $dx=a\sec t\cdot\tan t dt$, $\sqrt{x^2-a^2}=a\tan t$（如图 5-2 所示）,则：

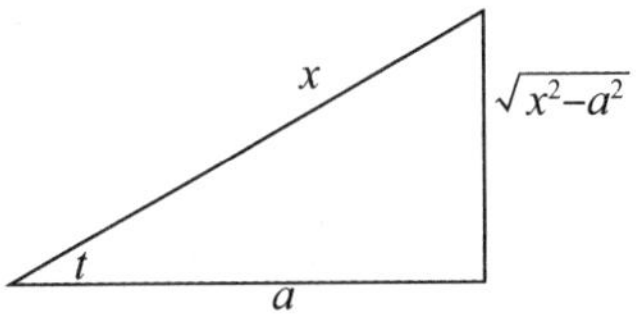

图 5-2

$$\int\frac{1}{\sqrt{x^2-a^2}}dx=\int\frac{a\sec t\cdot\tan t}{a\tan t}dt=\int\sec t dt$$

$$=\ln|\sec t+\tan t|+C_1$$

$$=\ln\left|\frac{x}{a}+\frac{\sqrt{x^2-a^2}}{a}\right|+C_1$$

$$=\ln\left|x+\sqrt{x^2-a^2}\right|+C$$

其中,$C=C_1-\ln a$.

一般地,当被积函数含有二次根式$\sqrt{a^2-x^2}$和$\sqrt{x^2\pm a^2}$时,可利用三角函数恒等式进行换元,以消除被积函数中的根号,从而使被积表达式简化．

5.5 分部积分法

利用前面所学的方法,我们可以求出大量的不定积分,但对于某些类型的不定积分,仅用前面的方法是不够的．例如,我们考察积分$\int xe^x dx$,利用前面学的方法不能积分．但我们知道$\int xe^x dx=\int x(e^x)'dx=\int x de^x$. 而由微分公式可知：

$\because d(xe^x) = xde^x + e^x dx$

即 $xde^x = \mathrm{d}(xe^x) - e^x\mathrm{d}x$

$\therefore \int xe^x\mathrm{d}x = \int \mathrm{d}(xe^x) - \int e^x\mathrm{d}x = xe^x - e^x + C$

一般地,我们有下面的定理:

定理5-3 设函数 $u = u(x)$, $v = v(x)$ 具有连续导数, 则:

$$\int u\mathrm{d}v = uv - \int v\mathrm{d}u$$

这就是不定积分的**分部积分公式**.

如果求不定积分 $\int u\mathrm{d}v$ 有困难,而求 $\int v\mathrm{d}u$ 比较容易,那么利用分部积分公式可以化难为易.

【例5-25】求不定积分 $\int \ln x\mathrm{d}x$.

解:用分部积分法的第一步是选择适当的 u 和 $\mathrm{d}v$. 设 $u=\ln x$, $\mathrm{d}v=\mathrm{d}x$,那么 $\mathrm{d}u=\frac{1}{x}\mathrm{d}x$, $v=x$,由分部积分公式得:

$$\int \ln x\mathrm{d}x = x\ln x - \int x\mathrm{d}\ln x = x\ln x - \int \mathrm{d}x = x\ln x - x + C$$

【例5-26】求不定积分 $\int x\cos x\mathrm{d}x$.

解:设 $u=x$, $\mathrm{d}v=\cos x\mathrm{d}x=\mathrm{d}\sin x$,那么 $\mathrm{d}u=\mathrm{d}x$, $v=\sin x$,由分部积分公式,得到:

$$\int x\cos x\mathrm{d}x = \int x\mathrm{d}\sin x = x\sin x - \int \sin x\mathrm{d}x$$

其中,$\int v\mathrm{d}u = \int \sin x\mathrm{d}x$ 很容易求出,于是得到:

$$\int x\cos x\mathrm{d}x = x\sin x + \cos x + C$$

注意:在本例中如果设 $u=\cos x$, $\mathrm{d}v=x\mathrm{d}x$,即 $v=\frac{x^2}{2}$,代入分部积分公式可得:

$$\int x\cos x\mathrm{d}x = \int \cos x\mathrm{d}\left(\frac{x^2}{2}\right) = \frac{x^2}{2}\cos x - \int \frac{x^2}{2}\mathrm{d}\cos x = \frac{x^2}{2}\cos x + \int \frac{x^2}{2}\sin x\mathrm{d}x$$

这样得到的 $\int v\mathrm{d}u = -\int \frac{x^2}{2}\sin x\mathrm{d}x$ 比原来的积分 $\int x\cos x\mathrm{d}x$ 反而更难积,化易为难了.因此用分部积分公式时,如何选取 u, v 很重要,一般应考虑:v 易求;$\int v\mathrm{d}u$ 易积.

【例5-27】求不定积分 $\int x\arctan x\mathrm{d}x$.

解:设 $u=\arctan x$, $\mathrm{d}v=x\mathrm{d}x=\mathrm{d}\left(\frac{1}{2}x^2\right)$,即 $v=\frac{1}{2}x^2$,由分部积分公式得:

$$\begin{aligned}\int x\arctan x\mathrm{d}x &= \int \arctan x\mathrm{d}\left(\frac{1}{2}x^2\right) = \frac{1}{2}x^2\arctan x - \int \frac{1}{2}x^2\mathrm{d}\arctan x \\ &= \frac{1}{2}x^2\arctan x - \frac{1}{2}\int \frac{x^2}{1+x^2}\mathrm{d}x = \frac{1}{2}x^2\arctan x - \frac{1}{2}\int \frac{1+x^2-1}{1+x^2}\mathrm{d}x \\ &= \frac{1}{2}x^2\arctan x - \frac{1}{2}\left(\int \mathrm{d}x - \int \frac{1}{1+x^2}\mathrm{d}x\right)\end{aligned}$$

$$=\frac{1}{2}x^2\arctan x-\frac{1}{2}x+\frac{1}{2}\arctan x+C$$

【例 5-28】求不定积分$\int x^2e^x dx$.

解：$\int x^2e^x dx=\int x^2de^x=x^2e^x-\int e^x d(x^2)=x^2ex-2\int xe^x dx$

$$=x^2e^x-2(xe^x-e^x)+C=x^2e^x-2xe^x+2e^x+C$$

这里，用了一次分部积分公式后，出现表达式$\int xe^x dx$，对此表达式再用一次分部积分公式，本题利用了本节引例的结论.

有时在求解不定积分的过程中，往往会出现两次或数次的分部积分，获得所求不定积分满足的一个方程，然后再把不定积分解出来.

下面将分部积分公式作一个推广.

若把$P(x)$的i阶导数记为$P^{(i)}(x)$，$f(x)$的一个常数项为零的原函数记为$F_1(x)$；$F_i(x)$的一个常数项为零的原函数记为$F_{i+1}(x)$（i=1，2，3，⋯），则有以下推广的分部积分公式：

$$\int P(x)f(x)dx=P(x)F_1(x)-P'(x)F_2(x)+P''(x)F_3(x)-P'''(x)F_4(x)+\cdots+(-1)^iP^{(i)}(x)F_{i+1}(x)+\cdots+C$$

【例 5-29】求不定积分$\int x^2\sin 3x dx$.

解：

$f(x)=\sin 3x$　　　　$P(x)=x^2$

+

$F_1(x)=-\frac{1}{3}\cos 3x$　　　　$P'(x)=2x$

−

$F_2(x)=-\frac{1}{9}\cos 3x$　　　　$P''(x)=2$

+

$F_3(x)=\frac{1}{27}\cos 3x$

所以$\int x^2\sin 3x dx=-\frac{1}{3}x^2\cos 3x+\frac{2}{9}x\sin 3x+\frac{2}{27}\cos 3x+C$

【例 5-30】求不定积分$\int e^x\cos x dx$.

解：$\int e^x\cos x dx=\int \cos x de^x=e^x\cos x+\int e^x\sin x dx$

$$=e^x\cos x+\int \sin x de^x=e^x\cos x+e^x\sin x-\int e^x\cos x dx$$

即得到等式：

$$\int e^x\cos x dx=e^x\cos x+e^x\sin x-\int e^x\cos x dx$$

解得：

$$\int e^x\cos x dx=\frac{1}{2}e^x(\sin x+\cos x)+C$$

注意：本题也可以将 $\cos x$ 先凑微分 $\mathrm{d}\sin x$，$\int e^x\cos x\mathrm{d}x=\int e^x\mathrm{d}\sin x$，但要注意两次分部积分中必须将相同类型的函数凑微分.

从上述几个例题可以看到，分部积分法常用于幂函数（多项式）与三角函数、反三角函数、对数函数及指数函数的乘积，或指数函数与三角函数的乘积.

在求不定积分时，需要将换元法与分部积分法结合起来运用.

【例5-31】 求不定积分 $\int e^{\sqrt{x}}\mathrm{d}x$.

解：如果直接用分部积分法，有 $\int e^{\sqrt{x}}\mathrm{d}x=xe^{\sqrt{x}}-\int xe^{\sqrt{x}}\cdot\frac{1}{2\sqrt{x}}\mathrm{d}x$，则会出现不易积分的函数形式.事实上，令 $\sqrt{x}=t$，$x=t^2$，$\mathrm{d}x=2t\mathrm{d}t$，于是：

$$\int e^{\sqrt{x}}\mathrm{d}x=\int e^t 2t\mathrm{d}t=2\int te^t\mathrm{d}t=2te^t-2e^t+C=2\sqrt{x}e^{\sqrt{x}}-2e^{\sqrt{x}}+C$$

本章讨论了求不定积分的几种基本方法.对其他类型的被积函数，还有不同的积分方法.为了方便应用，人们把常用的积分公式汇集成表，称为积分表.求积分时，我们可根据被积函数的类型，直接或经过简单的变形后，在积分表内查得所需要的结果.现在在计算机上，运用Mathematica或其他一些数学软件，我们可以很快地求出不定积分（参见“5.7　Mathematica软件介绍”）.

求不定积分，通常是指用初等函数来表示该不定积分.但是，有些函数的原函数不一定能用初等函数表示出来，我们习惯上把这种情况称为不定积分“积不出”.例如：$\int e^{-x^2}\mathrm{d}x$，$\int\frac{\sin x}{x}\mathrm{d}x$，$\int\sqrt{1-k^2\sin^2 x}\mathrm{d}x\ (0<|k|<1)$ 等.

5.6 经济上的应用举例

【例5-32】 据估计从现在起的 t 月内，某小镇的人口将按每月 $4+5t^{\frac{2}{3}}$ 的变化率变化，如果当时的人口数为10 000人，8个月后人口数为多少？

解：设从现在起的 t 月内人口数为 $P(t)$，且 $P(0)=10\,000$.由题意可知，$P'(t)=4+5t^{\frac{2}{3}}$，根据不定积分的定义得：

$$P(t)=\int(4+5t^{\frac{2}{3}})\mathrm{d}t=4t+3t^{\frac{5}{3}}+C$$

将 $P(0)=10\,000$ 代入，可得 $C=10\,000$，即：

$$P(t)=4t+3t^{\frac{5}{3}}+10\,000$$

所以8个月后该小镇的人口数为：

$$P(8)=4\times 8+3\times 8^{\frac{5}{3}}+10\,000=10\,128\text{（人）}$$

【例5-33】 某制造商生产某种产品，当生产水平为 Q 个单位时，产品的边际成本为 $6Q+1$.已知生产第一个单位产品的总成本是130元.问生产前10个单位的产品的总成本是多少？

解：已知边际成本 $C'(Q)=6Q+1$，且 $C(1)=130$. 由不定积分的定义得：

$C(Q)=\int(6Q+1)\mathrm{d}Q=3Q^2+Q+C$

将 $C(1)=130$ 代入并计算得 $C=126$，从而该产品的生产总成本函数为 $C(Q)=3Q^2+Q+126$，所以生产前10个单位产品的总成本为：

$C(10)=3\times10^2+10+126=436$（元）

【例5-34】某制造商生产某种产品，当生产水平为 Q 个单位时，边际收益为每单位产品 $100Q^{-\frac{1}{2}}$ 元，同时其边际成本为每单位产品 $0.4Q$ 元. 假定在生产水平为16个单位时，制造商的利润为920元，求当生产水平为25个单位时的利润。

解：已知边际收益 $R'(Q)=100Q^{-\frac{1}{2}}$，边际成本 $C'(Q)=0.4Q$，于是边际利润为：

$L'(Q)=R'(Q)-C'(Q)=100Q^{-\frac{1}{2}}-0.4Q$

根据不定积分的定义得：$L(Q)=\int(100Q^{-\frac{1}{2}}-0.4Q)\mathrm{d}Q=200Q^{\frac{1}{2}}-0.2Q^2+C$

将 $L(16)=920$ 代入上式计算得，$C=171.2$，即 $L(Q)=200Q^{\frac{1}{2}}-0.2Q^2+171.2$，所以当生产水平为25个单位时的利润为：

$L(25)=200\times25^{\frac{1}{2}}-0.2\times25^2+171.2=1\,046.2$（元）

【例5-35】某零售商购进一船大米，共10 000千克. 预计每月销售2 000千克，5个月售完. 如果仓储费为每月0.01元/千克，问该零售商5个月后将支付多少仓储费？

解：设 t 月后零售商应支付的仓储总成本为 $S(t)$. 由于该批大米每月销售2 000千克，则 t 月后存在仓库内的大米为 $10\,000-2\,000t$（千克）. 而仓储成本是每月0.01元/千克，因此仓储总成本关于时间的变化率为：

$\frac{\mathrm{d}S}{\mathrm{d}t}=0.01(10\,000-2\,000t)$

即 $\frac{\mathrm{d}S}{\mathrm{d}t}=100-20t$，所以有：

$S(t)=\int(100-20t)\mathrm{d}t=100t-10t^2+C$

由 $S(0)=0$ 可知，$C=0$，仓储总成本函数为：

$S(t)=100t-10t^2$

所以5个月后该零售商将支付的仓储费为：

$S(5)=100\times5-10\times5^2=250$（元）

5.7 Mathematica软件介绍

本节介绍在Mathematica软件中如何求不定积分.

命令格式：Integrate[**被积函数，积分变量**]

【例5-36】求不定积分 $\int\sin 2x\mathrm{d}x$.

解：计算机处理如下：

In[1]:=Integrate[Sin(2x), x]

Out[1]= $-\frac{1}{2}$Cos[2x]

即 $\int \sin 2x\mathrm{d}x=-\frac{\cos 2x}{2}+C$

计算不定积分时,也可以直接输入不定积分符号.

输入不定积分符号的方式一:对于英文版软件,点击菜单 File-Palettes 选择 BasicInput,然后选择不定积分符号.

输入不定积分符号的方式二:点击菜单"面板",选择"数学助手"并选择"高级"选项,然后选择不定积分符号.

计算机处理如下:

In[1]= $\int \mathrm{Sin}[2x]\,\mathrm{d}x$

Out[1]= $-\frac{1}{2}$Cos[2x]

【例 5-37】 求不定积分 $\int \frac{x^4}{1+x^2}\mathrm{d}x$.

解:计算机处理如下:

In[2]:=Integrate[x^4/(1+x^2), x]

Out[2]= $-x+\frac{x^3}{3}$+ArcTan[x]

即 $\int \frac{x^4}{1+x^2}\mathrm{d}x=\frac{1}{3}x^3-x+\arctan x+C$

或者直接输入不定积分符号进行运算,计算机处理如下:

In[2]= $\int \frac{x^4}{1+x^2}\mathrm{d}x$

Out[2]= $-x+\frac{x^3}{3}$ + ArcTan[x]

【例 5-38】 求不定积分 $\int \sqrt{4-x^2}\mathrm{d}x$.

解:计算机处理如下:

In[3]:=Integrate[Sqrt(4-x^2), x]

Out[3]= $\frac{1}{2}x\sqrt{4-x^2}$+2ArcSin[$\frac{x}{2}$]

即 $\int \sqrt{4-x^2}\mathrm{d}x=\frac{x\sqrt{4-x^2}}{2}+2\arcsin\frac{x}{2}+C$

或者直接输入不定积分符号进行运算,计算机处理如下:

In[3]= $\int \sqrt{4-x^2}\,\mathrm{d}x$

Out[3]= $\frac{1}{2}x\sqrt{4-x^2}$ + 2ArcSin[$\frac{x}{2}$]

【例 5-39】 求不定积分 $\int \mathrm{e}^x\sin x\mathrm{d}x$.

解:计算机处理如下:

In[4]:=Integrate[E^x*Sin[x],x]

Out[4]=$-\frac{1}{2}e^{x}$Cos[x]+$\frac{1}{2}e^{x}$Sin[x]

即$\int e^{x}\sin x dx=\frac{1}{2}e^{x}(\sin x-\cos x)+C$

或者直接输入不定积分符号进行运算,计算机处理如下:

In[4]=$\int E^{x}$*Sin[x]dx

Out[4]=$\frac{1}{2}e^{x}$(-Cos[x]+Sin[x])

【例5-40】 求不定积分$\int\frac{dx}{\sqrt{1-x-x^{2}}}$.

解:计算机处理如下:

In[5]:=Integrate[1/Sqrt[1-x-x^2],x]

Out[5]=-ArcSin$\left[\frac{-1-2x}{\sqrt{5}}\right]$

即$\int\frac{dx}{\sqrt{1-x-x^{2}}}=-\arcsin\frac{-1-2x}{\sqrt{5}}+C$

或者直接输入不定积分符号进行运算,计算机处理如下:

In[5]=$\int\frac{1}{\sqrt{1-x-x^{2}}}dx$

Out[5]=-ArcSin[$\frac{-1-2x}{\sqrt{5}}$]

素养提升5-1

本章求不定积分的分部积分公式是:

设函数$u=u(x)$,$v=v(x)$具有连续导数,则:$\int u dv=uv-\int v du$

实际上,不定积分公式就是将不易求的不定积分$\int u dv$,转化为容易求的不定积分$\int v du$,分部积分公式就是把问题化难为易.这种思维方式在日常生活和工作中很有用.在日常生活和工作中处理事情要遵循一定原则,遇到复杂的问题要会改变思路,不能走入死胡同,要开阔眼界,化繁为简,大事化小,提高解决问题的效率.

桥梁专家茅以升主持修建的我国第一座公路铁路现代化大桥——钱塘江大桥,是一个很好的例子.钱塘江是著名的险恶之江,水文地质条件极为复杂,江面时常呈现汹涌翻腾之势,钱塘江底的流沙厚达41米,在钱塘江上架桥,当时在国内外都被认为是一件十分困难的事情.

建桥遇到的最困难的工作是打桩.为了使桥基稳固,需要穿过41米厚的泥沙,在石层底面之上打入1 440根木桩,由于没有专门的打桩设备,只能人工打桩，打一根桥桩需要一天时间.茅以升打破了传统方法，采用抽江水在厚硬泥沙上冲出深洞再打桩的“射水法”，极大提高了打桩效率，做到了每天打30根桩，因而大大加快了工程进度.他后续采用的“沉箱法”“浮运法”等方法，也是桥梁工程中化繁为简的典范，解决了建桥中的一个个技术难题.

面对纷繁复杂的问题，要更换考虑的角度，以简驭繁，化繁为简，避免陷入漫无头绪的窘境.事实上，一旦人们拥有了化繁为简的智慧，就会进入一个意想不到的广阔世界，使得每个人都能梦想成真.

伟大的数学家 5-1

祖冲之：涉猎广域，博学多才

只要符合正确的问题导向，准确应用科学方法，就能够将问题简单化，从而顺利解决问题并获得成功.正确的问题导向，是党的二十大报告中提出的重要思想.

核心素养：守正创新　换位思考

思考：列举一个在生活和工作中遇到的可化繁为简的具体事例.

本章小结

● 不定积分与原函数

函数$f(x)$的不定积分是指函数$f(x)$的全体原函数，即$\int f(x)dx = F(x) + C$（C为任意常数），因此求不定积分的过程实际是找原函数的过程.

● 常用的求不定积分的方法

1.直接积分法

将被积函数通过适当的变形，转化为可直接利用基本积分公式和不定积分运算性质求不定积分的形式（通常对被积函数进行代数、三角恒等变形）.

2.第一类换元法（凑微分法）

若$f(x)$的原函数为$F(x)$，则：

$$\int f[\varphi(x)]\varphi'(x)\mathrm{d}x \xlongequal{\text{凑微分}} \int f[\varphi(x)]\mathrm{d}\varphi(x) \xlongequal{\text{代换}\varphi(x)=u} \int f(u)\mathrm{d}u$$

$$= F(u) + C \xlongequal{\text{还原}} F[\varphi(x)] + C$$

3.第二类换元法

如果$\int f[\psi(t)]\psi'(t)\mathrm{d}t = \Psi(t) + C$，则：

$$\int f(x)\mathrm{d}x \xlongequal{\text{凑微分}} \int f(x)\mathrm{d}x = \int f[\psi(t)]\psi'(t)\mathrm{d}t = \Psi(t) + C \xlongequal{\text{凑微分}} \Psi[\psi^{-1}(x)] + C$$

其中，$\Psi^{-1}(x)$是$x=\Psi(t)$的反函数.特别地，当被积函数中含有：

(1)$\sqrt{ax+b}$时，可令$t=\sqrt{ax+b}$；

(2)$\sqrt{a^2-x^2}$时，可令$x=a\sin t$；

(3)$\sqrt{x^2-a^2}$时，可令$x=a\sec t$；

(4)$\sqrt{a^2+x^2}$时，可令$x=a\tan t$.

4.分部积分法

分部积分法$\int u dv = uv - \int v du$的基本思想是把较难计算的不定积分$\int uv'\mathrm{d}x = \int u dv$转化

为另一相对容易的积分$\int vu'\mathrm{d}x=\int v\mathrm{d}u$.这里,关键是如何把被积函数凑成$\int uv'\mathrm{d}x$或$\int u\mathrm{d}v$的形式.选择$u$和$v'$的标准是:$v$要容易求出,而$\int vu'\mathrm{d}x$要比原不定积分$\int uv'\mathrm{d}x$容易计算.

一般地,当被积函数为多项式与指数函数、三角函数、反三角函数及对数函数的乘积,或指数函数与三角函数的乘积时,可采用分部积分法.

主要概念

原函数(p.120)　不定积分(p.120)

基本训练

● 知识题

5.1　不定积分的几何意义是什么?

5.2　计算下列积分,比较不同的解题方法:

(1)$\int \cos x\mathrm{d}x,\int \cos^2x\mathrm{d}x,\int \cos^3x\mathrm{d}x,\int \cos^4x\mathrm{d}x.$

(2)$\int \frac{1}{1+x^2}\mathrm{d}x,\int \frac{x}{1+x^2}\mathrm{d}x,\int \frac{x^2}{1+x^2}\mathrm{d}x,\int \frac{x^3}{1+x^2}\mathrm{d}x.$

● 技能题

5.1　填空:

(1)$(\qquad\qquad)'=0,\int 0\mathrm{d}x=(\qquad\qquad).$

(2)$(\qquad\qquad)'=\frac{1}{x^2},\int \frac{1}{x^2}\mathrm{d}x=(\qquad\qquad).$

(3)$\left(-\frac{1}{2}\cos 2x\right)'=(\qquad\qquad),\int(\qquad\qquad)\mathrm{d}x=-\frac{1}{2}\cos 2x+C.$

(4)$\left(\sqrt{1+x^2}\right)'=(\qquad\qquad),\int(\qquad\qquad)\mathrm{d}x=\sqrt{1+x^2}+C.$

5.2　验证下列各式:

(1)$\int \cos^2x\mathrm{d}x=\int \frac{1+\cos 2x}{2}\mathrm{d}x=\frac{1}{2}x+\frac{1}{4}\sin 2x+C.$

(2)$\int \sqrt{a^2-x^2}\mathrm{d}x=\frac{a^2}{2}\arcsin\frac{x}{a}+\frac{1}{2}x\sqrt{a^2-x^2}+C(a>0).$

5.3　设$f(x)$的一个原函数是$\ln\tan\frac{x}{2}$,求$f(x)$和$\int f(x)\mathrm{d}x$.

5.4　下列函数中,哪四个函数分别是另外四个函数相应的原函数:

$1+x^2$	$\arctan x$	$\ln(1+x^2)$	$2\mathrm{e}^{2x}$
$\frac{1}{1+x^2}$	$\frac{2x}{1+x^2}$	$2x$	e^{2x}

5.5　求下列不定积分:

(1)$\int(x^3-2x^2+3)\mathrm{d}x$　　(2)$\int 3x\cdot\sqrt[3]{x^2}\mathrm{d}x$

(3)$\int \frac{1}{2\sqrt{x}}\mathrm{d}x$　　(4)$\int\left(6x-\frac{4}{x}\right)\mathrm{d}x$

(5) $\int \frac{x-4}{\sqrt{x}+2}\mathrm{d}x$　　(6) $\int \frac{x^4}{1+x^2}\mathrm{d}x$

(7) $\int \sin^2\frac{x}{2}\mathrm{d}x$　　(8) $\int \sec x(\sec x-\tan x)\mathrm{d}x$

(9) $\int \frac{1+\cos^2 x}{1+\cos 2x}\mathrm{d}x$　　(10) $\int 2^{x-3}\mathrm{d}x$

5.6　求下列不定积分:

(1) $\int \cos(2x-3)\mathrm{d}x$　　(2) $\int \cot(4x-7)\mathrm{d}x$

(3) $\int \frac{1}{9+16x^2}\mathrm{d}x$　　(4) $\int x^2\sqrt{x^3+1}\,\mathrm{d}x$

(5) $\int \frac{4^{\ln x}}{x}\mathrm{d}x$　　(6) $\int \frac{e^{\arcsin x}}{\sqrt{1-x^2}}\mathrm{d}x$

(7) $\int \frac{1-x}{\sqrt{2x-x^2}}\mathrm{d}x$　　(8) $\int \frac{\sin 2x}{(1+\cos 2x)^2}\mathrm{d}x$

(9) $\int \cos^2(\omega t+\varphi)\mathrm{d}t$　　(10) $\int (\tan^2 x+\tan^4 x)\mathrm{d}x$

(11) $\int \frac{\cos x-\sin x}{\sin x+\cos x}\mathrm{d}x$　　(12) $\int \frac{\cos x-\sin x}{1+\sin 2x}\mathrm{d}x$

(13) $\int \frac{1}{x^2+6x+12}\mathrm{d}x$

5.7　求下列不定积分:

(1) $\int \frac{x}{\sqrt{x-3}}\mathrm{d}x$　　(2) $\int \frac{1}{1+\sqrt{5x+4}}\mathrm{d}x$

(3) $\int \frac{1}{\sqrt{x}+\sqrt[3]{x}}\mathrm{d}x$　　(4) $\int \frac{x^2}{\sqrt{4-x^2}}\mathrm{d}x$

(5) $\int \frac{1}{x^2\sqrt{1+x^2}}\mathrm{d}x$　　(6) $\int \frac{\sqrt{x^2-a^2}}{x}\mathrm{d}x$　$(a>0)$

5.8　求下列不定积分:

(1) $\int te^{-\frac{t}{2}}\mathrm{d}t$　　(2) $\int x\ln x\mathrm{d}x$

(3) $\int x\sin 2x\mathrm{d}x$　　(4) $\int \arctan x\mathrm{d}x$

(5) $\int x\sec^2 x\mathrm{d}x$　　(6) $\int \mathrm{e}^{-x}\cos x\mathrm{d}x$

5.9　求下列不定积分:

(1) $\int \sin\sqrt{x}\,\mathrm{d}x$　　(2) $\int \mathrm{e}^x\arctan \mathrm{e}^x\mathrm{d}x$

5.10　设曲线经过点(0,3),且曲线上任一点(x,y)处的切线斜率为e^x,试求曲线的方程.

5.11　某商品的需求量Q是价格P的函数,该商品的最大需求量为1 000(即$P=0$,$Q=1\,000$时),已知需求量Q的变化率为$Q'(P)=-1\,000\ln 3\cdot\left(\frac{1}{3}\right)^P$,求该商品的需求函数$Q(P)$.

5.12　某产品生产 x 个单位时，总收入 R 的变化率为 $R'(x)=200-\dfrac{x}{100}(x\geqslant 0)$. 求生产了100个单位时的总收入. 如果已经生产了100个单位，求再生产100个单位时的总收入.

5.13　某厂生产某种产品 x 吨的边际成本为 $C'(x)=5+0.02x$(万元/吨)，固定成本为400万元，每吨产品的售价为10万元，求生产 x 吨时的总利润 $L(x)$.

5.14　某产品在时刻 t 的销量变化率为 $Q'(t)=50+24\sqrt{t}$，求此产品的销量与时间 t 的函数关系 $Q(t)$. 已知 $t=0$ 时，$Q(0)=0$.

参考答案5-1

基本训练

单元实训

5.1　实训目的和要求

掌握Mathematica中函数不定积分的求解方法.

5.2　实训设备和环境

配置Windows 7(或更高版本)的操作系统并安装了Mathematica 5.0(或更高版本)应用软件的计算机.

5.3　实训内容

利用Mathematica软件计算下列不定积分:

(1) $\int x^5\cos x^3\mathrm{d}x$

求不定积分，输入:________________

计算结果:________________

(2) $\int \dfrac{1}{(a^2+x^2)^4}\mathrm{d}x$

求不定积分，输入:________________

计算结果:________________

(3) $\int \sin^{10}x\mathrm{d}x$

求不定积分，输入:________________

计算结果:________________

(4) $\int \dfrac{1}{\sqrt[3]{(x+1)^2(x-1)^4}}\mathrm{d}x$

求不定积分，输入:________________

计算结果:________________

参考答案5-2

单元实训

5.4　练习和思考题

利用Mathematica软件验证技能题中的不定积分的计算结果.

复习提高

5.1　单项选择题:

(1) 若 $F(x)$，$G(x)$ 都是 $f(x)$ 的原函数，则必有(　　).

A. $F(x)=G(x)$　　　　B. $F(x)=C\cdot G(x)$

C.$F(x)=G(x)+C$　　D.$F(x)=\frac{1}{C}\cdot G(x)\quad(C\neq0)$

(2)函数$\cos\frac{\pi}{2}x$的一个原函数为(　　).

A.$\frac{2}{\pi}\sin\frac{\pi}{2}x$　　B.$\frac{\pi}{2}\sin\frac{\pi}{2}x$

C.$\frac{2}{\pi}\sin\frac{x}{2}$　　D.$\frac{\pi}{2}\sin\frac{2}{\pi}x$

(3)若$f(x)$的一个原函数为$\cos x$,则$\int f'(x)\mathrm{d}x=$(　　).

A.$\sin x+C$　　B.$-\sin x+C$

C.$\cos x+C$　　D.$-\cos x+C$

(4)若$\int f(x)\mathrm{d}x=F(x)+C$,则$\int \mathrm{e}^{-x}f(\mathrm{e}^{-x})\mathrm{d}x=$(　　).

A.$F(\mathrm{e}^{x})+C$　　B.$-F(\mathrm{e}^{-x})+C$

C.$F(\mathrm{e}^{-x})+C$　　D.$\frac{F(\mathrm{e}^{-x})}{x}+C$

5.2　填空题:

(1)$\frac{d}{dx}\left(\int\sin x dx\right)=$______;

(2)$\int\left(\frac{\mathrm{d}\sin x}{\mathrm{d}x}\right)\mathrm{d}x=$______;

(3)$\int\cos^2x\mathrm{d}x=\frac{1}{2}x+\frac{1}{4}\sin 2x+C$,______是______的一个原函数;

(4)$\int\sqrt{a^2-x^2}\mathrm{d}x=\frac{a^2}{2}\arcsin\frac{x}{a}+\frac{1}{2}x\sqrt{a^2-x^2}+C(a>0)$,______是______的一个原函数.

5.3　设$f(x)$的一个原函数是$\arcsin\frac{x}{2}+\frac{1}{2}\arctan\frac{x-2}{2}$,求$f(x)$和$\int f(x)\mathrm{d}x$.

5.4　一物体由静止开始做直线运动,在t秒末的速度是$3t^2$(米/秒),问:

(1)3秒后物体离开出发点的距离是多少?

(2)需要多少时间走完300米?(提示:设物体的运动方程为$s(t)$,当$t=0$时$s(0)=0$,由这个初始条件确定任意常数C)

5.5　求下列不定积分:

(1)$\int\left(\frac{2}{x}+\frac{x}{3}\right)^2\mathrm{d}x$　　(2)$\int\frac{(x-\sqrt{x})(1+\sqrt{x})}{\sqrt[3]{x}}\mathrm{d}x$

(3)$\int\frac{\sqrt{1+x^2}}{\sqrt{1-x^4}}\mathrm{d}x$　　(4)$\int\frac{1+2x^2}{x^2(1+x^2)}\mathrm{d}x$

(5)$\int\sin\frac{x}{2}\left(\cos\frac{x}{2}+\sin\frac{x}{2}\right)\mathrm{d}x$　　(6)$\int\frac{\cos 2x}{\cos^2x\sin^2x}\mathrm{d}x$

(7)$\int\cot x(\cot x-\csc x)\mathrm{d}x$　　(8)$\int \mathrm{e}^x\left(a^x-\frac{e^{-x}}{\sqrt{1-x^2}}\right)\mathrm{d}x$

5.6 求下列不定积分：

(1) $\int \frac{1}{(3-2x)^2}\mathrm{d}x$

(2) $\int xe^{-x^2}\mathrm{d}x$

(3) $\int \frac{x-1}{1+x^2}\mathrm{d}x$

(4) $\int \frac{1}{\sin x\cos x}\mathrm{d}x$

(5) $\int \frac{\cos x}{\sin^2 x}\mathrm{d}x$

(6) $\int \frac{\mathrm{e}^x}{\sqrt{1-\mathrm{e}^{2x}}}\mathrm{d}x$

(7) $\int \cos^2(\omega t+\varphi)\sin(\omega t+\varphi)\mathrm{d}t$

(8) $\int \frac{1}{x^2}\tan\frac{1}{x}\mathrm{d}x$

(9) $\int \frac{1-\tan x}{1+\tan x}\mathrm{d}x$

(10) $\int \frac{1}{(x+1)(x-2)}\mathrm{d}x$

5.7 求下列不定积分：

(1) $\int \frac{1}{x\sqrt{2x-1}}\mathrm{d}x$

(2) $\int \frac{\sqrt{x+1}-1}{\sqrt{x+1}+1}\mathrm{d}x$

(3) $\int x\sqrt{4-x^2}\mathrm{d}x$

(4) $\int \frac{\sqrt{a^2-x^2}}{x^2}\mathrm{d}x \quad (a>0)$

(5) $\int \frac{1+x}{\sqrt{1-x^2}}\mathrm{d}x$

(6) $\int \frac{x^2}{\sqrt{2-x}}\mathrm{d}x$

5.8 求下列不定积分：

(1) $\int \arccos x\mathrm{d}x$

(2) $\int x^2\ln x\mathrm{d}x$

(3) $\int \ln(x+\sqrt{1+x^2})\mathrm{d}x$

(4) $\int (x-1)\mathrm{e}^x\mathrm{d}x$

(5) $\int x^2\sin x\mathrm{d}x$

(6) $\int \mathrm{e}^x\sin x\mathrm{d}x$

参考答案5-3

复习提高

在一切理论成就中，未必再有什么像17世纪下半叶微积分的发现那样被看作人类精神的最高胜利了．如果在某个地方我们看到人类精神的纯粹的和唯一的功绩，那就正是在这里．

——恩格斯

第6章 定积分

学习目标

知识目标： 了解定积分的概念及几何意义．

技能目标： 掌握定积分的基本公式和运算法则，以及定积分的计算方法，能利用Mathematica软件计算定积分；能运用定积分解决经济活动中的求总函数、优化、生产者剩余和消费者剩余等问题．

素养目标： 培养学生精益求精、勇于探索的科学精神．

知识导图6-1

第6章

6.1 定积分的概念

定积分的概念产生于解决实际问题的需要.这些实际问题的具体内容虽然各不相同,但是解决这些问题的思想方法与步骤却是完全一样的.下面我们通过实际问题来阐述这个概念.

6.1.1 引例

首先我们从求曲边梯形的面积开始讨论.

所谓曲边梯形就是由三条直线与一条曲线所围成的图形,形成其边界的两条直线互相平行且与第三条直线垂直,而两条平行直线中的每一条跟曲线至多相交于一点(如图6-1(a)所示).平行直线中的一条或两条可能会缩成一点(如图6-1(b)、图6-1(c)所示),可看成曲边梯形的特殊情形.

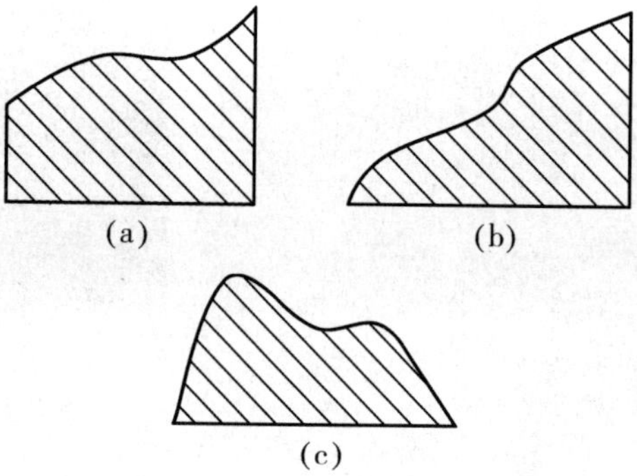

图6-1

如果是矩形或一般的直角梯形,那么我们由直接的公式可以求得其面积.而对于上述这种曲边梯形,我们可以用下面的方法来求得其面积.

【例6-1】求由曲线 $y=x^2$,直线 $x=1$ 以及 x 轴所围成的曲边梯形(如图6-2所示)的面积 A 的近似值.

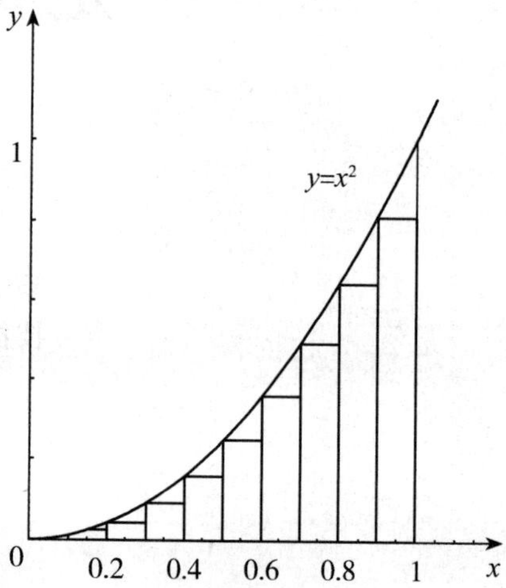

图6-2

解:将区间[0,1]作 $n=10$ 等分,每个小区间为 $\left[\frac{i-1}{10},\frac{i}{10}\right]$($i=1,2,\cdots,10$).这样将所求的曲边梯形分成了10个小的曲边梯形.由于曲线 $y=x^2$ 是连续的,在长度很小的区间上(这里为1/10),我们近似地用直线段来代替曲线段,即用小的矩形面积近似地代替小的曲边梯形的面积.这些矩形的宽即为小区间的长度 $\Delta x_i=\frac{1}{10}$($\mathrm{i}=1,2,\cdots,10$),取每个小区间的左端点 $\xi_i=\frac{i-1}{10}$($\mathrm{i}=1,2,\cdots,10$)所对应的函数值 ξ_i^2 作为小矩形的高.因此,10个小矩形的面积之和为:

$$\sum_{i=1}^{10}\xi_i^2\cdot\Delta x_i=0^2\times\frac{1}{10}+\left(\frac{1}{10}\right)^2\times\frac{1}{10}+\left(\frac{2}{10}\right)^2\times\frac{1}{10}+\cdots+\left(\frac{9}{10}\right)^2\times\frac{1}{10}=0.285$$

所以,所求曲边梯形的面积 $A\approx0.285$.这只是一个近似值.显然,当区间[0,1]被分割得越细,所得到的数值越接近于曲边梯形的实际面积.

当n=100(此时小区间被细分为100等份)时,可计算得到100个小矩形面积之和:

$$\sum_{i=1}^{100}\xi_i^2\cdot\Delta x_i=0^2\times\frac{1}{100}+\left(\frac{1}{100}\right)^2\times\frac{1}{100}+\left(\frac{2}{100}\right)^2\times\frac{1}{100}+\cdots+\left(\frac{99}{100}\right)^2\times\frac{1}{100}$$

$$=0.32835$$

即此时$A\approx0.32835$.

当我们将区间[0,1]再更加细地作n=1 000,10 000,20 000,40 000等分,而ξ_i仍取各小区间的左端点,可分别得到$A\approx$0.332834,0.333283,0.333308,0.333321.可见所得的和越来越接近$\frac{1}{3}$.由此可知所求的曲边梯形面积的近似值为$\frac{1}{3}$.

如果在上面求和的过程中,作为各小矩形高度的ξ_i取其他点(如取ξ_i为各小区间的右端点x_i,中点$\frac{x_{i-1}+x_i}{2}$,左1/3点$\frac{2x_{i-1}+x_i}{3}$或右1/3点$\frac{x_{i-1}+2x_i}{3}$等),是否会改变所求的面积的值.表6-1列出的是不同的分割数n和不同的ξ_i取值所对应的和式$\sum_{i=1}^{n}f(\xi_i)\Delta x_i=\sum_{i=1}^{n}\xi_i^2\Delta x_i$的值.

表6-1

分割数n	ξ_i取左端点求和	ξ_i取右端点求和	ξ_i取中点求和	ξ_i取左1/3点求和	ξ_i取左2/3点求和
10	0.285000	0.385000	0.332500	0.316111	0.349443
100	0.328350	0.338350	0.333325	0.331661	0.334993
1 000	0.332834	0.333833	0.333333	0.333167	0.333500
10 000	0.333283	0.333383	0.333333	0.333317	0.333350
20 000	0.333308	0.333360	0.333333	0.333325	0.333340

由表6-1可以看出,尽管我们取了不同的ξ_i作为求和中小矩形的高,但结果是一样的(即当n逐渐增大时,所求的和——小矩形面积之和逐渐趋向于1/3).这就是说,和式的极限不会因为ξ_i的不同取法而不同.不仅如此,即使对区间采取不等分的分割方法,只要各小区间的长度逐渐趋于零,也不影响计算结果.

一般地,只要在区间[0,1]中任意地插入分点:$0=x_0\leqslant x_1\leqslant x_2\leqslant\cdots\leqslant x_n=1$,将区间[0,1]任意分割成$n$个小区间$[x_{i-1},x_i]$($i$=1,2,…,$n$),每个小区间的长度为$\Delta x_i=x_i-x_{i-1}$($i$=1,2,…,$n$),在每个小区间$[x_{i-1},x_i]$上任取一点$\xi_i$,作乘积$f(\xi_i)\Delta x_i=\xi_i^2\Delta x_i$($i$=1,2,…,$n$),再求每个小区间上所作乘积之和:

$$\sum_{i=1}^{n}f(\xi_i)\Delta x_i=\sum_{i=1}^{n}\xi_i^2\Delta x_i$$

当$\Delta x_i\to0$时(i=1,2,…,n),上述和式的极限就是所求曲边梯形的面积.

6.1.2　定积分的定义

在【例6-1】中,我们将求曲边梯形的面积的问题归结为求某种和式的极限.在很多实际问题中,都会出现类似的解决问题的思想方法和步骤.由此我们给出下面的定义.

定义6-1 设函数$f(x)$在区间$[a,b]$上有定义,用点$a=x_0<x_1<x_2<\cdots<x_n=b$将区间$[a,b]$任意分成$n$个小区间$[x_{i-1},x_i]$($i=1,2,\cdots,n$),其长度为$\Delta x_i=x_i-x_{i-1}$,在每个小区间$[x_{i-1},x_i]$上任意取一点$\xi_i$($x_{i-1}\leqslant\xi_i\leqslant x_i$),作和式$\sum_{i=1}^{n}f(\xi_i)\Delta x_i$,如果极限$\lim_{\lambda\to 0}\sum_{i=1}^{n}f(\xi_i)\Delta x_i$($\lambda=\max_{1\leqslant i\leqslant n}[\Delta x_i]$)存在,且此极限与$[a,b]$的分法以及$\xi_i$的取法无关,则称函数$f(x)$在$[a,b]$上是可积的,并称此极限值为$f(x)$在$[a,b]$上的**定积分**,记作$\int_a^b f(x)\,dx$,即:

$$\int_a^b f(x)\mathrm{d}x=\lim_{\lambda\to 0}\sum_{i=1}^{n}f(\xi_i)\Delta x_i$$

其中,$f(x)$称为**被积函数**,$f(x)\mathrm{d}x$称为**被积表达式**,x称为**积分变量**,$[a,b]$称为**积分区间**,a称为**积分下限**,b称为**积分上限**.

由定积分的定义,例6-1可表述如下:曲边梯形的面积为函数$y=x^2$在区间$[0,1]$上的定积分,即$A=\int_0^1 x^2\mathrm{d}x=\frac{1}{3}$.

关于定积分的定义有三点说明:

(1)如果函数$f(x)$在$[a,b]$上可积,则定积分$\int_b^a f(x)\mathrm{d}x$的值与被积函数$f(x)$和积分区间$[a,b]$有关,而与积分变量用什么字母表示无关,即:

$$\int_a^b f(x)\mathrm{d}x=\int_a^b f(u)\mathrm{d}u$$

(2)定义中假定$a<b$,如果$b<a$,我们规定$\int_a^b f(x)\mathrm{d}x=-\int_b^a f(x)\mathrm{d}x$,特别地,当$a=b$时,规定$\int_a^b f(x)\mathrm{d}x=0$.

(3)若函数$f(x)$在$[a,b]$上连续,或$f(x)$在$[a,b]$上有界,且只有有限个间断点,则函数$f(x)$在区间$[a,b]$上可积.

6.1.3 定积分的几何意义

将被积函数$y=f(x)$($a\leqslant x\leqslant b$)看作曲边梯形的曲边方程,当$f(x)\geqslant 0$时,定积分$\int_a^b f(x)\mathrm{d}x$在几何上表示由曲线$y=f(x)$和三条直线$x=a$,$x=b$及x轴所围成的曲边梯形的面积(如图6-3(a)所示);当$f(x)\leqslant 0$时,由曲线$y=f(x)$,直线$x=a$,$x=b$及x轴所围成的曲边梯形位于x轴的下方,定积分$\int_a^b f(x)\mathrm{d}x$在几何上表示对应曲边梯形面积的负值(如图6-3(b)所示).若规定x轴上方图形的面积取正值,x轴下方图形的面积取负值,则一般函数$y=f(x)$在区间$[a,b]$上的定积分$\int_a^b f(x)\mathrm{d}x$在几何上表示x轴上方图形的面积与x轴下方图形的面积的代数和(如图6-3(c)所示).

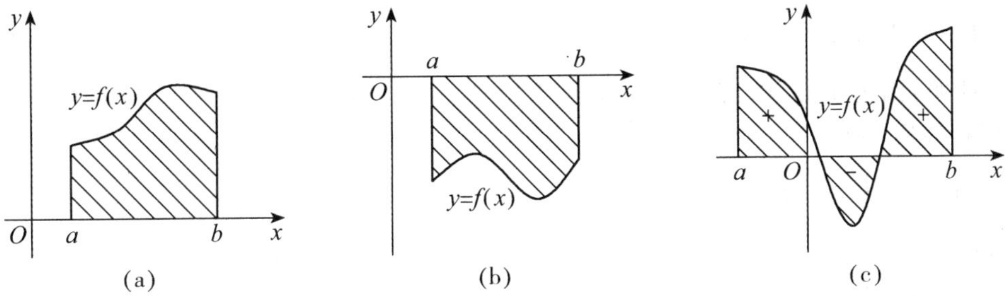

图6-3

6.2 定积分的性质

假设函数$f(x)$,$g(x)$在所讨论的区间上都是可积的.

性质1 常数因子可以提到积分号前，即：

$$\int_a^b kf(x)\mathrm{d}x=k\int_a^b f(x)\mathrm{d}x \qquad (k\text{为常数}) \tag{6.1}$$

性质2 两个函数的代数和的定积分等于它们定积分的代数和，即：

$$\int_a^b\left[f(x)\pm g(x)\right]\mathrm{d}x=\int_a^b f(x)\mathrm{d}x\pm\int_a^b g(x)\mathrm{d}x \tag{6.2}$$

这个性质可以推广到有限个可积函数的代数和的情况.

性质3 如果积分区间$[a,b]$被点c分成两个小区间$[a,c]$与$[c,b]$,即若$a<c<b$,则：

$$\int_a^b f(x)\mathrm{d}x=\int_a^c f(x)\mathrm{d}x+\int_c^b f(x)\mathrm{d}x \tag{6.3}$$

事实上,不论a,b,c三点的相互位置如何,(6.3)式总成立.

性质4 当被积函数$f(x)$为1时,则定积分的值等于积分区间的长度,即：

$$\int_a^b \mathrm{d}x=b-a \tag{6.4}$$

性质5 如果在区间$[a,b]$上$f(x)\leqslant g(x)$,则：

$$\int_a^b f(x)\mathrm{d}x\leqslant\int_a^b g(x)\mathrm{d}x \tag{6.5}$$

特别地,如果在区间$[a,b]$上$f(x)\geqslant 0$,则$\int_a^b f(x)\mathrm{d}x\geqslant 0$.

性质6 如果函数$f(x)$在$[a,b]$上的最大值与最小值分别为M和m,则：

$$m(b-a)\leqslant\int_a^b f(x)\mathrm{d}x\leqslant M(b-a) \tag{6.6}$$

证明:因为$m\leqslant f(x)\leqslant M$,由“性质5”有：

$$\int_a^b m\mathrm{d}x\leqslant\int_a^b f(x)\mathrm{d}x\leqslant\int_a^b M\mathrm{d}x$$

又由性质1和性质4,可得：

$$m(b-a)\leqslant\int_a^b f(x)\mathrm{d}x\leqslant M(b-a)$$

性质7（积分中值定理） 如果函数$f(x)$在区间$[a,b]$上连续，则在$[a,b]$上至少存在一点ξ，使得：

$$\int_a^b f(x)\mathrm{d}x=f(\xi)(b-a) \tag{6.7}$$

证明：因为函数$f(x)$在闭区间$[a,b]$上连续，所以在$[a,b]$上必有最大值M和最小值m，根据性质6有：

$$m(b-a)\leqslant\int_a^b f(x)\mathrm{d}x\leqslant M(b-a)$$

即可得：

$$m\leqslant\frac{1}{b-a}\int_a^b f(x)\mathrm{d}x\leqslant M$$

由闭区间上连续函数的性质可知，在$[a,b]$上至少存在一点ξ，使$\frac{1}{b-a}\int_a^b f(x)\mathrm{d}x=f(\xi)$成立，即：

$$\int_a^b f(x)\mathrm{d}x=f(\xi)(b-a) \qquad (a\leqslant\xi\leqslant b)$$

(6.7)式称为定积分中值公式，在几何上表示：若在$[a,b]$上的曲边梯形的曲边$f(x)$连续，则其面积恰好等于以$f(\xi)$为高，以$[a,b]$为底的矩形面积（如图6-4所示）.通常称$f(\xi)$为该曲边梯形的“平均高度”，也称$f(\xi)$为连续函数$f(x)$在$[a,b]$上的函数平均值，这是有限个数的算术平均值概念的推广.

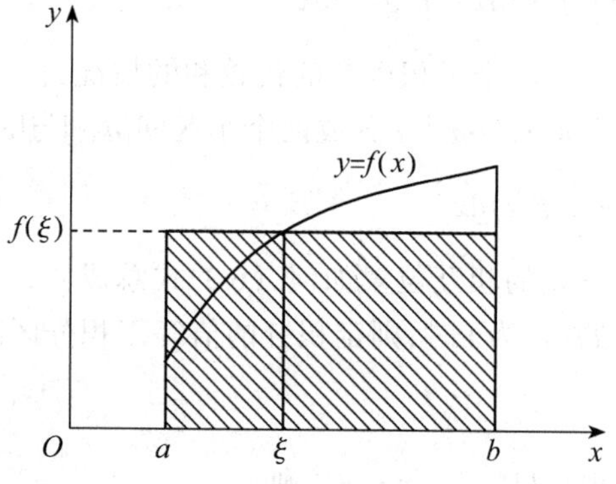

图6-4

6.3 定积分和不定积分的关系

本节我们将介绍微积分的基本定理，它揭示了定积分与微分的内在联系，从而找到一个计算定积分的有效而简便的方法.

6.3.1 积分上限函数及其导数

设函数$f(x)$在区间$[a,b]$上连续，且设x为$[a,b]$上的任意一点.显然$f(x)$在部分区间$[a,x]$上可积，考察$f(x)$在部分区间$[a,x]$上的定积分$\int_a^x f(x)\mathrm{d}x$，式中，x既表示定积分的上限，又表示积分变量.因为定积分与积分变量的符号无关，为避免引起混淆，我们把积分变量x换成t，于是$f(x)$在$[a,x]$上的定积分改写成：

$$\int_a^x f(t)\mathrm{d}t$$

当x在$[a,b]$内任意取定一个值时，定积分$\int_a^x f(t)\mathrm{d}t$都有一个唯一确定的值与之对应，所以它在$[a,b]$上定义了一个函数，记作$\Phi(x)$，即：

$$\Phi(x)=\int_a^x f(t)\mathrm{d}t \quad (a\leqslant x\leqslant b)$$

我们将这个函数称为**积分上限的函数**或**变上限积分**.

关于积分上限的函数，有如下重要性质：

定理6-1　如果函数$f(x)$在区间$[a,b]$上连续，则积分上限的函数$\Phi(x)=\int_a^x f(t)\mathrm{d}t$在$[a,b]$上可导，并且它的导数等于函数$f(x)$，即：

$$\Phi'(x)=\frac{\mathrm{d}}{\mathrm{d}x}\int_a^x f(t)\mathrm{d}t=f(x) \qquad (a\leqslant x\leqslant b)$$

证明：给自变量x以增量Δx，则相应的函数$\Phi(x)$增量为：

$$\Delta\Phi=\Phi(x+\Delta x)-\Phi(x)=\int_a^{x+\Delta x} f(t)\mathrm{d}t-\int_a^x f(t)\mathrm{d}t$$

$$=\int_a^x f(t)\mathrm{d}t+\int_x^{x+\Delta x} f(t)\mathrm{d}t-\int_a^x f(t)\mathrm{d}t=\int_x^{x+\Delta x} f(t)\mathrm{d}t$$

由积分中值定理可知，至少存在一点ξ介于x与$(x+\Delta x)$之间，使：

$$\Delta\Phi(x)=\int_x^{x+\Delta x} f(t)\mathrm{d}t=f(\xi)[(x+\Delta x)-x]=f(\xi)\Delta x$$

即$\dfrac{\Delta\Phi}{\Delta x}=f(\xi)$（$\xi$介于$x$与$(x+\Delta x)$之间）.

因为$\Delta x\to 0$时，$\xi\to x$，且$f(x)$在$[a,b]$上连续，所以：

$$\Phi'(x)=\lim_{\Delta x\to 0}\frac{\Delta\Phi}{\Delta x}=\lim_{\xi\to x}f(\xi)=f(x)$$

由定理6-1可知，$\Phi(x)=\int_a^x f(t)\mathrm{d}t$是连续函数$f(x)$在区间$[a,b]$上的一个原函数；同时该定理初步揭示了定积分与原函数之间的内在联系，因此，我们就有可能通过原函数来计算定积分.

【例6-2】 求$\dfrac{\mathrm{d}}{\mathrm{d}x}\int_a^x \mathrm{e}^{-t^2}\mathrm{d}t$.

解：由定理6-1可知，$\dfrac{\mathrm{d}}{\mathrm{d}x}\int_a^x \mathrm{e}^{-t^2}\mathrm{d}t=\mathrm{e}^{-x^2}$.

【例6-3】 若$f(x)$是连续函数，求$\dfrac{\mathrm{d}}{\mathrm{d}x}\int_x^b f(t)\mathrm{d}t$.

解：$\dfrac{\mathrm{d}}{\mathrm{d}x}\int_x^b f(t)\mathrm{d}t=\dfrac{\mathrm{d}}{\mathrm{d}x}\left[-\int_b^x f(t)\mathrm{d}t\right]=-\dfrac{\mathrm{d}}{\mathrm{d}x}\int_b^x f(t)\mathrm{d}t=-f(x)$

这里，我们将$\Psi(x)=\int_x^b f(t)\mathrm{d}t$称为**积分下限的函数**.

【例6-4】 求$\dfrac{\mathrm{d}}{\mathrm{d}x}\int_0^{x^2}\sin\sqrt{t}\,\mathrm{d}t\ (x>0)$.

解：$\int_0^{x^2}\sin\sqrt{t}\,\mathrm{d}t$是$x$的复合函数，令$x^2=u$，则$\int_0^{x^2}\sin\sqrt{t}\,\mathrm{d}t=\int_0^u\sin\sqrt{t}\,\mathrm{d}t=\Phi(u)$，由复合函数的求导法则，得：

$$\frac{d}{dx}\int_0^{x^2}\sin\sqrt{t}\,dt=\frac{d\Phi(u)}{du}\cdot\frac{du}{dx}=\sin\sqrt{u}\cdot 2x=2x\sin x$$

6.3.2 牛顿－莱布尼茨公式

定理 6-2（微积分基本定理） 设$f(x)$在闭区间$[a,b]$上连续，$F(x)$是$f(x)$的一个原函数，则有：

$$\int_a^b f(x)\mathrm{d}x=F(b)-F(a) \tag{6.8}$$

证明：由于函数$f(x)$在区间$[a,b]$上连续，由定理 6-1 可知，函数$f(x)$在$[a,b]$上必有原函数．假设$F(x)$是$f(x)$的一个原函数，而定理 6-1 告诉我们，积分上限的函数$G(x)=\int_a^x f(t)\mathrm{d}t$也是$f(x)$的一个原函数．由于任意两个原函数之间只差一个常数，所以：

$$F(x)=\int_a^x f(t)\mathrm{d}t+C$$

在上式中令$x=a$，得$F(a)=0+C$，即$C=F(a)$，因此有：

$$F(x)=\int_a^x f(t)\mathrm{d}t+F(a)$$

在上式中令$x=b$，得$F(b)=\int_a^b f(t)\mathrm{d}t+F(a)$，即得公式：

$$\int_a^b f(t)\mathrm{d}t=F(b)-F(a)$$

这就是著名的**牛顿-莱布尼茨**（Newton-Leibniz）**公式**，又称**微积分基本公式**．

该公式表明，函数$f(x)$在区间$[a,b]$上的定积分等于它的任一原函数$F(x)$在区间$[a,b]$上的增量$F(b)-F(a)$．它将定积分与不定积分有机地结合起来，从而为定积分的计算提供了一个有效而简便的方法．

注意：$F(b)-F(a)$常记为$F(x)\big|_a^b$，或$[F(x)]_a^b$，即：

$$\int_a^b f(x)\mathrm{d}x=F(x)\big|_a^b=F(b)-F(a)$$

【例 6-5】 计算定积分$\int_0^1 x^2\mathrm{d}x$．

解：由于$\frac{1}{3}x^3$是x^2的一个原函数，所以$\int_0^1 x^2\mathrm{d}x=\left[\frac{1}{3}x^3\right]_0^1=\frac{1}{3}-0=\frac{1}{3}$．

这与我们在例 6-1 中通过求一个和式的近似值计算的结果是一致的．

【例 6-6】 计算定积分$\int_0^1\frac{1}{1+x^2}\mathrm{d}x$．

解：由于$(\arctan x)'=\frac{1}{1+x^2}$，所以$\arctan x$是$\frac{1}{1+x^2}$的一个原函数，因此得：

$$\int_0^1\frac{1}{1+x^2}\mathrm{d}x=[\arctan x]_0^1=\arctan 1-\arctan 0=\frac{\pi}{4}$$

【例 6-7】 计算定积分$\int_0^{\frac{\pi}{2}}\sin x\mathrm{d}x$．

解：$\int_0^{\frac{\pi}{2}}\sin x\mathrm{d}x=-[\ \cos x\ ]_0^{\frac{\pi}{2}}=-\left(\cos\frac{\pi}{2}-\cos 0\right)=1$

【例6-8】计算定积分$\int_{-1}^{2}|x|\mathrm{d}x$.

解：$\int_{-1}^{2}|x|\mathrm{d}x=\int_{-1}^{0}(-x)\mathrm{d}x+\int_{0}^{2}x\mathrm{d}x=\int_{0}^{-1}x\mathrm{d}x+\int_{0}^{2}x\mathrm{d}x$

$$=\left[\frac{1}{2}x^2\right]_0^{-1}+\left[\frac{1}{2}x^2\right]_0^{2}=\left[\frac{1}{2}\times(-1)^2-0\right]+\left(\frac{1}{2}\times 2^2-0\right)=\frac{5}{2}$$

【例6-9】计算定积分$\int_0^1\frac{1}{3x+1}\mathrm{d}x$.

解：$\int_0^1\frac{1}{3x+1}\mathrm{d}x=\frac{1}{3}\int_0^1\frac{1}{3x+1}\mathrm{d}(3x+1)=\frac{1}{3}[\ln(3x+1)]_0^1=\frac{1}{3}(\ln 4-\ln 1)=\frac{2\ln 2}{3}$

注意：如果函数在所讨论的区间上不连续，则不能使用牛顿–莱布尼茨公式.例如$\int_{-1}^{1}\frac{1}{x^2}\mathrm{d}x$，如果按公式计算则有：

$$\int_{-1}^{1}\frac{1}{x^2}\mathrm{d}x=-\left[\frac{1}{x}\right]_{-1}^{1}=-1-1=-2$$

这个做法是错误的，因为在区间[-1,1]上函数$f(x)=\frac{1}{x^2}$在点$x=0$处间断.

6.4 定积分的换元积分法与分部积分法

牛顿–莱布尼茨公式给出了一个计算连续函数$f(x)$的定积分$\int_a^b f(x)\mathrm{d}x$的有效、简便的方法，即求函数$f(x)$的原函数在区间$[a,b]$上的增量.它反映了定积分计算与不定积分计算有着密切的联系.因此在一定的条件下，不定积分中的换元法在定积分的计算中同样可以应用.

6.4.1 定积分的换元积分法

我们先看一个例题.

【例6-10】计算定积分$\int_0^2\sqrt{4-x^2}\mathrm{d}x$.

解：我们知道，在不定积分的计算中，求被积函数$\sqrt{4-x^2}$的原函数是通过换元积分法得以实现的，因此在这里同样令$x=2\sin t(0\leqslant x\leqslant 2)$，则$\mathrm{d}x=2\cos t\mathrm{d}t$，当$x$从0变到2时，相应地$t$从0变到$\frac{\pi}{2}$，所以：

$$\int_0^2\sqrt{4-x^2}\mathrm{d}x=\int_0^{\frac{\pi}{2}}2\cos t\cdot 2\cos t\mathrm{d}t=4\int_0^{\frac{\pi}{2}}\frac{1+\cos 2t}{2}\mathrm{d}t=2\left[t+\frac{1}{2}\sin 2t\right]_0^{\frac{\pi}{2}}=\pi$$

一般地，有下面的定理：

定理6-3 设函数$f(x)$在区间$[a,b]$上连续，令$x=\varphi(t)$，如果：

(1)在区间$[\alpha,\beta]$上$x=\varphi(t)$有连续导数$\varphi'(t)$；

（2）当t从α变到β时，相应地，$x=\varphi(t)$从$\varphi(\alpha)=a$单调地变到$\varphi(\beta)=b$，则有：

$$\int_a^b f(x)\mathrm{d}x=\int_\alpha^\beta f[\varphi(t)]\varphi'(t)\mathrm{d}t \tag{6.9}$$

证明：由于$f(x)$在$[a,b]$上连续，所以$f(x)$在$[a,b]$上原函数存在并且可积．设$F(x)$是$f(x)$的一个原函数，则$\int_a^b f(x)\mathrm{d}x=F(b)-F(a)$.

另一方面，$F(x)=F[\varphi(t)]$是t的复合函数，有：

$$\frac{\mathrm{d}}{\mathrm{d}t}F[\varphi(t)]=\frac{\mathrm{d}F}{\mathrm{d}x}\cdot\frac{\mathrm{d}x}{\mathrm{d}t}=F'(x)\cdot\varphi'(t)=f[\varphi(t)]\cdot\varphi'(t)$$

即$F[\varphi(t)]$是$f[\varphi(t)]\varphi'(t)$的一个原函数，因此：

$$\int_\alpha^\beta f[\varphi(t)]\varphi'(t)\mathrm{d}t=F[\varphi(t)]\Big|_\alpha^\beta=F[\varphi(\beta)]-F[\varphi(\alpha)]=F(b)-F(a)$$

从而结论成立，即$\int_a^b f(x)\mathrm{d}x=\int_\alpha^\beta f[\varphi(t)]\varphi'(t)\mathrm{d}t$.

由定理6-2及例6-10可知，在运用换元法计算定积分时应注意以下两点：

（1）用变量代换$x=\varphi(t)$把原来变量x代换成新变量t时，积分限一定要换成相应于新变量t的积分限；

（2）求出$f[\varphi(t)]\varphi'(t)$的一个原函数$F[\varphi(t)]$后，不需要再把t变换成原来变量x的函数，而只需把新变量t的上、下限分别代入$F[\varphi(t)]$中，然后求出增量即可．

【例6-11】 计算定积分$\int_4^9\frac{1}{\sqrt{x}-1}\mathrm{d}x$.

解：令$\sqrt{x}=t$，则$x=t^2$，$\mathrm{d}x=2t\mathrm{d}t$，且当$x=4$时，$t=2$；$x=9$时，$t=3$，于是得到：

$$\int_4^9\frac{1}{\sqrt{x}-1}\mathrm{d}x=\int_2^3\frac{1}{t-1}\cdot 2t\mathrm{d}t=2\int_2^3\left(1+\frac{1}{t-1}\right)\mathrm{d}t=2[t+\ln(t-1)]_2^3$$

$$=2(3+\ln 2)-2(2+\ln 1)=2(1+\ln 2)$$

【例6-12】 计算定积分$\int_0^4\frac{x+2}{\sqrt{2x+1}}\mathrm{d}x$.

解：令$\sqrt{2x+1}=t$，则$x=\frac{t^2-1}{2}$，$\mathrm{d}x=t\mathrm{d}t$，且当$x=0$时，$t=1$；$x=4$时，$t=3$，于是得到：

$$\int_0^4\frac{x+2}{\sqrt{2x+1}}\mathrm{d}x=\int_1^3\frac{\frac{t^2-1}{2}+2}{t}\cdot t\mathrm{d}t=\frac{1}{2}\int_1^3(t^2+3)\mathrm{d}t=\frac{1}{2}\left[\frac{1}{3}t^3+3t\right]_1^3=\frac{22}{3}$$

【例6-13】 证明：设$f(x)$为对称区间$[-a,a]$上的连续函数．

（1）如果$f(x)$为偶函数，则$\int_{-a}^a f(x)\mathrm{d}x=2\int_0^a f(x)\mathrm{d}x$；

（2）如果$f(x)$为奇函数，则$\int_{-a}^a f(x)\mathrm{d}x=0$.

证明：由定积分基本性质3，得$\int_{-a}^a f(x)\mathrm{d}x=\int_{-a}^0 f(x)\mathrm{d}x+\int_0^a f(x)\mathrm{d}x$.

对积分$\int_{-a}^0 f(x)\mathrm{d}x$，令$x=-t$，则$\mathrm{d}x=-\mathrm{d}t$，且当$x=-a$时，$t=a$；$x=0$时，$t=0$，可得：

$$\int_{-a}^{0} f(x)\mathrm{d}x=-\int_{a}^{0} f(-t)\mathrm{d}t=\int_{0}^{a} f(-t)\mathrm{d}t=\int_{0}^{a} f(-x)\mathrm{d}x$$

于是：

$$\int_{-a}^{a} f(x)\mathrm{d}x=\int_{0}^{a} f(-x)\mathrm{d}x+\int_{0}^{a} f(x)\mathrm{d}x=\int_{0}^{a}[f(-x)+f(x)]\mathrm{d}x$$

由此可推得：

(1)如果$f(x)$为偶函数，即$f(-x)=f(x)$，则有$f(-x)+f(x)=2f(x)$，因此：

$$\int_{-a}^{a} f(x)\mathrm{d}x=2\int_{0}^{a} f(x)\mathrm{d}x$$

(2)如果$f(x)$为奇函数，即$f(-x)=-f(x)$，则有$f(-x)+f(x)=0$，因此：

$$\int_{-a}^{a} f(x)\mathrm{d}x=0$$

在计算偶函数、奇函数在对称于原点的区间上的定积分的时候，利用上述结论，能带来很大的方便.例如，利用此结论，立即可得$\int_{-\pi}^{\pi}\sin x\mathrm{d}x=0$.

【例6-14】 计算定积分$\int_{-1}^{1}\frac{\sin x}{x^4+3x^2+1}\mathrm{d}x$.

解：因为$\frac{\sin x}{x^4+3x^2+1}$在$[-1,1]$上是奇函数，所以：

$$\int_{-1}^{1}\frac{\sin x}{x^4+3x^2+1}\mathrm{d}x=0$$

6.4.2　定积分的分部积分法

设函数$u=u(x)$，$v=v(x)$在区间$[a,b]$上有连续导数，则有$(uv)'=u'v+uv'$，即$uv'=(uv)'-u'v$，等式两端在$[a,b]$上的定积分为$\int_{a}^{b} uv'\mathrm{d}x=[uv]_a^b-\int_{a}^{b} vu'\mathrm{d}x$，即：

$$\int_{a}^{b} u\mathrm{d}v=[uv]_a^b-\int_{a}^{b} v\mathrm{d}u \tag{6.10}$$

这就是定积分的**分部积分公式**.

【例6-15】 计算定积分$\int_{0}^{1} x\mathrm{e}^x\mathrm{d}x$.

解：由于$\int_{0}^{1} x\mathrm{e}^x\mathrm{d}x=\int_{0}^{1} x\mathrm{d}\mathrm{e}^x$，令$u=x$，$v=\mathrm{e}^x$，则：

$$\int_{0}^{1} x\mathrm{e}^x\mathrm{d}x=\int_{0}^{1} x\mathrm{d}\mathrm{e}^x=[x\mathrm{e}^x]_0^1-\int_{0}^{1}\mathrm{e}^x\mathrm{d}x=\mathrm{e}-[\mathrm{e}^x]_0^1=\mathrm{e}-(\mathrm{e}-1)=1$$

【例6-16】 计算定积分$\int_{0}^{\frac{\pi}{2}} x\cos x\mathrm{d}x$.

解：$\int_{0}^{\frac{\pi}{2}} x\cos x\mathrm{d}x=\int_{0}^{\frac{\pi}{2}} x\mathrm{d}\sin x=\left[x\sin x\right]_0^{\frac{\pi}{2}}-\int_{0}^{\frac{\pi}{2}}\sin x\mathrm{d}x=\frac{\pi}{2}+\left[\cos x\right]_0^{\frac{\pi}{2}}=\frac{\pi}{2}-1$

【例6-17】 计算定积分$\int_{1}^{\mathrm{e}}\ln x\mathrm{d}x$.

解：$\int_{1}^{\mathrm{e}}\ln x\mathrm{d}x=[x\ln x]_1^{\mathrm{e}}-\int_{1}^{\mathrm{e}} x\mathrm{d}\ln x=\mathrm{e}-\int_{1}^{\mathrm{e}} x\cdot\frac{1}{x}\mathrm{d}x=\mathrm{e}-\int_{1}^{\mathrm{e}}\mathrm{d}x=\mathrm{e}-(\mathrm{e}-1)=1$

6.5 广义积分

前面我们是在有限区间上讨论有界函数的定积分.但是,无论在理论研究还是实际应用中,往往会遇到无穷区间上的函数积分问题和无界函数的积分问题,我们称这种类型的积分为广义积分.本节仅介绍无穷区间上的广义积分.

定义 6-2 设函数 $f(x)$ 在区间 $[a, +\infty)$ 上连续，取 $b>a$，如果极限 $\lim\limits_{b\to+\infty}\int_a^b f(x)\mathrm{d}x$ 存在，则称此极限为 $f(x)$ 在 $[a, +\infty)$ 上的**广义积分**，记作 $\int_a^{+\infty} f(x)\mathrm{d}x$，即：

$$\int_a^{+\infty} f(x)\mathrm{d}x=\lim_{b\to-\infty}\int_a^b f(x)\mathrm{d}x$$

这时也称广义积分 $\int_a^{+\infty} f(x)\mathrm{d}x$ 收敛;否则就称广义积分 $\int_a^{+\infty} f(x)\mathrm{d}x$ 发散.

当广义积分发散时,我们仍用同样的记号 $\int_a^{+\infty} f(x)\mathrm{d}x$,但它只是一个符号,不表示任何数值.类似地我们可以定义:

$$\int_{-\infty}^b f(x)\mathrm{d}x=\lim_{a\to-\infty}\int_a^b f(x)\mathrm{d}x$$

$$\int_{-\infty}^{+\infty} f(x)\mathrm{d}x=\int_{-\infty}^c f(x)\mathrm{d}x+\int_c^{+\infty} f(x)\mathrm{d}x=\lim_{a\to+\infty}\int_a^c f(x)\mathrm{d}x+\lim_{b\to+\infty}\int_c^b f(x)\mathrm{d}x$$

其中,c 为常数,一般常取 $c=0$.

以上三种积分统称为无穷区间上的广义积分.

对于广义积分 $\int_{-\infty}^{+\infty} f(x)\mathrm{d}x$,其收敛的充要条件是 $\int_{-\infty}^c f(x)\mathrm{d}x$ 与 $\int_c^{+\infty} f(x)\mathrm{d}x$ 都收敛.

【例 6-18】 讨论广义积分 $\int_0^{+\infty} \mathrm{e}^{-x}\mathrm{d}x$ 和 $\int_0^{+\infty} \mathrm{e}^{x}\mathrm{d}x$ 的敛散性.

解: $\int_0^{+\infty} \mathrm{e}^{-x}\mathrm{d}x=\lim\limits_{b\to+\infty}\int_0^b \mathrm{e}^{-x}\mathrm{d}x=\lim\limits_{b\to+\infty}[-\mathrm{e}^{-x}]_0^b=\lim\limits_{b\to+\infty}(-\mathrm{e}^{-b}+1)=1$,所以广义积分 $\int_0^{+\infty} \mathrm{e}^{-x}\mathrm{d}x$ 收敛.

$\int_0^{+\infty} \mathrm{e}^{x}\mathrm{d}x=\lim\limits_{b\to+\infty}\int_0^b \mathrm{e}^{x}\mathrm{d}x=\lim\limits_{b\to+\infty}[\mathrm{e}^{x}]_0^b=\lim\limits_{b\to+\infty}(\mathrm{e}^{b}-1)=\infty$,所以广义积分 $\int_0^{+\infty} \mathrm{e}^{-x}\mathrm{d}x$ 发散.

【例 6-19】 计算广义积分 $\int_0^{+\infty} x\mathrm{e}^{-x}\mathrm{d}x$.

解:
$$\begin{aligned}\int_0^{+\infty} x\mathrm{e}^{-x}\mathrm{d}x&=\lim_{b\to+\infty}\int_0^b x\mathrm{e}^{-x}\mathrm{d}x=\lim_{b\to+\infty}\int_0^b(-x)\mathrm{d}\mathrm{e}^{-x}\\&=\lim_{b\to+\infty}[-x\mathrm{e}^{-x}]_0^b+\lim_{b\to+\infty}\int_0^b \mathrm{e}^{-x}\mathrm{d}x\\&=\lim_{b\to+\infty}\left(-\frac{b}{\mathrm{e}^b}\right)-\lim_{b\to+\infty}[\mathrm{e}^{-x}]_0^b=1\end{aligned}$$

其中,应用罗必达法则可得 $\lim\limits_{b\to+\infty}\left(-\frac{b}{\mathrm{e}^b}\right)=0$.

【例 6-20】 计算广义积分 $\int_{-\infty}^{+\infty}\frac{1}{1+x^2}\mathrm{d}x$.

解: $\int_{-\infty}^{+\infty}\frac{1}{1+x^2}\mathrm{d}x=\int_{-\infty}^{0}\frac{1}{1+x^2}\mathrm{d}x+\int_0^{+\infty}\frac{1}{1+x^2}\mathrm{d}x$

$$=\lim_{a\to-\infty}\int_a^0 \frac{1}{1+x^2}dx+\lim_{b\to+\infty}\int_0^b \frac{1}{1+x^2}dx$$
$$=\lim_{a\to-\infty}[\arctan x]_a^0+\lim_{b\to+\infty}[\arctan x]_0^b$$
$$=-\lim_{a\to-\infty}\arctan a+\lim_{b\to+\infty}\arctan b$$
$$=-\left(-\frac{\pi}{2}\right)+\frac{\pi}{2}=\pi$$

为了书写简便,有时可不写出极限符号,例如:

$$\int_0^{+\infty}\frac{1}{1+x^2}dx=[\arctan x]_0^{+\infty}=\lim_{x\to+\infty}\arctan x-0=\frac{\pi}{2}$$

6.6 定积分的应用

定积分在实际生活中的应用极其广泛,本节仅就定积分在计算平面图形面积以及经济上的某些应用作简单介绍.

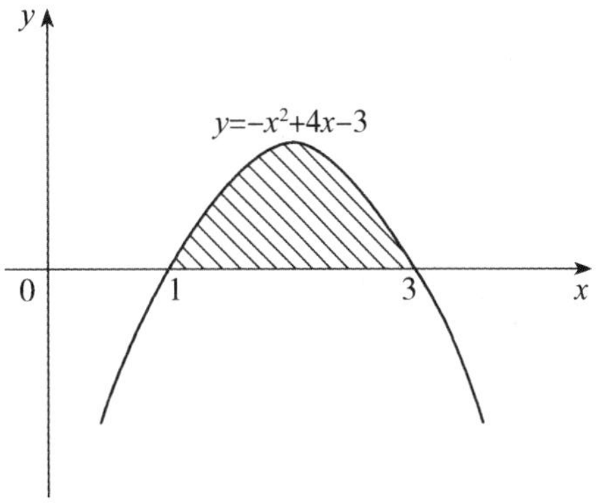

图6-5

6.6.1 平面图形面积的计算

1)曲边梯形的面积

由定积分的几何意义可知,曲线 $y=f(x)(f(x)\geqslant 0)$,直线 $x=a,x=b$ 及 x 轴所围成的曲边梯形(如图6-3(a)所示)的面积为:

$$A=\int_a^b f(x)dx \tag{6.11}$$

【例6-21】 计算由曲线 $y=-x^2+4x-3$ 与 x 轴所围成的平面图形的面积.

解:由曲线 $y=-x^2+4x-3$ 与 x 轴所围成的平面图形如图6-5所示,求出曲线与 x 轴的交点坐标为(1,0),(3,0).

所求面积为:

$$A=\int_1^3(-x^2+4x-3)dx=\left[-\frac{1}{3}x^3+2x^2-3x\right]_1^3$$
$$=(-9+18-9)-\left(-\frac{1}{3}+2-3\right)=\frac{4}{3}$$

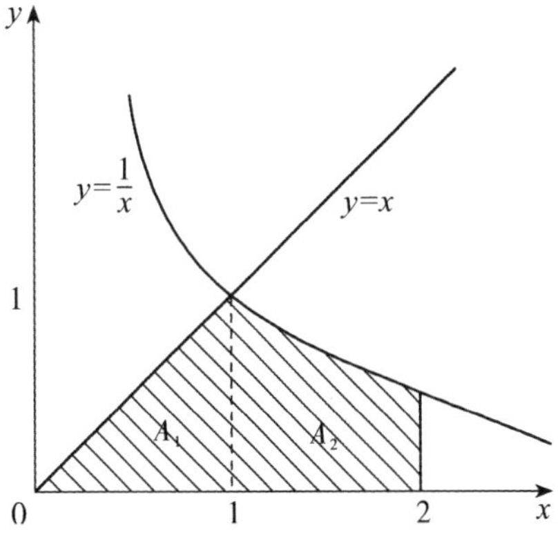

图6-6

【例6-22】 计算由曲线 $y=\frac{1}{x}$,直线 $y=x,x=2$ 与 x 轴所围成的平面图形的面积.

解:所求平面图形的面积分为两部分(如图6-6所示),即 A_1,A_2.曲线 $y=\frac{1}{x}$ 与直线 $y=x$ 的交点坐标为(1,1).由(6.11)式可知 $A_1=\int_0^1 x dx=\left[\frac{1}{2}x^2\right]_0^1=\frac{1}{2}$,$A_2=\int_1^2\frac{1}{x}dx=[\ln x]_1^2=\ln 2$,因此,所求面积 $A=A_1+A_2=\frac{1}{2}+\ln 2$.

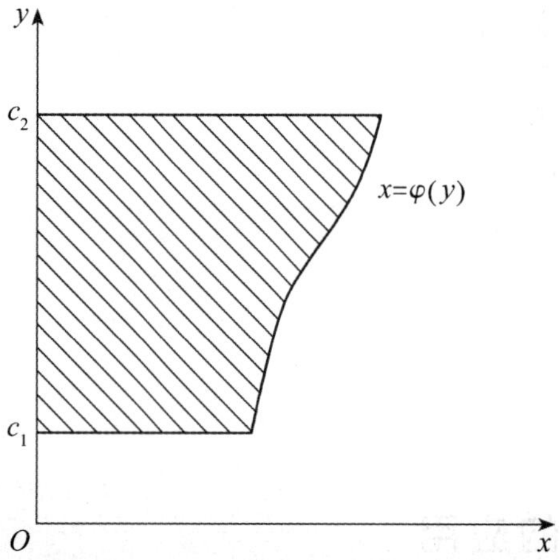

图 6-7

若曲边梯形由曲线 $x=\varphi(y)(\varphi(y)\geqslant 0)$，直线 $y=c_1$，$y=c_2$ 及 y 轴所围成(如图 6-7 所示)，则其面积为：

$$A=\int_{c_1}^{c_2}\varphi(y)\mathrm{d}y \tag{6.12}$$

【例 6-23】计算由曲线 $y=\ln x$ 及 y 轴与直线 $y=\ln a$，$y=\ln b(b>a>0)$ 所围成的平面图形的面积.

解：所求平面图形的面积如图 6-8 所示．将 y 作为积分变量，则：

$$A=\int_{\ln a}^{\ln b}\mathrm{e}^y\mathrm{d}y=\mathrm{e}^y\Big|_{\ln a}^{\ln b}=b-a$$

2)两条曲线所围成的平面图形的面积

若平面图形是由两条连续曲线 $y=f(x)$，$y=g(x)(f(x)\geqslant g(x))$ 以及直线 $x=a$，$x=b$ 所围成(如图 6-9 所示)，则其面积的计算公式为：

$$A=\int_a^b[f(x)-g(x)]\mathrm{d}x \tag{6.13}$$

即所求平面图形面积可看作由曲线 $y=f(x)$，直线 $x=a$，$x=b$ 以及 x 轴所围成的曲边梯形的面积与由曲线 $y=g(x)$，直线 $x=a$，$x=b$ 以及 x 轴所围成的曲边梯形的面积之差.

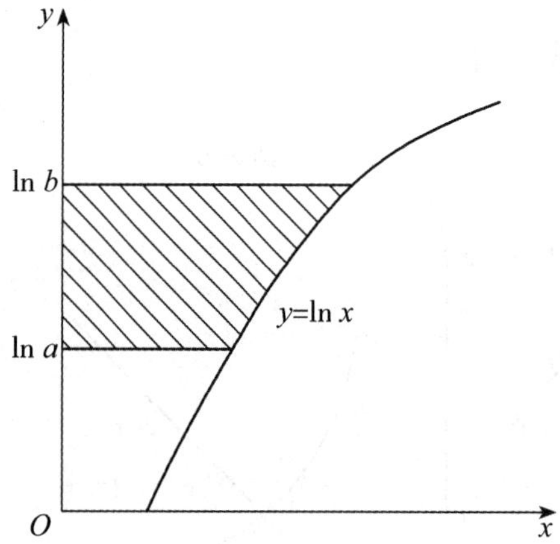

图 6-8

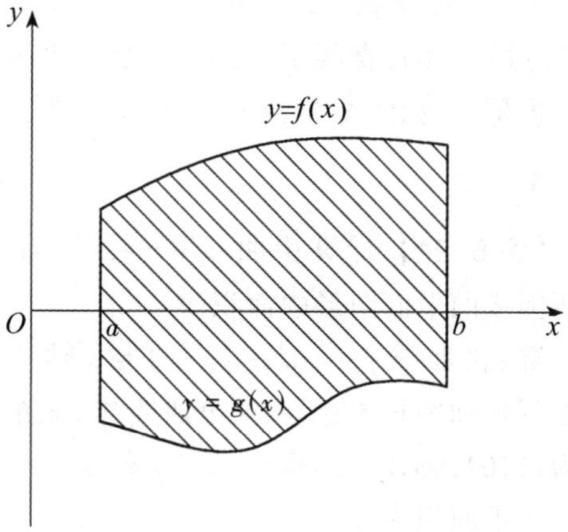

图 6-9

【例 6-24】计算由曲线 $y=x^2+1$，直线 $y=2x-2$，$x=-1$ 和 $x=2$ 所围成的平面图形的面积.

解：所求平面图形如图 6-10 所示．根据(6.13)式，$f(x)=x^2+1$，$g(x)=2x-2$，可知所求平面图形面积为：

$$A=\int_{-1}^{2}[(x^2+1)-(2x-2)]\mathrm{d}x$$

$$=\int_{-1}^{2}(x^2-2x+3)\mathrm{d}x$$

$$=\left[\frac{1}{3}x^3-x^2+3x\right]_{-1}^{2}=\frac{14}{3}-\left(-\frac{13}{3}\right)=9$$

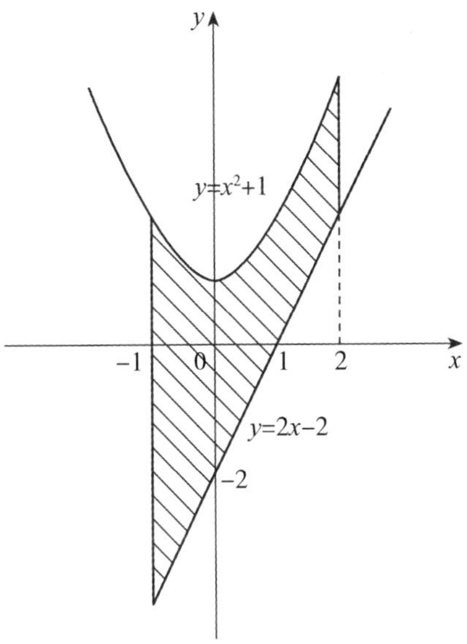

图6-10

【例6-25】计算由抛物线 $y=x^2+3$ 和直线 $y=12$ 所围成的平面图形的面积.

解:所求平面图形的面积如图6-11所示.先求两条曲线的交点的横坐标:

$$\begin{cases} y = x^2 + 3 \\ y = 12 \end{cases}$$

解得 $x = \pm 3$.

则所求平面图形的面积:

$$A=\int_{-3}^{3}[12-(x^2+3)]\mathrm{d}x$$

$$=\int_{-3}^{3}(9-x^2)\mathrm{d}x$$

$$=2\int_{0}^{3}(9-x^2)\mathrm{d}x$$

$$=2(9x-\frac{x^3}{3})\Big|_0^3=36$$

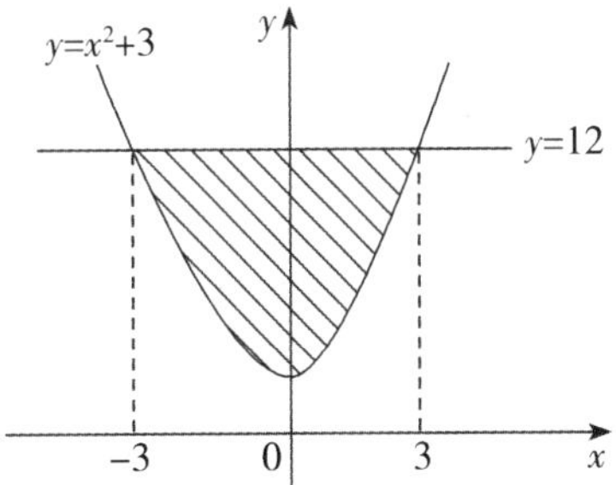

图6-11

【例6-26】计算由曲线 $y=x^2+x$ 和 $y=x^3-x$ 所围成的平面图形的面积.

解:所求平面图形面积由两部分组成(如图6-12所示).为确定平面图形的范围,先求出曲线的交点.

$$\begin{cases} y = x^2 + x \\ y = x^3 - x \end{cases}$$

得交点的坐标为(-1,0),(0,0),(2,6).因此可得:

$$A_1=\int_{-1}^{0}[(x^3-x)-(x^2+x)]\mathrm{d}x$$

$$=\int_{-1}^{0}[(x^3-x^2-2x)\mathrm{d}x=\frac{5}{12}$$

$$A_2=\int_{0}^{2}[(x^2+x)-(x^3-x)]\mathrm{d}x=\int_{0}^{2}(-x^3+x^2+2x)\mathrm{d}x$$

$$=\frac{8}{3}$$

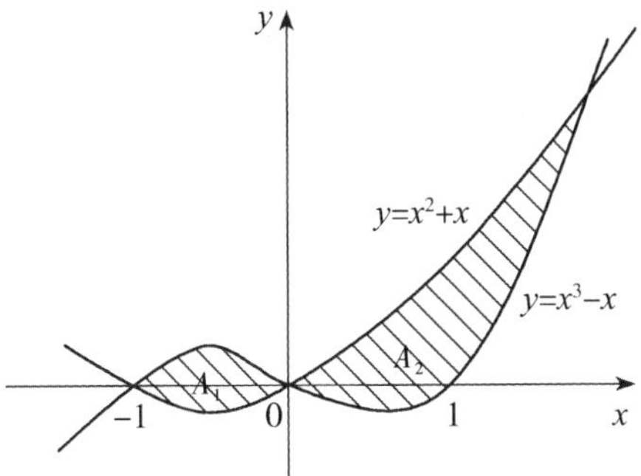

图6-12

所以,所求平面图形面积 $A=A_1+A_2=\frac{5}{12}+\frac{8}{3}=\frac{37}{12}$.

若平面图形是由两条连续曲线 $x=\varphi(y)$, $x=\psi(y)$ ($\varphi(y)\geqslant\psi(y)$)以及直线 $y=c_1$, $y=c_2$ 所围成的(如图6-13所示),则其面积的计算公式为:

$$A=\int_{c_1}^{c_2}[\varphi(y)-\psi(y)]\mathrm{d}y \tag{6.14}$$

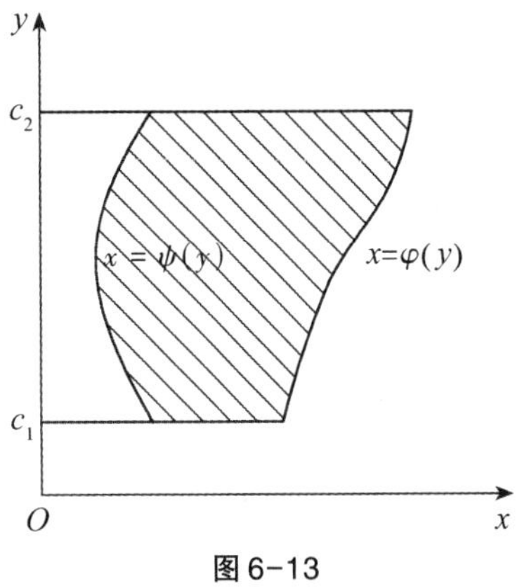

图6-13

【例6-27】计算由抛物线 $y^2=x$ 和直线 $y+x-2=0$ 所

围成的平面图形的面积.

解:所求平面图形面积如图6-14所示.将y作为积分变量,抛物线$y^2=x$和直线$y+x-2=0$的交点坐标为(1,1),(4,-2),则:

$$A=\int_{-2}^{1}[(2-y)-y^2]dy=\left[2y-\frac{y^2}{2}-\frac{y^3}{3}\right]\Bigg|_{-2}^{1}=\frac{9}{2}$$

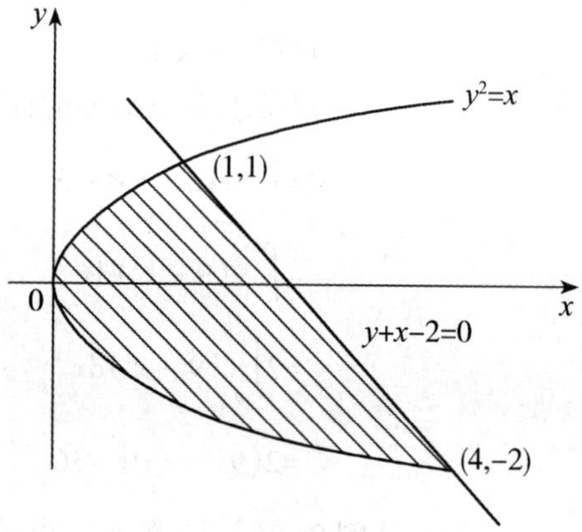

图6-14

6.6.2 经济上的应用

在第4章中,我们介绍过边际函数及其在经济上的应用.例如,收益函数$R(Q)$的导函数$R'(Q)$为边际收益,成本函数$C(Q)$的导函数$C'(Q)$为边际成本.由于积分运算与微分运算的互逆关系,定积分在经济以及商务上的应用也相当广泛.这里我们就定积分在已知边际函数求原经济函数、已知边际函数求最大利润以及消费者剩余和生产者剩余等问题上的应用作一些简单的介绍.

1) 已知边际函数求原经济函数的问题

利用牛顿-莱布尼茨公式$\int_0^x F'(t)dt=F(x)-F(0)$,我们可以对已知的边际函数$F'(x)$在区间$[0,x]$求定积分,从而得到原经济函数:

$$F(x)=\int_0^x F'(t)dt+F(0) \tag{6.15}$$

同时可以求出原经济函数从a到b的改变量:

$$\Delta F=F(b)-F(a)=\int_a^b F'(x)dx \tag{6.16}$$

设产品的边际收益为$R'(x)$,边际成本为$C'(x)$,由(6.15)式得总收益为:

$$R(x)=\int_0^x R'(t)dt \tag{6.17}$$

(通常假定产销量为0时总收益为0,故$R(0)=0$)

总成本为:

$$C(x)=\int_0^x C'(t)dt+C(0) \tag{6.18}$$

其中,$C(0)$为固定成本.

边际利润为:

$$L'(x)=R'(x)-C'(x) \tag{6.19}$$

利润为:

$$L(x)=R(x)-C(x)=\int_0^x R'(t)\mathrm{d}t-\left[\int_0^x C'(t)\mathrm{d}t+C(0)\right]$$

$$=\int_0^x [R'(t)-C'(t)]\mathrm{d}t-C(0)=\int_0^x L'(t)\mathrm{d}t-C(0) \tag{6.20}$$

【例 6-28】 已知生产某产品x个单位时的边际收益为$R'(x)=100-2x$(元/单位),求生产40个单位时的总收益,并求出再增加生产10个单位所增加的总收益.

解:由(6.17)式可知,生产40个单位时的总收益为:

$$R(40)=\int_0^{40}(100-2x)\mathrm{d}x=[100x-x^2]_0^{40}=2\ 400(\text{元})$$

再增加生产10个单位所增加的总收益为:

$$\Delta R=R(50)-R(40)=\int_{40}^{50}(100-2x)\mathrm{d}x=[100x-x^2]_{40}^{50}=100(\text{元})$$

【例 6-29】 已知某企业生产某产品的边际成本为$C'(x)=0.4x+2$(元/单位),固定成本为20元,求总成本函数$C(x)$.

解:由(6.18)式可知,所求总成本函数为:

$$C(x)=\int_0^x(0.4t+2)\mathrm{d}t+C(0)=[0.2t^2+2t]_0^x+20=0.2x^2+2x+20$$

【例 6-30】 已知某产品的边际收益为$R'(x)=25-2x$,边际成本为$C'(x)=13-4x$,固定成本为10,求当$x=5$时的利润.

解:边际利润为$L'(x)=R'(x)-C'(x)=(25-2x)-(13-4x)=12+2x$

由(6.20)式,有:

$$L(5)=\int_0^5 L'(t)\mathrm{d}t-C(0)=\int_0^5(12+2t)\mathrm{d}t-C(0)=[12t+t^2]_0^5-10=75$$

2）已知边际函数求最大利润问题

【例 6-31】 设某生产企业的固定成本为20,边际成本为$C'(x)=0.4x+2$,边际收益为$R'(x)=18$,试求其最大利润.

解:首先求出获得最大利润的产量.由利润最大化原则可知,边际收益与边际成本相等,即$R'(x)=C'(x)$.所以有$18=0.4x+2$,解得$x=40$.

由于$L'(x)=R'(x)-C'(x)=18-(0.4x+2)=16-0.4x$,$L''(x)=-0.4<0$,又因为仅有一个极值点,所以在$x=40$时,企业获得最大利润,最大利润为:

$$L(40)=\int_0^{40}[18-(0.4x+2)]\mathrm{d}x-20=\int_0^{40}(16-0.4x)\mathrm{d}x-20$$

$$=[16x-0.2x^2]_0^{40}-20=300$$

【例 6-32】 设生产某产品的固定成本为12.5万元,边际成本为$C'(x)=15-0.2x$(万元/台),该产品的需求函数为$P(x)=20-0.2x$,假定产品可以全部售出,求:

(1)最大利润是多少?

(2)在总利润最大的基础上,再生产10台,总利润会减少多少?

解:(1)由于需求函数为$P(x)=20-0.2x$,所以销售x台产品的收益函数和边际收益分别为:

$$R(x)=xP(x)=20x-0.2x^2$$

$$R'(x)=20-0.4x$$

由利润最大化原则,$R'(x)=C'(x)$,即$20-0.4x=15-0.2x$,解得$x=25$,又因为仅有一个驻点,由实际问题得到$x=25$时,利润最大.此时总利润为:

$$L=\int_0^{25}[R'(x)-C'(x)]\mathrm{d}x-12.5=\int_0^{25}[(20-0.4x)-(15-0.2x)]\mathrm{d}x-12.5$$

$$=\int_0^{25}(5-0.2x)\mathrm{d}x-12.5=[5x-0.1x^2]_0^{25}-12.5=62.5-12.5=50(\text{万元})$$

(2)由于边际利润$L'(x)=R'(x)-C'(x)=5-0.2x$,在总利润最大的基础上,再生产10台,总利润的增量只需要利用定积分计算产量从$x=25$到$x=35$的值即可,于是:

$$\Delta L=\int_{25}^{35}(5-0.2x)\mathrm{d}x=[5x-0.1x^2]_{25}^{35}=52.5-62.5=-10(\text{万元})$$

即在总利润最大的基础上,再生产10台,总利润会减少10万元.

3) 消费者剩余与生产者剩余

前面我们曾介绍过市场经济中的需求曲线和供给曲线,它表示生产并销售某一商品的数量可由这一商品的供给与需求曲线来描述.

对大多数生产者和消费者来说,商品的价格必定被看作自变量,因为它一般是由总的市场来确定的,生产者和消费者都无法改变它.于是,供给量和需求量就被认为是依赖于价格的.换言之,数量被当成价格的函数.可是,虽然在这里我们把价格当成一个自变量,但经济学上习惯于把价格作为纵轴,而把商品数量作为横轴.图6-15给出了典型的需求曲线与供给曲线的图形.

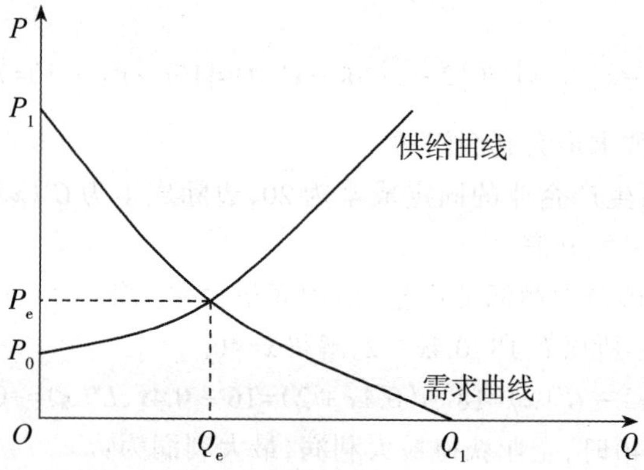

图6-15

图6-15中,价格P_1是需求曲线在纵轴上的截距,表示商品价格最大,在此价格水平以上的商品无人购买;数量Q_1是需求曲线在横轴上的截距,表示商品的需求量最大,它是使得社会全部需求得到满足的需求量.P_0是供给曲线在纵轴上的截距,表示商品的最低价格,即低于这一价格,任何生产者都将不会生产这种商品.

通常假设市场将趋向于平衡价格和平衡数量,即P_e和Q_e,而两条曲线正是在此处相交的.这意味着在平衡点处,一种数量为 Q_e 的商品将被生产出来并以单位商品的价格 P_e 销售.在平衡点,有一定数量的消费者已经以比他们原来打算出的价钱低的价格购得了这种商品(例如,有一些消费者,他们本来打算以 P_1 的价钱购买这种商品).同样地,也存在着一些生产者,他们本来打算生产价格低一些的这种商品(实际可能低至 P_0).我们给出下面两个概念:

消费者剩余: 指消费者因以平衡价格购买了某种商品而没有以他们本来打算出的较高的价格购买这种商品而节省下来的钱的总数.

生产者剩余: 指生产者因以平衡价格出售了某种商品而没有以他们本来打算的较低的售价出售这种商品而获得的额外收入.

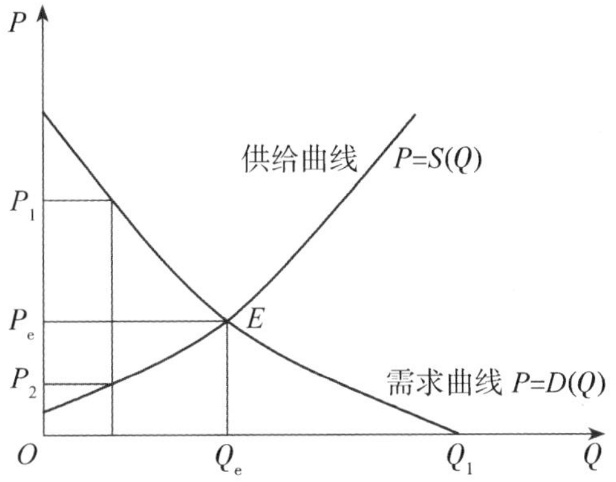

图 6-16

图 6-16 中,$S(Q)$,$D(Q)$ 分别表示供给曲线和需求曲线.设某消费者本来打算以 $P_1(P_1>P_e)$ 的价格购买某商品,但实际以 P_e 的价格买到了该商品,则 (P_1-P_e) 就成为他在购买该商品时省下来的钱.所以,根据定积分的几何意义,位于需求曲线 $D(Q)$ 下侧、线段 P_eE 上侧的曲边三角形面积应是所有消费者采取上述购买行为所省下来的钱的总和,即:

$$\text{消费者剩余}=\int_0^{Q_e} D(Q)\mathrm{d}Q-P_e\cdot Q_e$$

同样,设生产者原计划以 $P_2(P_2<P_e)$ 的价格提供商品,结果却以 P_e 的价格销售,则 (P_e-P_2) 表示生产者本来打算以较低价格 P_2 出售商品而实际卖价为 P_e 所得的额外收入的总和.所以,位于线段 P_eE 下侧、供给曲线 $S(Q)$ 上侧的曲边三角形面积就是生产者采取上述行为所获得的额外收入的总和,即:

$$\text{生产者剩余}=P_e\cdot Q_e-\int_0^{Q_e} S(Q)\mathrm{d}Q$$

【例 6-33】 设某商品的需求函数为 $P=D(Q)=8-\dfrac{Q}{3}$,供给函数为 $P=S(Q)=2+\dfrac{Q}{3}$.试求消费者剩余与生产者剩余.

解:先求平衡数量和平衡价格.令 $S(Q)=D(Q)$,得 $2+\dfrac{Q}{3}=8-\dfrac{Q}{3}$,解得平衡数量为 $Q_e=9$,从而可求出平衡价格 $P_e=5$,所以:

$$\text{消费者剩余}=\int_0^{Q_e} D(Q)\mathrm{d}Q-P_e\cdot Q_e=\int_0^9\left(8-\frac{Q}{3}\right)\mathrm{d}Q-5\times 9=\left[8Q-\frac{Q^2}{6}\right]_0^9-45$$

$$=58.5-45=13.5$$

$$生产者剩余=P_e\cdot Q_e-\int_0^{Q_e}S(Q)\mathrm{d}Q=5\times 9-\int_0^9\left(2+\frac{Q}{3}\right)\mathrm{d}Q=45-\left[2Q+\frac{Q^2}{6}\right]_0^9$$

$$=45-31.5=13.5$$

6.7 Mathematica 软件介绍

本节介绍在Mathematica软件中如何求定积分.

命令格式:Integrate[被积函数，{积分变量，积分下限，积分上限}]

或Nintegrate[被积函数，{积分变量，积分下限，积分上限}]

第一个语句的结果是一个确定的积分值,第二个语句的结果为一个有效数为6位数的近似值.

注意:对于分段函数,Mathematica软件不能求其积分的精确值,但可求近似值,即再用"N"命令.

【例6-34】 计算定积分$\int_1^2 x\ln x\mathrm{d}x$,并求其近似值.

解:计算机处理如下:

In[1]:=Integrate[x*Log[x],{x,1,2}]

Out[1]=$\frac{1}{4}$(-3+8Log[2])

即$\int_1^2 x\ln x\mathrm{d}x=\frac{1}{4}(8\ln 2-3)$

In[2]:=NIntegrate[x*Log[x],{x,1,2}]

Out[2]=0.636294

即$\int_1^2 x\ln x\mathrm{d}x\approx 0.636294$

计算定积分时,也可以直接输入定积分符号.

输入定积分符号的方式一:对于英文版软件,点击菜单File-Palettes选择BasicInput,然后选择定积分符号.

输入定积分符号的方式二:点击菜单"面板",选择"数学助手"并选择"高级"选项,然后选择定积分符号.计算机处理如下:

In[1]=$\int_1^2 x$*Log[x]dx

Out[1]=$-\frac{3}{4}$+Log[4]

In[2]=N[%]

Out[2]=0.636294

【例6-35】 计算定积分$\int_0^2\sqrt{4-x^2}\mathrm{d}x$,并求其近似值.

解:计算机处理如下:

In[3]:=Integrate[Sqrt[4-x^2],{x,0,2}]

Out[3]=π

即 $\int_0^2 \sqrt{4-x^2}\,dx=\pi$

In[4]:=NIntegrate[Sqrt[4-x^2],{x,0,2}]

Out[4]=3.14159

即 $\int_0^2 \sqrt{4-x^2}\,dx\approx 3.14159$

或者直接输入定积分符号进行运算,计算机处理如下:

In[3]= $\int_0^2 \sqrt{4-x^2}\,dx$

Out[3]= π

In[4]= *N* [%]

Out[4]= 3.14159

【例 6-36】计算定积分 $\int_0^{\frac{\pi}{2}} x\cos x\,dx$.

解:计算机处理如下:

In[5]:=Integrate[x*Cos[x],{x,0,Pi/2}]

Out[5]= $-1+\frac{\pi}{2}$

即 $\int_0^{\frac{\pi}{2}} x\cos x\,dx=\frac{\pi}{2}-1$

或者直接输入定积分符号进行运算,计算机处理如下:

In[5]= $\int_0^{\frac{\pi}{2}}$ x*Cos[x]dx

Out[5]= $\frac{1}{2}(-2+\pi)$

【例 6-37】计算定积分 $\int_0^1 e^x\cos x\,dx$.

解:计算机处理如下:

In[6]:=Integrate[E^x*Cos[x],{x,0,1}]

Out[6]= $-\frac{1}{2}+\frac{1}{2}$e(Cos[1]+Sin[1])

即 $\int_0^1 e^x\cos x\,dx=\frac{e}{2}(\cos 1+\sin 1)-\frac{1}{2}$

或者直接输入定积分符号进行运算,计算机处理如下:

In[6]= $\int_0^1$ E^x*Cos[*x*]d*x*

Out[6]= $\frac{1}{2}$ (-1 + e(Cos[1] + Sin[1]))

【例 6-38】计算广义积分 $\int_{-\infty}^{+\infty} \frac{1}{1+x^2}dx$.

解:计算机处理如下:

In[7]:=Integrate[1/(1+x^2),{x,-Infinity,Infinity}]

Out[7]=π

即$\int_{-\infty}^{+\infty}\frac{1}{1+x^2}dx=\pi$

或者直接输入定积分符号进行运算,计算机处理如下:

In[7]= $\int_{-\infty}^{\infty}\frac{1}{1+x^2}dx$

Out[7]= π

【例6-39】 计算定积分$\int_0^2 f(x)dx$,其中:

$$f(x)=\begin{cases}2x & (0\leqslant x\leqslant 1)\\ 2x+1 & (1<x\leqslant 2)\end{cases}$$

解:计算机处理如下:

```
In[8]:=f[x_]=Which[0≤x≤1,2x,1<x≤2,2x+1]
Out[8]=Which[0≤x≤1,2x,1<x≤2,2x+1]
In[9]:=Integrate[f[x],{x,0,2}]
```

Out[9]=$\int_0^2$ Which[0≤x≤1,2x,1<x≤2,2x+1]dx

```
In[10]:=NIntegrate[f[x],{x,0,2}]
Out[10]=5
```

即$\int_0^2 f(x)dx=5$

或者直接输入定积分符号进行运算,计算机处理如下:

In[8]=*f*[x_] = Which[0≤*x*≤1,2*x*,1 < *x*≤2,2*x* + 1]

Out[8]= Which[0 ≤ *x* ≤ 1,2*x*,1 < *x* ≤ 2,2*x* + 1]

In[9]= *N*[$\int_0^2 f[x]dx$]

Out[9]= 5

素养提升6-1

在学习定积分的概念时,引入了曲边梯形面积计算的案例,曲边梯形的面积计算主要分四个步骤:

(1)分割:将大曲边梯形分割为n个小曲边梯形.

(2)近似:以小曲边梯形的底为小矩形的宽度,作相应的小矩形,用这n个小矩形的面积来近似计算相应的小曲边梯形面积.

(3)求和:将n个小曲边梯形的面积累加,得到对应的大曲边梯形面积的近似值.

(4)取极限:当分割无限加细,这个近似值就是大曲边梯形面积的精确值.

这四个步骤包含了很经典的思想——化整为零和积零为整.

化整为零思想隐含在日常工作和生活中,我们会遇到很多复杂的难点.这时我们要分散难点,也就是将大而复杂的问题尽可能分成小而简单的问题去解决.

积零为整思想,就是不断积累.纵观我国近年来取得的多项科技领域新成果,都是科研工作者在实践中不断摸索和积累的结果.

我国著名科学家、诺贝尔奖获得者屠呦呦带领团队数十年如一日，经过了无数次试验和筛选，从无数片小小的青蒿叶子中筛选并提取出了有效物质，终于合成出了青蒿素，解决了全球数亿疟疾患者的困扰.

2021年2月10日，“天问一号”探测器顺利进入火星轨道，成为我国第一颗人造火星卫星.过去的数十年，面对国外一系列关键技术的封锁，中国航天人坚守初心、不忘使命、追逐梦想，从一个个小零件开始研究和改进，终于完成了整体卫星的制造；从一个个小数据中不断摸索和积累，终于完成了卫星控制系统的研制.

党的二十大报告提出：“必须坚持守正创新.”无论是化整为零还是积零为整，都要坚持守正创新的思想，即在有效的方法和规律的基础上，勇于探索和创新，不断创立新型的技术和方法，从而为国家建设和社会多做贡献.

核心素养：勇于探索　善于总结

思考：在日常生活中有哪些含有积零为整思想的例子，这些例子带给你什么启示？

伟大的数学家6-1

苏步青：东方国度上灿烂的数学明星

本章小结

● 定积分的概念

函数$f(x)$在区间$[a,b]$上的定积分是指一个和式的极限$\int_a^b f(x)\mathrm{d}x=\lim\limits_{\lambda\to 0}\sum\limits_{i=1}^{n} f(\xi_i)\Delta x_i$，闭区间上的连续函数一定可积.

● 原函数的存在性

在区间$[a,b]$上的连续函数$f(x)$一定存在原函数，并且该原函数就是积分上限的函数$\Phi(x)=\int_a^x f(t)\mathrm{d}t(a\leqslant x\leqslant b)$.

● 牛顿-莱布尼茨(Newton-Leibniz)公式(微积分基本定理)

牛顿-莱布尼茨公式不但揭示了定积分与不定积分的内在联系，同时给出了一个计算定积分的简便方法，把计算定积分的问题转化为求原函数的增量问题，即：

$$\int_a^b f(x)\mathrm{d}x=F(b)-F(a)$$

● 定积分的计算方法

1.原函数法

直接利用牛顿-莱布尼茨公式求定积分.

2.换元积分法

$\int_a^b f(x)\mathrm{d}x=\int_\alpha^\beta f[\varphi(t)]\varphi'(t)\mathrm{d}t$，其中$x=\varphi(t)$在区间$[\alpha,\beta]$上有连续导数$\varphi'(t)$，而且$x=\varphi(t)$从$\varphi(\alpha)=a$单调地变到$\varphi(\beta)=b$.

3.分部积分法

设函数$u=u(x)$，$v=v(x)$在$[a,b]$上具有连续导数，则$\int_a^b u\mathrm{d}v=[uv]_a^b-\int_a^b v\mathrm{d}u$.

● 广义积分

$$\int_a^{+\infty} f(x)\mathrm{d}x=\lim_{b\to+\infty}\int_a^b f(x)\mathrm{d}x,\int_{-\infty}^b f(x)\mathrm{d}x=\lim_{a\to-\infty}\int_a^b f(x)\mathrm{d}x$$

$$\int_{-\infty}^{+\infty} f(x)\mathrm{d}x=\int_{-\infty}^{c} f(x)\mathrm{d}x+\int_{c}^{+\infty} f(x)\mathrm{d}x=\lim_{a\to-\infty}\int_{a}^{c} f(x)\mathrm{d}x+\lim_{b\to+\infty}\int_{c}^{b} f(x)\mathrm{d}x$$（其中 c 为任意常数）

若等式右边的极限存在，则称广义积分收敛，否则称其发散.

● 定积分的几何应用

1. 曲边梯形的面积

（1）曲线 $y=f(x)(f(x)\geqslant 0)$，直线 $x=a, x=b$ 及 x 轴所围成的曲边梯形的面积为 $A=\int_{a}^{b} f(x)\mathrm{d}x$.

（2）由曲线 $x=\varphi(y)(\varphi(y)\geqslant 0)$，直线 $y=c_1, y=c_2$ 及 y 轴所围成的平面图形的面积为 $A=\int_{c_1}^{c_2}\varphi(y)\mathrm{d}y$.

2. 由两条曲线所围成的平面图形的面积

（1）由两条连续曲线 $y=f(x), y=g(x)(f(x)\geqslant g(x))$ 以及直线 $x=a, x=b$ 所围成的平面图形的面积为 $A=\int_{a}^{b}[f(x)-g(x)]\mathrm{d}x$.

（2）由两条连续曲线 $x=\varphi(y), x=\psi(y)(\varphi(y)\geqslant\psi(y))$ 以及直线 $y=c_1, y=c_2$ 所围成的平面图形的面积为 $A=\int_{c_1}^{c_2}[\varphi(y)-\psi(y)]\mathrm{d}y$.

● 定积分在经济上的应用

1. 已知边际函数求原经济函数的问题

（1）对已知的边际函数 $F'(x)$，求原经济函数 $F(x)=\int_{0}^{x} F'(t)\mathrm{d}t+F(0)$.

（2）求原经济函数从 a 到 b 的改变量 $\Delta F=F(b)-F(a)=\int_{a}^{b} F'(x)\mathrm{d}x$.

2. 已知边际函数求最大利润问题

3. 消费者剩余与生产者剩余

消费者剩余 $=\int_{0}^{Q_e} D(Q)\mathrm{d}Q-P_e\cdot Q_e$

生产者剩余 $=P_e\cdot Q_e-\int_{0}^{Q_e} S(Q)\mathrm{d}Q$

主要概念

定积分（p.144）　积分上限的函数（p.147）

基本训练

● 知识题

6.1　不定积分、积分上限函数、定积分之间的关系是什么？

6.2　利用牛顿-莱布尼茨公式可以计算下列定积分吗？为什么？

（1）$\int_{-1}^{2}\frac{1}{x}\mathrm{d}x$　　　　（2）$\int_{0}^{\frac{\pi}{2}}\frac{\cos 2x}{\cos x-\sin x}\mathrm{d}x$

● 技能题

6.1　试用定积分表示由曲线 $y=x^2+1$ 和直线 $x=1, x=3$ 及 x 轴所围成的平面图形的面积.

6.2 比较下列各对定积分的大小:

(1) $\int_0^1 x^2 dx$ 与 $\int_0^1 x^3 dx$ (2) $\int_1^2 x^2 dx$ 与 $\int_1^2 x^3 dx$ (3) $\int_0^1 e^x dx$ 与 $\int_0^1 (1+x) dx$

6.3 试利用定积分的几何意义,说明:

(1) $\int_{-\pi}^{\pi} \sin x dx=0$ (2) $\int_{-\frac{\pi}{2}}^{\frac{\pi}{2}} \cos x dx=2\int_0^{\frac{\pi}{2}} \cos x dx$

6.4 估计下列定积分的值:

(1) $\int_1^4 (x^2+4) dx$ (2) $\int_0^{\ln 2} e^x dx$

6.5 求下列导数:

(1) $\frac{d}{dx}\int_0^x \frac{1}{\sqrt{1+t^4}} dt$ (2) $\frac{d}{dx}\int_x^0 e^{-t^2} dt$

6.6 求下列极限:

(1) $\lim\limits_{x\to 0}\frac{\int_0^x \sin(x^3) dx}{x^4}$ (2) $\lim\limits_{x\to 0}\frac{\int_0^x (\arctan x)^2 dx}{x^3}$

6.7 计算下列定积分:

(1) $\int_2^6 (x^2-1) dx$ (2) $\int_1^9 \left(\sqrt{t}-\frac{1}{\sqrt{t}}\right) dt$

(3) $\int_0^1 (x^4-3x^3+1) dx$ (4) $\int_4^9 \sqrt{x}(1+\sqrt{x}) dx$

(5) $\int_1^3 \left(1+\frac{1}{x}+\frac{1}{x^2}\right) dx$ (6) $\int_{-\frac{1}{2}}^{\frac{1}{2}} \frac{1}{\sqrt{1-x^2}} dx$

(7) $\int_{\frac{\sqrt{3}}{3}}^1 \frac{2x}{1+x^2} dx$ (8) $\int_{-\frac{\pi}{4}}^{\frac{\pi}{2}} \cos x dx$

(9) $\int_1^2 e^{-x} dx$ (10) $\int_0^1 x e^{x^2} dx$

(11) $\int_{-1}^2 |2x| dx$ (12) $\int_0^{2\pi} |\sin x| dx$

(13) 设 $f(x)=\begin{cases} e^{-x} & (x<0) \\ 1+x^2 & (x\geqslant 0)\end{cases}$,计算 $\int_{-1}^2 f(x) dx$.

6.8 计算下列定积分:

(1) $\int_1^4 \frac{1}{1+\sqrt{x}} dx$ (2) $\int_0^3 \frac{x}{\sqrt{1+x}} dx$

(3) $\int_0^1 \sqrt{1-x^2} dx$ (4) $\int_0^{\ln 2} \sqrt{e^x-1} dx$

(5) $\int_0^{\frac{\sqrt{2}}{2}} \frac{x^2}{\sqrt{1-x^2}} dx$ (6) $\int_1^2 \frac{\sqrt{x^2-1}}{x} dx$

6.9 利用函数的奇偶性计算下列定积分：

(1) $\int_{-\frac{\pi}{2}}^{\frac{\pi}{2}} \sin^3 x \mathrm{d}x$　　(2) $\int_{-\frac{\pi}{2}}^{\frac{\pi}{2}} \cos^2 x \mathrm{d}x$

(3) $\int_{-1}^{1} \frac{x^2 \arcsin x}{\sqrt{1+x^2}} \mathrm{d}x$　　(4) $\int_{-2}^{2} (x-3)\sqrt{4-x^2} \mathrm{d}x$

6.10 计算下列定积分：

(1) $\int_{0}^{1} x\mathrm{e}^{-x} \mathrm{d}x$　　(2) $\int_{0}^{\frac{\pi}{2}} x\sin x \mathrm{d}x$

(3) $\int_{0}^{\frac{\sqrt{3}}{2}} \arccos x \mathrm{d}x$　　(4) $\int_{0}^{1} x\arctan x \mathrm{d}x$

(5) $\int_{0}^{1} \mathrm{e}^x \sin x \mathrm{d}x$　　(6) $\int_{\frac{1}{\mathrm{e}}}^{\mathrm{e}} |\ln x| \mathrm{d}x$

6.11 计算下列广义积分：

(1) $\int_{1}^{+\infty} \frac{1}{x^2} \mathrm{d}x$　　(2) $\int_{-\infty}^{0} \mathrm{e}^{2x} \mathrm{d}x$

(3) $\int_{1}^{+\infty} \frac{1}{\sqrt{x}} \mathrm{d}x$　　(4) $\int_{e}^{+\infty} \frac{1}{x(\ln x)^2} \mathrm{d}x$

(5) $\int_{-\infty}^{0} x\mathrm{e}^{-x^2} \mathrm{d}x$　　(6) $\int_{-\infty}^{+\infty} \frac{1}{16+x^2} \mathrm{d}x$

6.12 求下列各曲线所围成的平面图形的面积：

(1)曲线 $y=x^2+3$ 在区间[0,1]上的曲边梯形；

(2)曲线 $y=3+2x-x^2$ 和直线 $x=1,x=4,y=0$ 所围成的图形；

(3)曲线 $y=x^2$ 和 $y=2-x^2$ 所围成的图形；

(4)曲线 $xy=1$ 和直线 $y=x,y=2$ 所围成的图形；

(5)曲线 $y=e^x$ 与直线 $y=e$ 及 y 轴所围成的图形；

(6)抛物线 $y^2=2x$ 与直线 $x+y=4$ 所围成的图形．

6.13 求抛物线 $y=-x^2+4x-3$ 及其在点(0,−3)和(3,0)处切线所围成图形的面积．

6.14 某产品的需求量 Q 是价格 P 的函数，最大需求量为1 000个单位．已知边际需求为 $Q'(P)=-\frac{20}{P+1}$，试求需求与价格的函数关系．

6.15 已知成本函数为 $C'(x)=25+30x-9x^2$，固定成本为55，试求总成本 $C(x)$ 与可变成本．

6.16 某产品生产 x 个单位时的边际收益为 $R'(x)=200-\frac{x}{100}$，求：

(1)生产50个单位时的总收益．

(2)在生产100个单位的基础上，再生产100个单位时总收益的改变量．

6.17 设某工厂生产某产品的固定成本为零，生产 x(百台)的边际成本为 $C'(x)=2$(万元/百台)，边际收益为 $R'(x)=7-2x$(万元/百台)，求：

(1)生产量为多少时总利润最大？

(2)在总利润最大的基础上再生产100台，总利润会减少多少？

6.18　设某公司生产某产品的固定成本为100,边际成本为$C'(x)=x^2-18x+100$,边际收益为$R'(x)=200-3x$,试求其最大利润.

6.19　设某产品的需求函数是$P=50-0.3\sqrt{Q}$,其中P为产品价格,Q为需求量.若该产品固定价格为15元,求消费者剩余.

6.20　《汽车与司机》杂志在1991年5月介绍了一款新型号车美洲虎,其售价为98万美元.以这种价格仅售出了50辆.估计若当时价格定为56万美元,则大概会售出350辆.假设需求曲线为一直线,并且56万美元和350辆这两个值为均衡价格和均衡数量,求消费者剩余.

参考答案6-1

基本训练

单元实训

6.1　实训目的和要求

1)掌握Mathematica中函数定积分的求解方法;

2)掌握Mathematica中利用定积分求解平面图形面积的方法.

6.2　实训设备和环境

配置Windows 7(或更高版本)的操作系统并安装了Mathematica 5.0(或更高版本)应用软件的计算机.

6.3　实训内容

利用Mathematica软件求定积分.

(1)$\int_0^1 \sin(\sqrt[6]{x})\mathrm{d}x$

求定积分,输入:

计算结果:

(2)$\int_0^1 \mathrm{e}^{-x^2}\mathrm{d}x$

求定积分,输入:

计算结果:

(3)$\int_{\frac{\pi}{4}}^{\frac{\pi}{3}} \frac{x}{\sin^2 x}\mathrm{d}x$

求定积分,输入:

计算结果:

(4)$\int_0^{\frac{\pi}{2}} \mathrm{e}^{2x}\cos x\mathrm{d}x$

求定积分,输入:

计算结果:

(5)$\int_1^{\mathrm{e}} \sin(\ln x)\mathrm{d}x$

求定积分,输入:

计算结果:

(6)$\int_0^2 \ln\left(x+\sqrt{x^2+4}\right)\mathrm{d}x$

参考答案6-2

单元实训

求定积分，输入：

计算结果：

6.4 练习和思考题

1)利用 Mathematica 软件计算技能题6.7和6.9中定积分(求出近似值)；

2)利用 Mathematica 软件验证技能题6.12.

复习提高

6.1 单项选择题：

(1)如果$f(x)$在$[a,b]$上连续，则$\frac{d}{dx}\left[\int_x^b f(t)dt\right]$=(　　).

A.$f(x)$　　B.$f(b)-f(x)$

C.$-f(x)$　　D.$f(x)+f(b)$

(2)如果$f(x)$在$[a,b]$上连续，则$\int_a^x f(x)dt(x\in[a,b])$是(　　).

A. 常数　　B. 函数$f(x)$

C.$f(x)$的一个原函数　　D.$f(x)$的所有原函数

(3)下列定积分为零的是(　　).

A.$\int_{-3}^{3}(x^3+x^5+1)dx$　　B.$\int_{-3}^{3}(x^3+x^5)dx$

C.$\int_{-3}^{3}x\sin x dx$　　D.$\int_{-3}^{3}x^2\cos x dx$

(4)下列广义积分收敛的是(　　).

A.$\int_1^{+\infty}\frac{1}{x}dx$　　B.$\int_{-\infty}^{+\infty}\sin x dx$

C.$\int_0^{+\infty}e^{-x}dx$　　D.$\int_{-\infty}^{0}e^{-x}dx$

6.2 填空题：

(1)设函数$\Phi(x)=\int_1^x t\cos^2 t dt$，则$\Phi'(x)$________，$\Phi'(1)$________，$\Phi'(\pi)$________.

(2)设$f(x)$是$[a,b]$上的单调增加函数，且$f(x)$在$[a,b]$上连续，则________$\leqslant\int_a^b f(x)dx$ $\leqslant$________.

(3)用定积分的估值定理估计该积分的值：________$\leqslant\int_{-1}^{2}e^{-x^2}dx\leqslant$________.

(4)由曲线$y=x^2+1$，直线$x=-1$，$x=2$，$y=0$所围成的曲边梯形的面积A可用定积分表示成____________.

(5)利用定积分的几何意义可知定积分$\int_0^a\sqrt{a^2-x^2}dx$=________$(a>0)$.

6.3 计算下列定积分：

(1)$\int_0^3 e^{\frac{x}{3}}dx$　　(2)$\int_0^3\frac{1}{3+2x}dx$

(3) $\int_{1}^{2}\left(x+\frac{1}{x}\right)^{2}dx$　　(4) $\int_{1}^{\sqrt{3}}\frac{1+2x^{2}}{x^{2}(1+x^{2})}dx$

(5) $\int_{0}^{\frac{\pi}{2}}\cos^{5}x\sin x dx$　　(6) $\int_{0}^{4}\frac{x+2}{\sqrt{2x+1}}dx$

(7) $\int_{1}^{e}\ln^{2}x dx$　　(8) $\int_{0}^{1}\sin\sqrt{x}dx$

(9) $\int_{0}^{\sqrt{2}}\sqrt{2-x^{2}}dx$　　(10) $\int_{\frac{2}{\pi}}^{+\infty}\frac{1}{x^{2}}\sin\frac{1}{x}dx$

6.4　当 x 为何值时，函数 $I(x)=\int_{0}^{x}te^{-t^{2}}dt$ 有极值？是极大值还是极小值？极值是多少？

6.5　求由 $y=f(x)$，以及直线 $x=-1$，$x=2$ 和 $y=0$ 所围成的曲边梯形的面积，其中 $f(x)=\begin{cases}x+1 & (-1\leqslant x\leqslant 1)\\ \frac{1}{2}x^{2} & (x>1)\end{cases}$.

6.6　设 $f(x)$ 是连续函数，且 $\int_{0}^{x}f(x)dx=x^{2}(1+x)$，求 $f(x)$.

6.7　已知边际消费函数是收入 x 的函数 $C'(x)=\frac{3}{\sqrt{2x}}$，且 $C(0)=70$.

(1)求消费函数 $C(x)$；

(2)求当收入由100增加到196时，消费支出的增量.

6.8　对下列曲线求消费者剩余与生产者剩余：

(1) $D(Q)=5-\frac{Q^{2}}{5}$，$S(Q)=\frac{Q^{2}}{5}$

(2) $D(Q)=8e^{-Q}-1$，$S(Q)=5-4e^{-Q}$

参考答案6-3

复习提高

树老易空，人老易松，科学之道，戒之以空，戒之以松，我愿一辈子从实以终.

——华罗庚

第7章
多元函数的微积分

学习目标

知识目标： 了解二元函数的极限、连续以及多元函数的偏导数和二重积分的概念.

技能目标： 掌握二元函数偏导数、全微分、二重积分的计算方法及求二元函数的极值的方法,能利用Mathematica软件计算偏导数、全微分、二重积分及二元函数的极值；能利用偏导数分析简单的经济应用问题以及讨论二元函数的优化问题.

素养目标： 培养学生树立正确的人生观、价值观，将个人的人生目标与祖国的发展和建设联系在一起.

知识导图7-1

第7章

7.1 空间解析几何简介

在前面几章中，我们讨论了一元函数的微积分，但在商务、经济领域中，会出现多个变量的情况，这就需要研究多元函数的微积分.为此，我们先介绍空间解析几何的一些基本概念.

7.1.1 空间直角坐标系

在空间中取定一点 O，过 O 作三条互相垂直的数轴 Ox,Oy,Oz，并按右手螺旋法则规定 Ox,Oy,Oz 的正方向(即将右手伸直，母指指向 Oz 的正方向，其余四指指向 Ox 的正方向，四指弯曲后的指向为 Oy 的正方向)(如图 7-1 所示).

这样 Ox,Oy,Oz 就构成一空间直角坐标系 $Oxyz$，O 称为坐标原点，三条数轴分别称为 x 轴、y 轴、z 轴或横轴、纵轴、竖轴.每两条轴所构成的平面称为坐标平面，即 xOy,yOz,zOx.这三个平面把空间分成八个部分，每一部分称为一卦限(如图 7-2 所示).

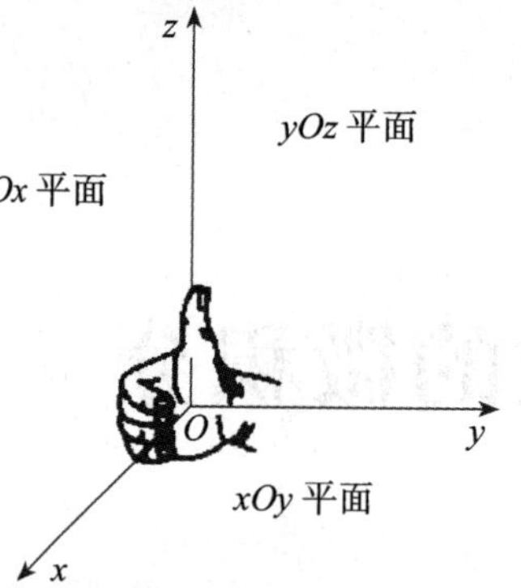

图 7-1

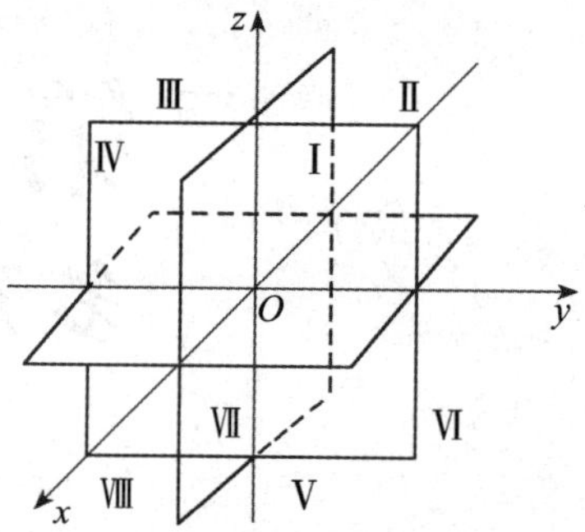

图 7-2

取定了空间直角坐标系，对于空间任意一点 M，过点 M 作三个平面，分别垂直于 x 轴、y 轴、z 轴，且与这三个数轴分别交于 P,Q,R 三点(如图 7-3 所示)，这三点在 x 轴、y 轴、z 轴上的坐标依次为 x,y,z，则点 M 确定了唯一的有序数组 (x,y,z).

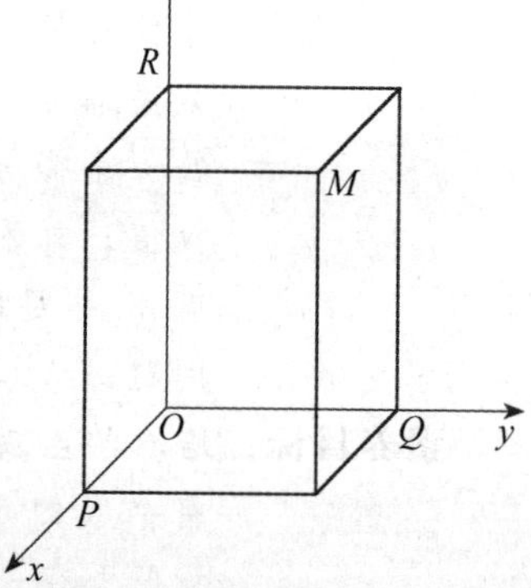

图 7-3

反之，对于任意一个有序数组 (x,y,z)，在 x,y,z 三轴上分别取与 x,y,z 相应的点 P，

Q，R，然后过P，Q，R这三点分别作垂直于x轴、y轴、z轴的平面，这三个平面的交点M就是有序数组(x,y,z)所唯一确定的点．

于是，空间任意一点M和有序数组(x,y,z)建立了一一对应的关系，我们称有序数组(x,y,z)为点M的横坐标、纵坐标、竖坐标，记为$M(x,y,z)$.

显然，坐标原点的坐标为$(0,0,0)$，点$(a,0,0)$在x轴上，点$(0,b,0)$在y轴上，点$(0,0,c)$在z轴上，点$(a,b,0)$在xOy平面上．

7.1.2　平面方程

在平面解析几何中，直线可用二元一次方程$Ax+Bx+C=0$表示．在空间解析几何中，平面可用三元一次方程$Ax+By+Cz+D=0$表示．

如方程$x+y+z-1=0$表示过$(1,0,0)$，$(0,1,0)$，$(0,0,1)$三点的平面（如图7-4所示）.

又如方程$x+y-1=0$表示过xOy平面上的直线$x+y-1=0$且平行于z轴的平面（如图7-5所示）.

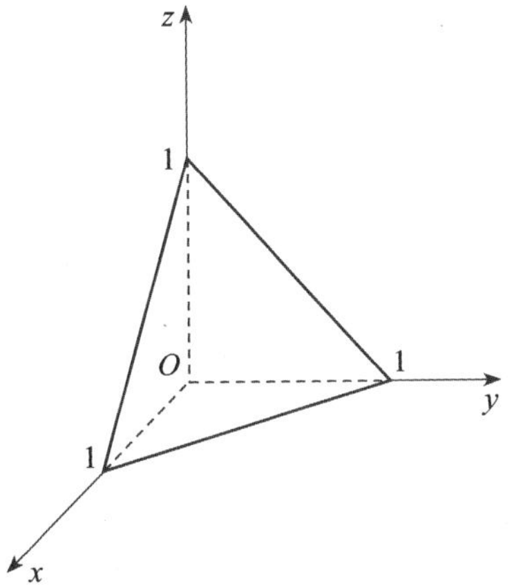

图7-4

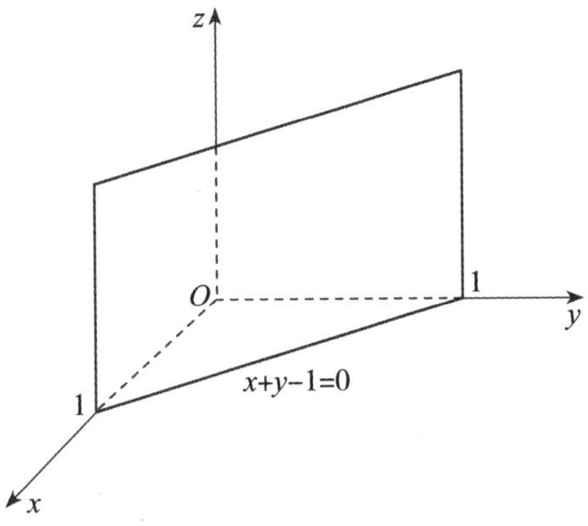

图7-5

【例7-1】求三个坐标平面的方程．

解：因为xOy平面上任意一点坐标为$(x,y,0)$，满足$z=0$. 而满足方程$z=0$的点也一定在xOy平面上，所以xOy平面的方程为$z=0$.

类似地，yOz平面的方程为$x=0$，zOx平面的方程为$y=0$.

【例7-2】作$z=c$（c为常数）的图形．

解：对方程$z=c$，点(x,y,c)一定满足方程，其中x，y可取任意实数．所以$z=c$的图形是过z轴上点$(0,0,c)$，且平行于xOy平面的一个平面（如图7-6所示）.

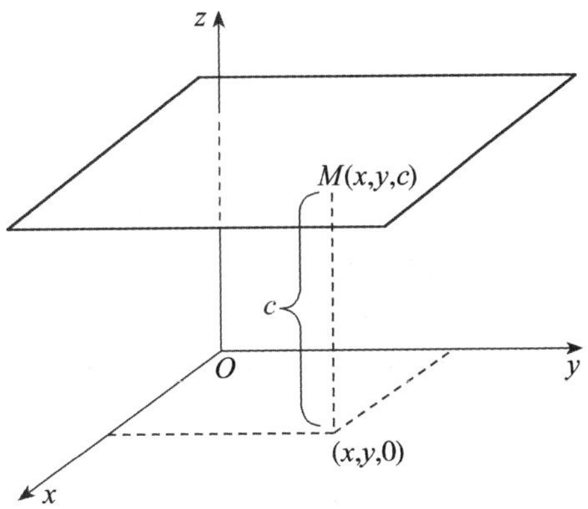

图7-6

7.1.3　常见的空间曲面方程及其图形

(1)球面方程：$(x-x_0)^2+(y-y_0)^2+(z-z_0)^2=R^2$，表示以点$M_0(x_0,y_0,z_0)$为球心，$R$

为半径的球面(如图7-7所示).

(2)旋转抛物面方程:$z = a(x^2 + y^2)(a \neq 0)$,表示$zOx$平面上抛物线$z = ax^2$绕$z$轴旋转一周所产生的旋转曲面(如图7-8所示).当$a > 0$时,抛物面开口向上;当$a < 0$时,抛物面开口向下.

(3)圆柱面方程:$x^2 + y^2 = R^2$,表示平行于z轴的直线沿xOy平面上的圆$x^2 + y^2 = R^2$平行移动一周所产生的曲面(如图7-9所示).

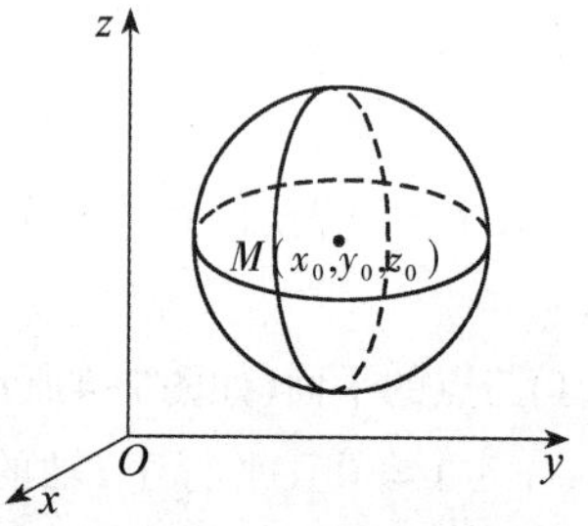

图7-7

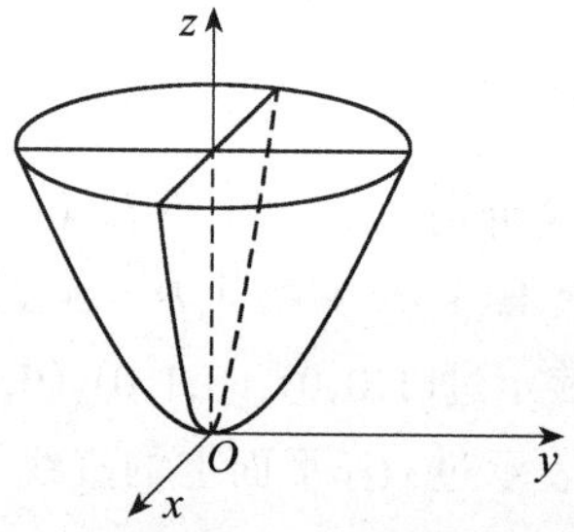

图7-8

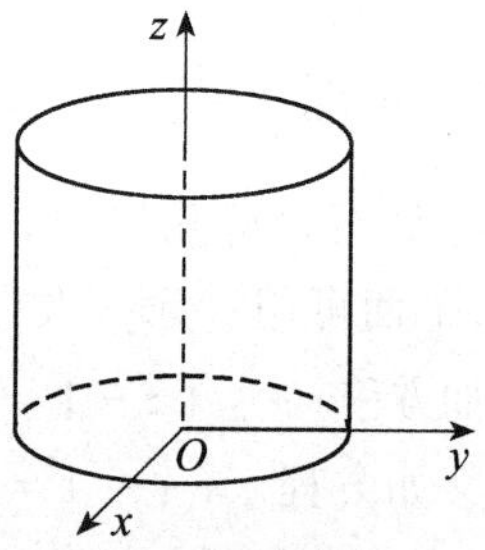

图7-9

7.2 多元函数的极限与连续

在许多经济问题中,经常遇到多个变量之间的依赖关系.如某商品的消费量,不仅与其销售价格有关,且与消费者的收入、消费者的人数及该商品的其他代用品等因素有关.为此我们要引入多元函数的概念.

7.2.1 多元函数的概念

1)二元函数的定义

定义7-1 设有三个变量x,y和z,如果当变量x,y在它们的变化范围D内任意取定一对数值时,变量z依照一定的法则f,总有唯一确定的数值与之对应,则称z为变量x,y的**二元函数**,记作$z = f(x,y)$,其中x,y称为**自变量**,z称为**因变量**.自变量x与y的变化范围称为**函数的定义域**.

类似地,可定义三元函数$w = f(x,y,z)$,以及三元以上的函数.

二元以及二元以上的函数统称为**多元函数**.

2)二元函数的定义域

一元函数的定义域在几何上一般为数轴上的区间.二元函数的定义域在几何上一般是平面区域,用字母D表示.所谓平面区域可以是整个xOy平面或者是xOy平面上由几条曲线所围成的部分.围成区域的曲线称为该区域的边界,包括边界在内的区域称为闭区域,不包括边界的区域称为开区域,包括部分边界的区域称为半开区域.如果一个区域可以被包含在一个以原点为圆心的相当大的圆内,称这个区域是有界区域;否则称为无界区域.

称开区域$U(P_0,\delta) = \{(x,y)|(x - x_0)^2 + (y - y_0)^2 < \delta^2\}$为点$P_0(x_0,y_0)$的$\delta$**邻域**.称$U(\overline{P}_0,\delta) = \{(x,y)|0 < (x - x_0)^2 + (y - y_0)^2 < \delta^2\}$为点$P_0(x_0,y_0)$的$\delta$**去心邻域**.

与一元函数相类似，对于用解析式表示的二元函数 $z=f(x,y)$，其定义域是指使这个解析式有意义的自变量 x,y 的取值范围．对于实际问题，还必须使其有实际意义．

【例 7-3】求二元函数 $z=\sqrt{1-x^2-y^2}$ 的定义域．

解：定义域 D 为：$1-x^2-y^2\geqslant 0$，即 $x^2+y^2\leqslant 1$，D 为一个有界的闭区域（如图 7-10 所示）．

【例 7-4】求二元函数 $z=\dfrac{1}{\sqrt{x+y}}$ 的定义域．

解：定义域 D 为：$x+y>0$，D 为一个有界的开区域（如图 7-11 所示）．

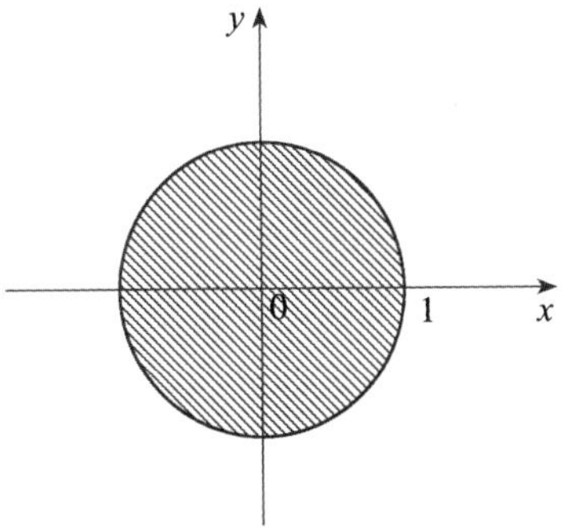

图 7-10

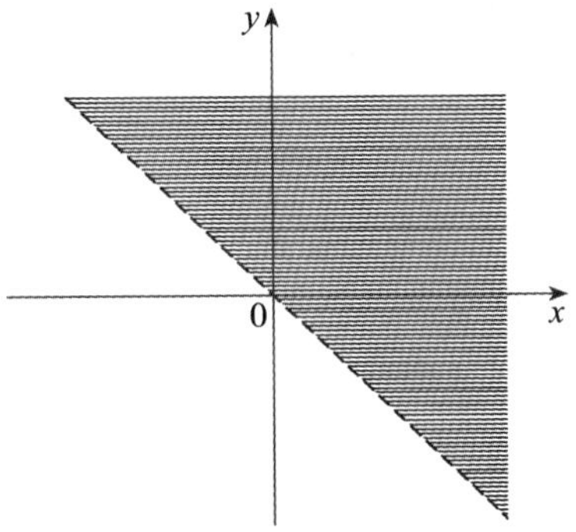

图 7-11

3）二元函数的几何意义

一元函数 $y=f(x)$ 的图形一般表示平面上的一条曲线，二元函数 $z=f(x,y)$ 一般表示空间上的一个曲面（如图 7-12 所示）．

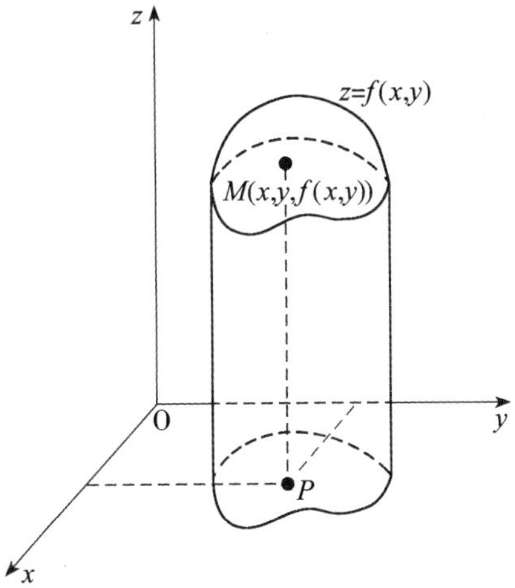

图 7-12

7.2.2　二元函数的极限与连续

1）二元函数的极限

定义 7-2　设函数 $z=f(x,y)$ 在点 $P_0(x_0,y_0)$ 的某邻域内有定义（点 P_0 可以除外），A 是一个常数，若点 $P(x,y)$ 以任意方式无限趋近于 $P_0(x_0,y_0)$ 时，$f(x,y)$ 总是无限趋近于 A，则称常数 A 为二元函数 $f(x,y)$ 当 (x,y) 趋向于 (x_0,y_0) 时的**极限**．记为 $\lim\limits_{\substack{x\to x_0\\ y\to y_0}} f(x,y)=A$．

2）二元函数的连续

定义 7-3 设函数 $z=f(x,y)$ 在点 $P_0(x_0,y_0)$ 的某邻域内有定义，若 $\lim\limits_{\substack{x\to x_0\\ y\to y_0}} f(x,y)=f(x_0,y_0)$，则称二元函数 $f(x,y)$ 在 $P_0(x_0,y_0)$ 处**连续**，否则称点 $P_0(x_0,y_0)$ 为函数 $z=f(x,y)$ 的**间断点**.

与一元函数类似，二元连续函数经过四则运算和复合运算后仍为二元连续函数.由 x 和 y 的基本初等函数经过有限次的四则运算和复合所构成的可用一个式子表示的二元函数称为二元初等函数.一切二元初等函数在其定义域内都是连续的.

7.3 偏导数

在一元函数微积分中，由函数关于自变量的变化率问题引入了导数的概念.在经济活动中，有时也需要研究二元函数的变化率.最简单的问题是在一个自变量的值保持不变时，求因变量对于另一个自变量的变化率，由此引进了偏导数的概念.

7.3.1 偏导数的概念

定义 7-4 设函数 $z=f(x,y)$ 在点 (x_0,y_0) 的某一邻域内有定义，当 y 固定在 y_0 而 x 在 x_0 处有增量 Δx 时，相应的函数有增量 $f(x_0+\Delta x,y_0)-f(x_0,y_0)$.

如果极限 $\lim\limits_{\Delta x\to 0}\dfrac{f(x_0+\Delta x,y_0)-f(x_0,y_0)}{\Delta x}$ 存在，则称此极限为函数 $z=f(x,y)$ 在点 (x_0,y_0) 处对 x 的偏导数，记作 $\left.\dfrac{\partial z}{\partial x}\right|_{\substack{x=x_0\\ y=y_0}}$，$\left.\dfrac{\partial f}{\partial x}\right|_{\substack{x=x_0\\ y=y_0}}$，$zx\big|_{\substack{x=x_0\\ y=y_0}}$ 或 $fx(x_0,y_0)$，即：

$$f_x(x_0,y_0)=\lim_{\Delta x\to 0}\frac{f(x_0+\Delta x,y_0)-f(x_0,y_0)}{\Delta x}$$

类似地，函数 $z=f(x,y)$ 在点 (x_0,y_0) 处对 y 的偏导数为：

$$\lim_{\Delta y\to 0}\frac{f(x_0,y_0+\Delta y)-f(x_0,y_0)}{\Delta y}$$

记作：$\left.\dfrac{\partial z}{\partial y}\right|_{\substack{x=x_0\\ y=y_0}}$，$\left.\dfrac{\partial f}{\partial y}\right|_{\substack{x=x_0\\ y=y_0}}$，$zx\big|_{\substack{x=x_0\\ y=y_0}}$ 或 $fy(x_0,y_0)$，即：

$$f_y(x_0,y_0)=\lim_{\Delta y\to 0}\frac{f(x_0,y_0+\Delta y)-f(x_0,y_0)}{\Delta y}$$

如果函数 $z=f(x,y)$ 在平面区域 D 内每一点 (x,y) 处对 x（或 y）的偏导数都存在，则称函数 $f(x,y)$ 在 D 内有对 x（或 y）的**偏导函数**，简称**偏导数**.记作：

$$\frac{\partial z}{\partial x},\frac{\partial f}{\partial x},z_x\text{或}f_x(x,y)\left(\frac{\partial z}{\partial y},\frac{\partial f}{\partial y},z_y\text{或}f_y(x,y)\right)$$

7.3.2 偏导数的求法

在求二元函数对某个自变量的偏导数时，只需把另一自变量看作常数，然后直接利用一元函数的求导公式和求导法则来计算.

【例7-5】求$z=x^y$的偏导数$\frac{\partial z}{\partial x}$和$\frac{\partial z}{\partial y}$.

解：$\frac{\partial z}{\partial x}=yx^{y-1}$

$\frac{\partial z}{\partial y}=x^y\ln x$

【例7-6】求$f(x,y)=e^{xy}+y$在点$(0,1)$的偏导数$f_x(0,1)$和$f_y(0,1)$.

解：$\because f_x(x,y)=ye^{xy}$

$f_y(x,y)=xe^{xy}+1$

$\therefore f_x(0,1)=1\times e^{0\times 1}=1$

$f_y(0,1)=0\times e^{0\times 1}+1=1$

7.3.3 高阶偏导数

定义7-5　设函数$z=f(x,y)$在区域D内具有偏导数$\frac{\partial z}{\partial x}=f_x(x,y)$和$\frac{\partial z}{\partial y}=f_y(x,y)$，一般说来，在$D$内$f_x(x,y)$和$f_y(x,y)$都是$x,y$的函数.如果这两个函数的偏导数存在，则称它们是函数$z=f(x,y)$的**二阶偏导数**.按照对变量求导次序的不同，共有下列四个二阶偏导数：

$$\frac{\partial}{\partial x}\left(\frac{\partial z}{\partial x}\right)=\frac{\partial^2 z}{\partial x^2}=f_{xx}(x,y)=z_{xx}$$

$$\frac{\partial}{\partial y}\left(\frac{\partial z}{\partial x}\right)=\frac{\partial^2 z}{\partial x\partial y}=f_{xy}(x,y)=z_{xy}$$

$$\frac{\partial}{\partial x}\left(\frac{\partial z}{\partial y}\right)=\frac{\partial^2 z}{\partial x\partial x}=f_{yx}(x,y)=z_{yx}$$

$$\frac{\partial}{\partial y}\left(\frac{\partial z}{\partial y}\right)=\frac{\partial^2 z}{\partial y^2}=f_{yy}(x,y)=z_{yy}$$

其中第二、第三两个偏导数称为**混合偏导数**.

类似地，可以定义三阶、四阶……以及n阶偏导数.我们把二阶及二阶以上的偏导数统称为**高阶偏导数**.

【例7-7】求$z=xy^3-2x^3y^2+x+y$的二阶偏导数.

解：$\because \frac{\partial z}{\partial x}=y^3-6x^2y^2+1$

$\frac{\partial z}{\partial y}=3xy^2-4x^3y+1$

$\therefore \frac{\partial^2 z}{\partial x^2}=-12xy^2$

$\frac{\partial^2 z}{\partial x\partial y}=3y^2-12x^2y$

$\frac{\partial^2 z}{\partial y\partial x}=3y^2-12x^2y$

$\frac{\partial^2 z}{\partial y^2}=6xy-4x^3$

上例中有：$\frac{\partial^2 z}{\partial x\partial y}=\frac{\partial^2 z}{\partial y\partial x}$，我们可以证明：当二阶混合偏导数是$x,y$的连续函数时，这两个混合偏导数相等．

7.3.4 偏导数在经济中的应用

1）边际函数

(1)边际成本．

设某工厂生产甲、乙两种不同的产品，其数量分别为x,y，总成本函数为$C(x,y)$，则$\frac{\partial C}{\partial x}$表示：当乙商品的数量保持在某一水平上，而甲商品的数量变化时总成本的变化率．我们把它称为总成本$C(x,y)$对x的边际成本．$\frac{\partial C}{\partial y}$表示：当甲商品的数量保持在某一水平上，而乙商品的数量变化时总成本的变化率．我们把它称为总成本$C(x,y)$对y的边际成本．

【例 7-8】 某工厂生产甲、乙两种不同的产品，其数量分别为x,y，总成本函数为$C(x,y)=3x^2+2xy+y^2$．求：

①甲、乙两种不同产品的边际成本；

②当$x=4,y=3$时，对x的边际成本．

解：①对甲产品的边际成本为：$\frac{\partial C}{\partial x}=6x+2y$

对乙产品的边际成本为：$\frac{\partial C}{\partial y}=2x+2y$

②$\left.\frac{\partial C}{\partial x}\right|_{\substack{x=4\\y=3}}=\left.(6\mathrm{x}+2\mathrm{y})\right|_{\substack{x=4\\y=3}}=30$

与边际成本类似可讨论边际利润、边际收入等．

(2)边际需求．

设有甲、乙两种商品，其价格分别为P_1和P_2，消费者对该两种商品的需求$Q_1=f_1(P_1,P_2)$，$Q_2=f_2(P_1,P_2)$，则Q_1和Q_2的偏导数是边际需求函数：

$\frac{\partial Q_1}{\partial P_1}$是$Q_1$关于自身价格$P_1$的边际需求，表示：乙商品的价格保持在某一水平上，当甲商品的价格变化时甲商品需求量的变化率．

$\frac{\partial Q_1}{\partial P_2}$是$Q_1$关于相关价格$P_2$的边际需求，表示：甲商品的价格保持在某一水平上，当乙商品的价格变化时甲商品需求量的变化率．

$\frac{\partial Q_2}{\partial P_2}$是$Q_2$关于自身价格$P_2$的边际需求，表示：甲商品的价格保持在某一水平上，当乙商品的价格变化时乙商品需求量的变化率．

$\frac{\partial Q_2}{\partial P_1}$是$Q_2$关于相关价格$P_1$的边际需求，表示：乙商品的价格保持在某一水平上，当甲商品的价格变化时乙商品需求量的变化率．

一般地，若价格P_1提高，相应的需求Q_1就会减少；若价格P_2提高，相应的需求Q_2就会减少，故$\frac{\partial Q_1}{\partial P_1}<0$，$\frac{\partial Q_2}{\partial P_2}<0$.

若$\frac{\partial Q_1}{\partial P_2}>0$，$\frac{\partial Q_2}{\partial P_1}>0$，说明一种商品的价格提高，而另一种商品的需求增加，这样的两种商品是相互竞争的.

若$\frac{\partial Q_1}{\partial P_2}<0$，$\frac{\partial Q_2}{\partial P_1}<0$，说明一种商品的价格提高，而另一种商品的需求减少，这样的两种商品是相互补充的.

例如鸡肉与猪肉是相互竞争的，计算机与移动硬盘是相互补充的.

【例7-9】设两种商品的需求函数分别为$Q_1=20-2P_1-P_2$,$Q_2=9-P_1-2P_2$，求边际需求.

解：$\frac{\partial Q_1}{\partial P_1}=-2$，$\frac{\partial Q_1}{\partial P_2}=-1$，$\frac{\partial Q_2}{\partial P_2}=-2$，$\frac{\partial Q_2}{\partial P_1}=-1$

因为$\frac{\partial Q_1}{\partial P_2}<0$，$\frac{\partial Q_2}{\partial P_1}<0$，所以这两种商品是相互补充的.

2）偏弹性

一元函数$y=f(x)$在x处的弹性$\frac{Ey}{Ex}$表示$f(x)$在点x处的相对变化率，对于二元函数，我们利用偏导数的概念来定义偏弹性.

$z=f(x,y)$对x的**偏弹性**$\frac{Ez}{Ex}=\lim\limits_{\Delta x\to 0}\frac{\Delta z/z}{\Delta x/x}=\frac{x}{f(x,y)}\cdot\frac{\partial z}{\partial x}$，表示$y$保持不变，$z=f(x,y)$对$x$的相对变化率.

$z=f(x,y)$对y的**偏弹性**$\frac{Ez}{Ey}=\lim\limits_{\Delta y\to 0}\frac{\Delta z/z}{\Delta y/y}=\frac{y}{f(x,y)}\cdot\frac{\partial z}{\partial y}$，表示$x$保持不变，$z=f(x,y)$对$y$的相对变化率.

我们来讨论需求偏弹性.

设有两种相关商品的价格分别为P_1，P_2，需求函数分别为$Q_1=f_1(P_1,P_2)$，$Q_2=f_2(P_1,P_2)$.

对于需求函数$Q_1=f_1(P_1,P_2)$我们可得出如下结论：

①若价格P_2不变，当价格P_1改变引起需求Q_1改变时，有偏弹性：

$\frac{EQ_1}{EP_1}=\lim\limits_{\Delta P_1\to 0}\frac{\Delta Q_1/Q_1}{\Delta P_1/P_1}=\frac{P_1}{Q_1}\cdot\frac{\partial Q_1}{\partial P_1}$，称为**需求的直接价格偏弹性**.

②若价格P_1不变，当价格P_2改变引起需求Q_1改变时，有偏弹性：

$\frac{EQ_1}{EP_2}=\lim\limits_{\Delta P_2\to 0}\frac{\Delta Q_1/Q_1}{\Delta P_2/P_2}=\frac{P_2}{Q_1}\cdot\frac{\partial Q_1}{\partial P_2}$，称为**需求的交叉价格偏弹性**.

同样，对于需求函数$Q_2=f_2(P_1,P_2)$我们可得出如下结论：

①若价格P_1不变，当价格P_2改变引起需求Q_2改变时，有需求的直接价格偏弹性：

$$\frac{EQ_2}{EP_2}=\lim\limits_{\Delta P_2\to 0}\frac{\Delta Q_2/Q_2}{\Delta P_2/P_2}=\frac{P_2}{Q_2}\cdot\frac{\partial Q_2}{\partial P_2}$$

②若价格P_2不变，当价格P_1改变引起需求Q_2改变时，有需求的交叉价格偏弹性：

$$\frac{EQ_2}{EP_1}=\lim_{\Delta P_1\to 0}\frac{\Delta Q_2/Q_2}{\Delta P_1/P_1}=\frac{P_1}{Q_2}\cdot\frac{\partial Q_2}{\partial P_1}$$

【例 7-10】 某商品甲的单位价格为 P_1，与其相关联的商品乙的单位价格为 P_2，经数据的拟合，建立了商品甲的需求函数 $Q_1=\frac{1}{200}P_1^{-\frac{3}{8}}P_2^{-\frac{2}{5}}$，求商品甲的需求的直接价格偏弹性和交叉价格偏弹性，并解释其经济含义.

解：$\frac{EQ_1}{EP_1}=\frac{P_1}{Q_1}\cdot\frac{\partial Q_1}{\partial P_1}=\frac{P_1}{\frac{1}{200}P_1^{-\frac{3}{8}}P_2^{-\frac{2}{5}}}\cdot\frac{1}{200}\cdot\left(-\frac{3}{8}\right)P_1^{-\frac{11}{8}}P_2^{-\frac{2}{5}}=-\frac{3}{8}=-0.375$

$\frac{EQ_1}{EP_2}=\frac{P_2}{Q_1}\cdot\frac{\partial Q_1}{\partial P_2}=\frac{P_2}{\frac{1}{200}P_1^{-\frac{3}{8}}P_2^{-\frac{2}{5}}}\cdot\frac{1}{200}P_1^{-\frac{3}{8}}\cdot\left(-\frac{2}{5}\right)P_2^{-\frac{7}{5}}=-\frac{2}{5}=-0.4$

其经济含义是：当商品甲的价格提高 1% 时，商品甲的需求量将减少 0.375%. 当商品乙的价格提高 1% 时，商品甲的需求量将减少 0.4%.

7.4 全微分

在一元微分学中，对于一元函数 $y=f(x)$，当 Δx 较小时，函数的改变量 $\Delta y=f(x+\Delta x)-f(x)$ 可以近似地表示为自变量的改变量 Δx 的线性函数 $f'(x)\Delta x$. 对于二元函数 $z=f(x,y)$ 也有类似的结论.

设函数 $z=f(x,y)$ 在点 (x,y) 的某邻域内有定义，若自变量 x，y 各有改变量 Δx 和 Δy，则 $\Delta z=f(x+\Delta x,y+\Delta y)-f(x,y)$ 称为函数 $z=f(x,y)$ 在点 (x,y) 的全增量.

定义 7-6 当函数 $z=f(x,y)$ 的偏导数 $\frac{\partial z}{\partial x}$，$\frac{\partial z}{\partial y}$ 在点 (x,y) 处连续时，函数的全增量 Δz 可以表示为 $\Delta z=\frac{\partial z}{\partial x}\Delta x+\frac{\partial z}{\partial y}\Delta y+o(\rho)$，其中 $\rho=\sqrt{(\Delta x)^2+(\Delta y)^2}$，当 $\rho\to 0$ 时，$o(\rho)$ 是一个比 ρ 高阶的无穷小量. 我们称 Δz 的主要线性部分 $\frac{\partial z}{\partial x}\Delta x+\frac{\partial z}{\partial y}\Delta y$ 为函数 $z=f(x,y)$ 在点 (x,y) 的**全微分**.

与一元微分类似，自变量的改变量 $\Delta x,\Delta y$ 可理解为 $\mathrm{d}x,\mathrm{d}y$. 这样 $z=f(x,y)$ 的全微分就可写为 $\mathrm{d}z=\frac{\partial z}{\partial x}\mathrm{d}x+\frac{\partial z}{\partial y}\mathrm{d}y$.

【例 7-11】 求函数 $z=\ln(2x+y^3)$ 的全微分.

解：$\because \frac{\partial z}{\partial x}=\frac{2}{2x+y^3}$

$\frac{\partial z}{\partial y}=\frac{3y^2}{2x+y^3}$

$\therefore\ \mathrm{d}z=\frac{2}{2x+y^3}\mathrm{d}x+\frac{3y^2}{2x+y^3}\mathrm{d}y=\frac{1}{2x+y^3}(2\mathrm{d}x+3y^2\mathrm{d}y)$

【例 7-12】 求函数 $z=\mathrm{e}^{2xy}$ 在点 $(1,1)$ 处的全微分.

解：$\because\ \frac{\partial z}{\partial x}=2y\mathrm{e}^{2xy}$

$$\frac{\partial z}{\partial y}=2xe^{2xy}\cdot\frac{\partial z}{\partial x}\bigg|_{\substack{x=1\\y=1}}=2e^2$$

$$\frac{\partial z}{\partial y}\bigg|_{\substack{x=1\\y=1}}=2e^2$$

$$\therefore\ dz\big|_{\substack{x=1\\y=1}}=2e^2dx+2e^2dy=2e^2(dx+dy)$$

7.5 多元函数的极值

在第4章中，我们讨论了一元函数的极值.在经济活动中，经常遇到多元函数的极值问题.本节讨论二元函数的极值，二元以上的多元函数的极值可进行类似讨论.

7.5.1 二元函数的极值

定义7-7 设函数$z=f(x,y)$在点(x_0,y_0)的某一邻域内有定义，对于该邻域内异于(x_0,y_0)的任意一点(x,y)，如果有$f(x,y)<f(x_0,y_0)$，则称函数在点(x_0,y_0)处有极大值；如果有$f(x,y)>f(x_0,y_0)$，则称函数在点(x_0,y_0)处有极小值.极大值、极小值统称为**极值**，使函数取得极值的点称为**极值点**.

定理7-1（必要条件） 设函数$z=f(x,y)$在点(x_0,y_0)处具有偏导数，且在点(x_0,y_0)处有极值，则它在该点的偏导数必然为零，即：

$f_x(x_0,y_0)=0$

$f_y(x_0,y_0)=0$

与一元函数的情形类似，对于多元函数，凡是能使一阶偏导数同时为零的点称为函数的**驻点**.在一阶偏导存在的情况下，函数的极值点必是驻点，但驻点不一定是极值点.下面介绍极值的充分条件.

定理7-2（充分条件） 设函数$z=f(x,y)$在点(x_0,y_0)的某邻域内有直到二阶的连续偏导数，$f_x(x_0,y_0)=0$，$f_y(x_0,y_0)=0$.令：$f_{xx}(x_0,y_0)=A$，$f_{xy}(x_0,y_0)=B$，$f_{yy}(x_0,y_0)=C$.

（1）当$B^2-AC<0$时，函数$z=f(x,y)$在点(x_0,y_0)处有极值，且当$A>0$时有极小值$f(x_0,y_0)$；当$A<0$时有极大值$f(x_0,y_0)$.

（2）当$B^2-AC>0$时，函数$z=f(x,y)$在点(x_0,y_0)处没有极值.

（3）当$B^2-AC=0$时，函数$z=f(x,y)$在点(x_0,y_0)处可能有极值，也可能没有极值.

根据定理7-1与定理7-2，如果函数$z=f(x,y)$具有二阶连续偏导数，则求$z=f(x,y)$的极值的一般步骤如下：

（1）解方程组$f_x(x,y)=0$，$f_y(x,y)=0$，求出函数$z=f(x,y)$的所有驻点；

（2）求出函数$z=f(x,y)$的二阶偏导数，依次确定各驻点处A,B,C的值；

（3）根据B^2-AC的大小判定驻点是否为极值点；

（4）求出函数$z=f(x,y)$在极值点处的值.

【例7-13】 求函数$f(x,y)=y^3-x^2+6x-12y+5$的极值.

解：由$f'_x(x,y)=-2x+6=0$，$f'_y(x,y)=3y^2-12=0$，得到驻点$(3,2)$，$(3,-2)$.又

$f''_{xx} = -2, f''_{xy} = 0, f''_{yy} = 6y$.

在点(3, 2)处，因为 $A = f''_{xx}(3,2) = -2$，$B = f''_{xy}(3,2) = 0$，$C = f''_{yy}(3,2) = 12$，$B^2 - AC = 24 > 0$，所以点(3,2)不是极值点；

在点(3,−2)处，因为 $A = f''_{xx}(3,-2)=-2$，$B = f''_{xy}(3,-2)=0$，$C = f''_{yy}(3,-2)=-12$，$B^2-AC=-24<0$，且 $A = f''_{xx}(3,-2)=-2<0$，所以函数在点(3,−2)处有极大值 $f(3,-2)=30$.

值得一提的是，定理7-2讨论的是函数某邻域内有直到二阶的连续偏导数的情况．与一元函数类似，偏导数不存在的点也有可能存在极值，此时，按照定义判别．如 $z = \sqrt{x^2 + y^2}$ 在点(0,0)的偏导数不存在，但当 $(x,y) \neq (0,0)$ 时有 $f(x,y) > f(0,0)$，所以点(0,0)是函数的极小值点，极小值为0.

7.5.2　二元函数的最大值和最小值

与一元函数类似，若函数 $z = f(x,y)$ 在有界闭区域 D 上连续，则 $f(x,y)$ 在 D 上必有最大值、最小值．

求函数 $y = f(x,y)$ 的最大值和最小值的一般步骤为：

(1)求函数 $z = f(x,y)$ 在 D 内所有可能的极值(驻点、偏导数不存在的点的函数值)；

(2)求 $y = f(x,y)$ 在 D 的边界上的最大值和最小值；

(3)将前两步得到的所有函数值进行比较，其中最大者即为最大值，最小者即为最小值．

但在通常遇到的实际问题中，如果根据问题的性质，可以判断出函数 $z = f(x,y)$ 的最大值(最小值)一定在 D 的内部取得，而函数 $f(x,y)$ 在 D 内只有一个驻点，则可以肯定该驻点处的函数值就是函数 $f(x,y)$ 在 D 上的最大值(最小值)．

【例7-14】设某公司的同一产品分销两个市场，其总成本函数为 $C = 12(Q_1 + Q_2) + 4$，两个市场的价格函数分别为 $P_1 = 60 - 3Q_1$，$P_2 = 20 - 2Q_2$．公司追求最大利润，求投放每个市场的产量以及此时的价格．

解：总收益函数：$R = Q_1P_1 + Q_2P_2 = (60Q_1 - 3Q_1{}^2) + (20Q_2 - 2Q_2{}^2)$

总利润函数：$L=R - C = [(60Q_1 - 3Q_1{}^2) + (20Q_2 - 2Q_2{}^2)] - [12(Q_1 + Q_2) + 4]$

$$= -3Q_1{}^2 + 48Q_1 - 2Q_2{}^2 + 8Q_2 - 4$$

由 $L'_{Q_1}(Q_1,Q_2) = -6Q_1 + 48 = 0$，$L'_{Q_2}(Q_1,Q_2) = -4Q_2 + 8 = 0$，得到 $Q_1 = 8$，$Q_2 = 2$.

因为仅有一个驻点，所以由实际问题得到，当 $Q_1 = 8$，$Q_2 = 2$ 时有最大的利润．

此时 $P_1 = (60 - 3Q_1)\big|_{Q_1 = 8} = 36$，$P_2 = (20 - 2Q_2)\big|_{Q_2 = 2} = 16$.

7.5.3　条件极值

上述讨论的极值问题，自变量在定义域范围内可以任意取值，未受任何条件约束，此时的极值我们称为无条件极值，但在经济活动中，函数的自变量还要受到其他附加条件的限制，这种有附加条件的极值问题，称为**条件极值**．下面介绍条件极值的拉格朗日乘数法．

拉格朗日乘数法：

设二元函数 $z = f(x,y)$ 和 $g = \varphi(x,y)$ 在区域 D 内有一阶连续偏导数，则求 $z = f(x,y)$ 在 D 内满足条件 $\varphi(x,y) = 0$ 的极值问题，可以转化为求拉格朗日函数 $L(x,y,\lambda) = f(x,y) + \lambda\varphi(x,y)$（$\lambda$ 为某一常数）的无条件极值问题.

于是，求函数 $z = f(x,y)$ 在条件 $g = \varphi(x,y) = 0$ 下的极值的拉格朗日乘数法的基本步骤为：

（1）构造拉格朗日函数：

$L(x,y,\lambda) = f(x,y) + \lambda\varphi(x,y)$　　（λ 为某一常数）

（2）由方程组

$$\begin{cases} L_x = f_x(x,y) + \lambda\varphi_x(x,y) = 0 \\ L_y = f_y(x,y) + \lambda\varphi_y(x,y) = 0 \\ L_\lambda = \varphi(x,y) = 0 \end{cases}$$

解出 x,y,λ，其中 x,y 就是所求条件极值的可能的极值点.

拉格朗日乘数法只给出函数取极值的必要条件，因此按照这种方法求出来的点是否为极值点，还需要加以讨论.不过在实际问题中，往往可以根据问题本身的性质来判定所求的点是不是极值点.

拉格朗日乘数法可推广到自变量多于两个而条件多于一个的情形.

【例7-15】 设某厂生产某产品的产量与所用两种原料 A 和 B 的数量 x,y 间有关系式 $f(x,y) = 0.005x^2y$，现欲用150万元购料，已知原料 A 和 B 的单价分别为1万元和2万元，问购进这两种原料各多少时，可使产量最多？

解：按题意，即求函数 $f(x,y) = 0.005x^2y$ 在约束条件 $x + 2y = 150$ 下的最大值.

构造拉格朗日函数：$L(x,y,\lambda) = 0.005x^2y + \lambda(x + 2y - 150)$

$$\begin{cases} L_x = 0.01xy + \lambda = 0 \\ L_y = 0.005x^2 + 2\lambda = 0 \\ x + 2y - 150 = 0 \end{cases}$$

消去 λ，解得 $x = 100, y = 25$.

根据问题本身的性质可知，当购进100个单位 A 原料、25个单位 B 原料时，可使该厂产量最多.

7.6　二重积分

在定积分的基础上，我们将讨论二重积分，它是定积分的推广，其数学思想与定积分类似，也是一种和式的极限.

7.6.1　二重积分的概念

1）引例：求曲顶柱体的体积

所谓曲顶柱体是以 xOy 坐标平面上的区域 D 为底，以 D 的边界曲线为准线而母线平行于 z 轴的柱面为侧面，以曲面函数 $z = f(x,y)$ 为顶（其中 $z = f(x,y)$，在有界闭区域 D 上连续，且 $f(x,y) \geqslant 0,(x,y) \in D$），如图7-13所示.

计算平顶柱体的体积可以用公式：体积=高×底面积，曲顶柱体的体积如何计算呢？类似于曲边梯形的面积的计算方法，我们来讨论曲顶柱体的体积的计算方法.

(1)分割：将区域D任意分成n个小区域$\Delta\sigma_1,\Delta\sigma_2,\cdots,\Delta\sigma_n$，分别以这些小区域的边界为准线，作母线平行于$z$轴的柱面，这些柱面把原来的曲顶柱体分为$n$个小柱体(如图7-14所示)，设这些小柱体的体积为$\Delta V_i(i=1,2,\cdots,n)$，则$V=\sum\limits_{i=1}^{n}\Delta V_i$.

(2)近似：在每个小区域$\Delta\sigma_i(i=1,2,\cdots,n)$上任取一点$(\xi_i,\eta_i)$，并以值$f(\xi_i,\eta_i)$为高、以$\Delta\sigma_i$为底的平顶柱体的体积$f(\xi_i,\eta_i)\Delta\sigma_i$作为$\Delta V_i$的近似值，即$\Delta V_i\approx f(\xi_i,\eta_i)\Delta\sigma_i$.

(3)求和：把n个小平顶柱体的体积相加，就得到所求曲顶柱体的体积的近似值，即：

$$V=\sum_{i=1}^{n}\Delta \mathrm{V}_{\mathrm{i}}\approx\sum_{i=1}^{n}f(\xi_i,\eta_i)\Delta\sigma_i$$

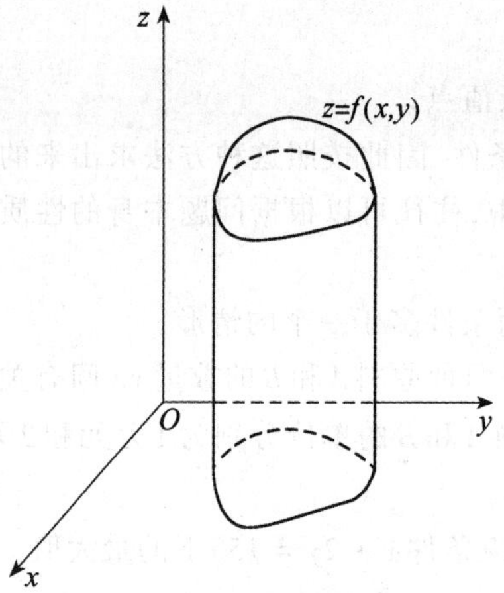

图7-13

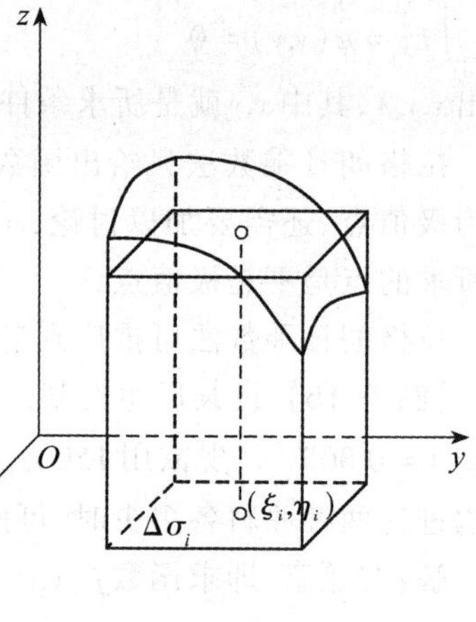

图7-14

(4)取极限：区域D分得越细，则上式中的和式就越接近于曲顶柱体的体积V.用d_i表示小区域$\Delta\sigma_i$上任意两点间的最大距离，称为该小区域的直径，记$d=\max\{d_1,d_2,\cdots,d_n\}$.如果$d$趋于0时，上述的和式的极限存在，则这个极限值就是所求的曲顶柱体的体积，即：

$$V=\lim_{d\to 0}\sum_{i=1}^{n}f(\xi_i,\eta_i)\Delta\sigma_i$$

由此我们引出二重积分的定义.

2）二重积分的定义

定义7-8 设$z=f(x,y)$是有界闭区域D上的有界函数.将闭区域D任意分成n个小闭区域$\Delta\sigma_1,\Delta\sigma_2,\cdots,\Delta\sigma_n$，其中$\Delta\sigma_i$表示第$i$个小闭区域，也表示它的面积，在每个$\Delta\sigma_i$上任取一点$(\xi_i,\eta_i)$，作乘积$f(\xi_i,\eta_i)\Delta\sigma_i(i=1,2,\cdots,n)$，并作和$\sum\limits_{i=1}^{n}f(\xi_i,\eta_i)\Delta\sigma_i$，$d_i$为小区域$\Delta\sigma_i$上的直径.如果当$d=\max\{d_1,d_2,\cdots,d_n\}$趋近于零时，这和式的极限存在，则称此极限为函数$f(x,y)$在闭区域$D$上的**二重积分**，记作$\iint\limits_D f(x,y)\mathrm{d}\sigma$，即：

$$\iint_D f(x,y)\mathrm{d}\sigma=\lim_{d\to 0}\sum_{i=1}^{n}f(\xi_i,\eta_i)\Delta\sigma_i$$

其中,$f(x,y)$称为**被积函数**,$f(x,y)\mathrm{d}\sigma$称为**被积表达式**,$\mathrm{d}\sigma$称为**面积微元**,x和y称为**积分变量**,D称为**积分区域**.

根据定义,如果函数$f(x,y)$在区域D上可积,则二重积分的值与对积分区域的分割方法无关.因此,在直角坐标系中,常用平行于x轴和y轴的两组直线来分割积分区域D.这样,除了包含边界点的一些小闭区域外,其余的小闭区域都是矩形闭区域.设矩形闭区域$\Delta\sigma_i$的边长为Δx_i和Δy_i,于是$\Delta\sigma_i = \Delta x_i\Delta y_i$.故在直角坐标系中,面积微元$\mathrm{d}\sigma$可记作$\mathrm{d}x\mathrm{d}y$,即$\mathrm{d}\sigma = \mathrm{d}x\mathrm{d}y$,进而在直角坐标系下二重积分记作:

$$\iint_D f(x,y)\mathrm{d}\sigma = \iint_D f(x,y)\mathrm{d}x\mathrm{d}y$$

7.6.2 二重积分的性质

性质1 常数因子可以提到积分号外面,即:

$$\iint_D kf(x,y)\mathrm{d}\sigma = k\iint_D f(x,y)\mathrm{d}\sigma \qquad (k\text{为常数})$$

性质2 函数代数和的积分等于各函数积分的代数和,即:

$$\iint_D [f(x,y) \pm g(x,y)]\mathrm{d}\sigma = \iint_D f(x,y)\mathrm{d}\sigma \pm \iint_D g(x,y)\mathrm{d}\sigma$$

性质3 若区域D被一曲线分成D_1,D_2两个区域(如图7-15所示),则:

$$\iint_D f(x,y)\mathrm{d}\sigma = \iint_{D_1} f(x,y)\mathrm{d}\sigma + \iint_{D_2} f(x,y)\mathrm{d}\sigma$$

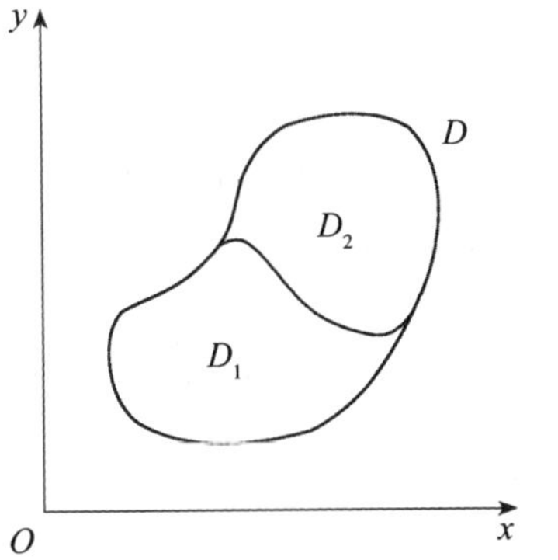

图7-15

性质4 如果在区域D上有$f(x,y)\equiv 1$,A是D的面积,则:

$$\iint_D \mathrm{d}\sigma = A$$

7.6.3 二重积分的计算

二重积分的计算可归结为计算两次定积分,本教材仅介绍直角坐标系下的二重积分的计算.

若积分区域D可以表示为:

$$D = \{(x,y)|a \leqslant x \leqslant b, \varphi_1(x) \leqslant y \leqslant \varphi_2(x)\}$$

其中,$\varphi_1(x)$,$\varphi_2(x)$在$[a,b]$上连续,并且穿越区域且平行于y轴的直线与区域的边界最多交于两点(如图 7-16 所示),则称 D 为 x -型.

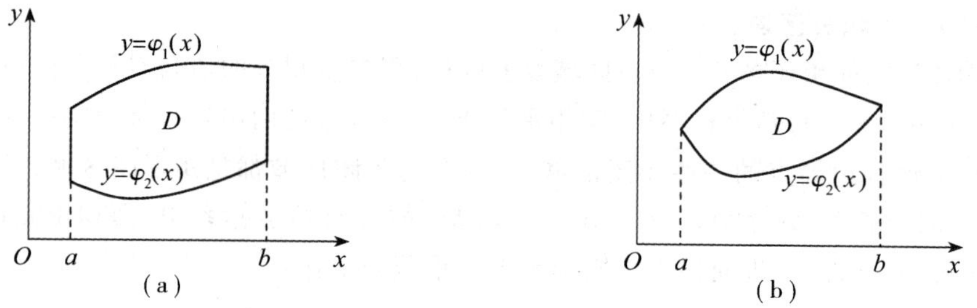

图 7-16

若积分区域 D 可以表示为:

$D=\{(x,y)|\psi_1(y)\leqslant x\leqslant\psi_2(y),c\leqslant y\leqslant d\}$

其中,$\psi_1(y)$,$\psi_2(y)$ 在 $[c,d]$ 上连续,并且穿越区域且平行于 x 轴的直线与区域的边界最多交于两点(如图 7-17 所示),则称 D 为 y -型.

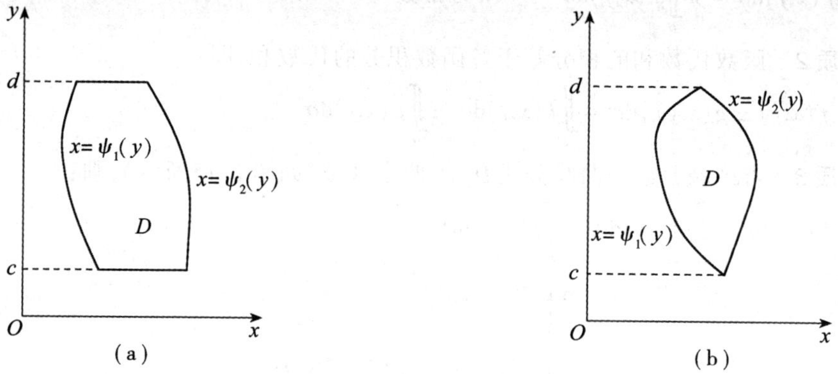

图 7-17

我们先讨论 D 为 x-型的二重积分 $\iint\limits_D f(x,y)\mathrm{d}x\mathrm{d}y$.

当 $f(x,y)\geqslant 0$ 时,由引例得:积分 $\iint\limits_D f(x,y)\mathrm{d}x\mathrm{d}y$ 是区域 D 上的以曲面 $z=f(x,y)$ 为顶的曲顶柱体的体积(如图 7-18 所示).

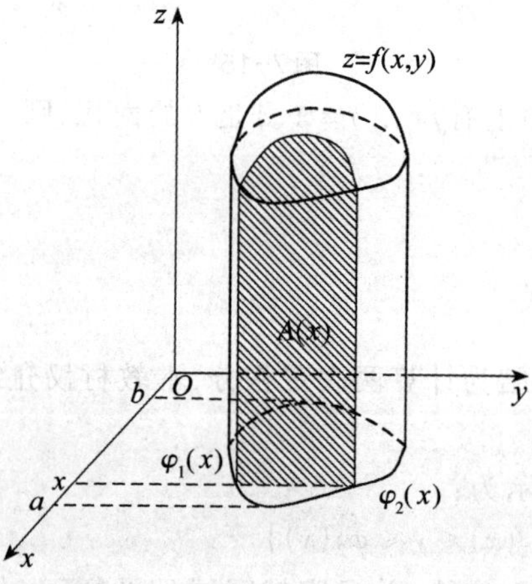

图 7-18

在$[a,b]$上任取一点x，则过该点且平行于yOz平面的平面截曲顶柱体所得的截面是以一个区间$[\varphi_1(x),\varphi_2(x)]$为底的曲边梯形（图7-18中阴影部分），所以该截面的面积为$A(x)=\int_{\varphi_1(x)}^{\varphi_2(x)}f(x,y)\mathrm{d}y$.

于是，曲顶柱体的体积为$\iint\limits_D f(x,y)\mathrm{d}x\mathrm{d}y=\int_a^b A(x)\mathrm{d}x=\int_a^b\left[\int_{\varphi_1(x)}^{\varphi_2(x)}f(x,y)\mathrm{d}y\right]\mathrm{d}x$.习惯上写成：

$$\iint\limits_D f(x,y)\mathrm{d}x\mathrm{d}y=\int_a^b\mathrm{d}x\int_{\varphi_1(x)}^{\varphi_2(x)}f(x,y)\mathrm{d}y \tag{7.1}$$

这样二重积分就化成了二次积分.第一次积分$\int_{\varphi_1(x)}^{\varphi_2(x)}f(x,y)\mathrm{d}y$，$y$是积分变量；第二次积分中$x$是积分变量.

注意，在讨论中我们假设$f(x,y)\geqslant 0$，是为了几何上说明方便，实际上式(7.1)不受此条件的限制.

类似地，若积分区域D为y－型，即$D=\{(x,y)|\psi_1(y)\leqslant x\leqslant\psi_2(y),c\leqslant y\leqslant d\}$，则有：

$$\iint\limits_D f(x,y)dxdy=\int_c^d\left[\int_{\psi_1(y)}^{\psi_2(y)}f(x,y)\mathrm{d}x\right]\mathrm{d}y=\int_c^d\mathrm{d}y\int_{\psi_1(y)}^{\psi_2(y)}f(x,y)\mathrm{d}x$$

【例7-16】 计算二重积分$\iint\limits_D x^2y\mathrm{d}x\mathrm{d}y$，其中区域$D$是由$x=0,y=0$与$x^2+y^2=1$所围成的第一象限的区域.

解：作区域草图，如图7-19所示.

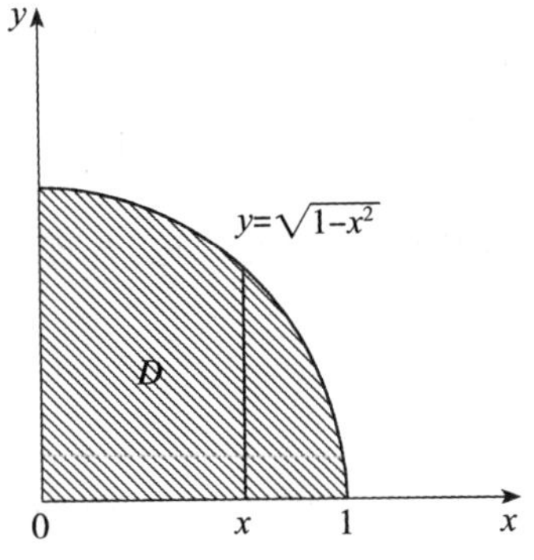

图7-19

将D看成x－型，则$D=\{(x,y)|0\leqslant x\leqslant 1,0\leqslant y\leqslant\sqrt{1-x^2}\}$.

于是$\iint\limits_D x^2y\mathrm{d}x\mathrm{d}y=\int_0^1\mathrm{d}x\int_0^{\sqrt{1-x^2}}x^2y\mathrm{d}y=\int_0^1 x^2\left[\frac{y^2}{2}\right]_0^{\sqrt{1-x^2}}\mathrm{d}x=\int_0^1\frac{1}{2}x^2(1-x^2)\mathrm{d}x$

$$=\frac{1}{2}\left[\frac{x^3}{3}-\frac{x^5}{5}\right]_0^1=\frac{1}{15}$$

【例7-17】 计算二重积分$\iint\limits_D(x^2+y^2-x)\mathrm{d}x\mathrm{d}y$，其中区域$D$是由$y=2,y=x$和$y=2x$所围成的区域.

解：作区域草图，如图7-20所示.

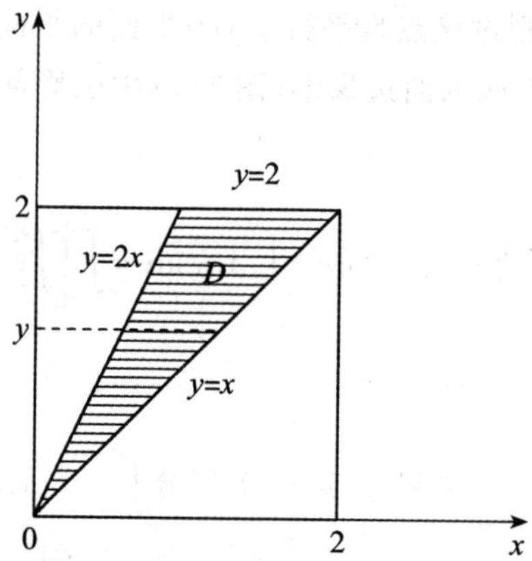

图7-20

将D看成y-型，则$D=\{(x,y)|\frac{y}{2}\leqslant x\leqslant y,0\leqslant y\leqslant 2\}$.

于是$\iint\limits_D(x^2+y^2-x)\mathrm{d}x\mathrm{d}y=\int_0^2\mathrm{d}y\int_{\frac{y}{2}}^{y}(x^2+y^2-x)\mathrm{d}x=\int_0^2\left[\frac{1}{2}x^3+y^2x-\frac{x^2}{2}\right]_{\frac{y}{2}}^{y}\mathrm{d}y$

$$=\int_0^2\left(\frac{19}{24}y^3-\frac{3}{8}y^2\right)\mathrm{d}y=\frac{13}{6}$$

注意：若将D看成x-型，则$D=D_1+D_2$，其中$D_1=\{(x,y)|0\leqslant x\leqslant 1,x\leqslant y\leqslant 2x\}$，$D_2=\{(x,y)|1\leqslant x\leqslant 2,x\leqslant y\leqslant 2\}$，则：

$$\iint\limits_D(x^2+y^2-x)\mathrm{d}x\mathrm{d}y=\iint\limits_{D_1}(x^2+y^2-x)\mathrm{d}x\mathrm{d}y+\iint\limits_{D_2}(x^2+y^2-x)\mathrm{d}x\mathrm{d}y$$

$$=\int_0^1\mathrm{d}x\int_x^{2x}(x^2+y^2-x)\mathrm{d}y+\int_1^2\mathrm{d}x\int_x^2(x^2+y^2-x)\mathrm{d}y$$

显然，这里的计算比前面复杂得多.由此可见，合理选择积分区域的类型可以简化二重积分的计算.

二重积分的计算步骤为：

(1)作积分区域的草图.

(2)选择积分区域的类型(选择的原则是：尽可能使D分的块数越少越好).

(3)化二次积分：

若D为x-型，即$D=\{(x,y)|a\leqslant x\leqslant b,\varphi_1(x)\leqslant y\leqslant\varphi_2(x)\}$，则：

$$\iint\limits_D f(x,y)\mathrm{d}x\mathrm{d}y=\int_a^b\mathrm{d}x\int_{\varphi_1(x)}^{\varphi_2(x)}f(x,y)\mathrm{d}y$$

若D为y-型，即$D=\{(x,y)|\psi_1(y)\leqslant x\leqslant\psi_2(y),c\leqslant y\leqslant d\}$，则：

$$\iint\limits_D f(x,y)\mathrm{d}x\mathrm{d}y=\int_c^d\mathrm{d}y\int_{\varphi_1(y)}^{\varphi_2(y)}f(x,y)\mathrm{d}x$$

(4)计算定积分，求得二重积分的值.

【例7-18】 求二重积分$\iint\limits_D xy\mathrm{d}x\mathrm{d}y$，其中区域$D$是由直线$y=x-1$和抛物线$y^2=2x+6$所围成的区域.

解：作区域草图，如图7-21所示.

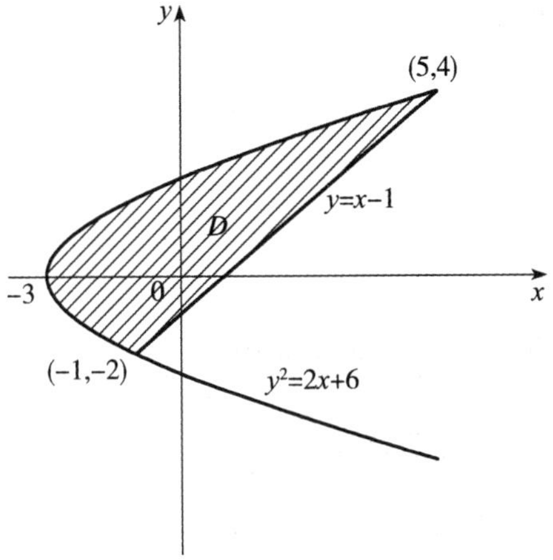

图7-21

将D看成y-型，则$D=\{(x,y)|\frac{1}{2}(y^2-6)\leqslant x\leqslant y+1,-2\leqslant y\leqslant 4\}$.于是：

$$\iint_D xy\mathrm{d}x\mathrm{d}y=\int_{-2}^{4}\mathrm{d}y\int_{\frac{1}{2}(y^2-6)}^{y+1}xy\mathrm{d}x=\int_{-2}^{4}\frac{1}{2}y\left[x^2\right]_{\frac{1}{2}(y^2-6)}^{y+1}\mathrm{d}y$$

$$=\int_{-2}^{4}(\frac{1}{8}y^5+2y^3+y^2-4y)\mathrm{d}y=36$$

7.7 Mathematica软件介绍

本节介绍在Mathematica软件中如何求二元函数的偏导数、全微分、极值及二次积分.

7.7.1 二元函数的偏导数

1）求$f(x_1,x_2)$对x_i的n阶偏导数$\frac{\partial^n f}{\partial x_i^n}$

命令格式：**D[函数表达式,{x_i,n}]**

或先定义函数f(x_1,x_2)，再利用命令D[f(x_1,x_2),{x_i,n}]

求一阶偏导可简写为：**D[函数表达式,x_i]**

或先定义函数f(x_1,x_2),再利用命令D[f(x_1,x_2),x_i]

【例7-19】求函数$z=x^2\sin 3xy$的偏导数$\frac{\partial z}{\partial x}$和$\frac{\partial z}{\partial y}$.

解：计算机处理如下：

```
In[1]:=D[x^2*Sin[3*x*y],{x,1}]
Out[1]=3x²yCos[3xy]+2xSin[3xy]
In[2]:=D[x^2*Sin[3*x*y],{y,1}]
Out[2]=3x³Cos[3xy]
```

或

```
In[3]:=f[x_,y_]=x^2*Sin[3*x*y]
       D[f[x,y],x]
       D[f[x,y],y]
Out[3]=x²Sin[3xy]
Out[4]=3x²yCos[3xy]+2xSin[3xy]
Out[5]=3x²Cos[3xy]
```

即 $\frac{\partial z}{\partial x} = 3x^2 y\cos 3xy + 2x\sin 3xy, \frac{\partial z}{\partial y} = 3x^2\cos 3xy$

2）求 $f(x_1,x_2)$ 对 x_1,x_2 的混合偏导数 $\frac{\partial^{n+m} f}{\partial x_1^n \partial x_2^m}$

命令格式：**D[函数表达式,{$\mathbf{x_1}$,n},{$\mathbf{x_2}$,m}]**

或先定义函数f($\mathbf{x_1}$,$\mathbf{x_2}$),再利用命令D[f($\mathbf{x_1}$,$\mathbf{x_2}$)},{$\mathbf{x_1}$,n},{$\mathbf{x_2}$,m}]

求二阶偏导数可简写为：**D[函数表达式,$\mathbf{x_1}$,$\mathbf{x_2}$]**

或先定义函数f($\mathbf{x_1}$,$\mathbf{x_2}$),再利用命令D[f($\mathbf{x_1}$,$\mathbf{x_2}$),$\mathbf{x_1}$,$\mathbf{x_2}$]

【例 7-20】 求函数 $z = x^3 + y^3 - 3xy^2$ 的二阶偏导数 $\frac{\partial^2 z}{\partial x^2}, \frac{\partial^2 z}{\partial y^2}$ 和 $\frac{\partial^2 z}{\partial x \partial y}$.

解：计算机处理如下：

```
In[1]:=D[x^3+y^3-3*x*y^2,{x,2}]
Out[1]=6x
In[2]:=D[x^3+y^3-3*x*y^2,{y,2}]
Out[2]=-6x+6y
In[3]:=D[x^3+y^3-3*x*y^2,{x,1},{y,1}]
Out[3]=-6y
```

即 $\frac{\partial^2 z}{\partial x^2} = 6x, \frac{\partial^2 z}{\partial y^2} = 6y - 6x, \frac{\partial^2 z}{\partial x \partial y} = -6y$

7.7.2 全微分

命令格式：**Dt[函数表达式]**

或先定义函数f($\mathbf{x_1}$,$\mathbf{x_2}$),再利用命令Dt[f($\mathbf{x_1}$,$\mathbf{x_2}$)]

以上的命令可以推广到函数 $f(x_1, x_2, \cdots, x_n)$.

【例 7-21】 设函数 $z = \arctan\frac{y}{x}$，求 dz 及 $dz\big|_{\substack{x=1\\y=1}}$.

解：计算机处理如下：

In[1]: = Dt[ArcTan[$\frac{y}{x}$]]

$$\text{Out}[1] = \frac{-\frac{y\text{Dt}[x]}{x^2} + \frac{\text{Dt}[y]}{x}}{1 + \frac{y^2}{x^2}}$$

In[2]:=D[ArcTan[$\frac{y}{x}$],x]dx+D[ArcTan[$\frac{y}{x}$],y]dy/{x→1.,y→1.}

Out[2]=-0.5dx+0.5dy

即 $dz = -\frac{y}{x^2 + y^2}dx + \frac{x}{x^2 + y^2}dy, dz\big|_{\substack{x=1\\y=1}} = -0.5dx + 0.5dy$

输出表达式中的Dt[x],Dt[y]分别表示 dx,dy.

7.7.3 二元函数的极值

【例7-22】 求函数 $z = -x^2 - y^2 + 4(x - y)$ 的极值.

解:计算机处理如下:

In[1]:=f[x_,y_]=4*(x-y)-x^2-y^2 （定义函数）

Out[1]=$x^2 + 4(x - y) - y^2$

In[2]:=Solve[{D[f[x,y],x]==0,D[f[x,y],y]==0},{x,y}] （求二元函数的驻点）

Out[2]={{x→2,y→-2}}

In[3]:=f[2,-2] （求驻点(2,-2)的函数值）

Out[3]=8

In[4]:=D[f[x,y],x,y]^2-D[f[x,y],{x,2}]D[f[x,y],{y,2}]/.
　　{x→2.,y→-2.}
　　D[f[x,y],{x,2}]/.{x→2.,y→-2.} （判断驻点的性质）

Out[4]=-4

Out[5]=-2

即驻点(2,-2)是极大值点,极大值为 $f(2,-2) = 8$.

7.7.4 二次积分

1）求积分 $\int_a^b dx \int_{\varphi_1(x)}^{\varphi_2(x)} f(x,y)dy$

命令格式:**Integrate[f(x,y),{x,a,b},{y,φ_1(x),φ_2(x)}]**
或 **NIntegrate[f(x,y),{x,a,b},{y,φ_1(x),φ_2(x)}]**

【例7-23】 求二次积分 $\int_0^1 dx \int_{x^2}^{\sqrt{x}} x\sqrt{y}\,dy$.

解:计算机处理如下:

In[1]:=Integrate[x*$\sqrt{y}$,{x,0,1},{y,x^2,$\sqrt{x}$}]

Out[1]=$\frac{6}{55}$

即 $\int_0^1 dx \int_{x^2}^{\sqrt{x}} x\sqrt{y}\,dy = \frac{6}{55}$

或者直接输入积分符号进行运算,计算机处理如下:

In[1]=$\int_0^1\int_{x^2}^{\sqrt{x}} x*\sqrt{y}\,dydx$

$\text{Out[1]=}\dfrac{6}{55}$

2）求积分 $\int_c^d \mathrm{d}y\int_{\psi_1(y)}^{\psi_2(y)} f(x,y)\mathrm{d}x$

命令格式：**Integrate[f(x,y),{y,c,d},{x,ψ_1(y),ψ_2(y)}]**
或 **NIntegrate[f(x,y),{y,c,d},{x,ψ_1(y),ψ_2(y)}]**

【例 7-24】求二次积分 $\int_{-2}^{2}\mathrm{d}y\int_0^{\sqrt{4-y^2}} xy^2\mathrm{d}x$.

解：计算机处理如下：

In[1]:=Integrate[x*y^2,{y,-2,2},{x,0,$\sqrt{4-y\hat{}2}$}]

$\text{Out[1]=}\dfrac{64}{15}$

即 $\int_{-2}^{2}\mathrm{d}y\int_0^{\sqrt{4-y^2}} xy^2\mathrm{d}x=\dfrac{64}{15}$

或者直接输入积分符号进行运算，计算机处理如下：

$\text{In[1]}=\int_{-2}^{2}\int_0^{\sqrt{4-y^2}} x^*y^2\mathrm{d}x\mathrm{d}y$

$\text{Out[1]=}\dfrac{64}{15}$

素养提升 7-1

17世纪初，笛卡尔建立了坐标系，使代数方程和直观的几何图形联系起来，用代数来研究几何，为数学引入了新的思想和方法.

坐标系的应用可以拓展到各个方面.其实，我们每一个人都可以看成坐标系中的一个点，人生的轨迹就相当于一个点在人生坐标里的运动轨迹.

譬如，我们可用年龄和阅历作为横坐标，理想和努力作为纵坐标，贡献和成就作为竖坐标，这就构成了一个三维坐标系（图 7-22）.

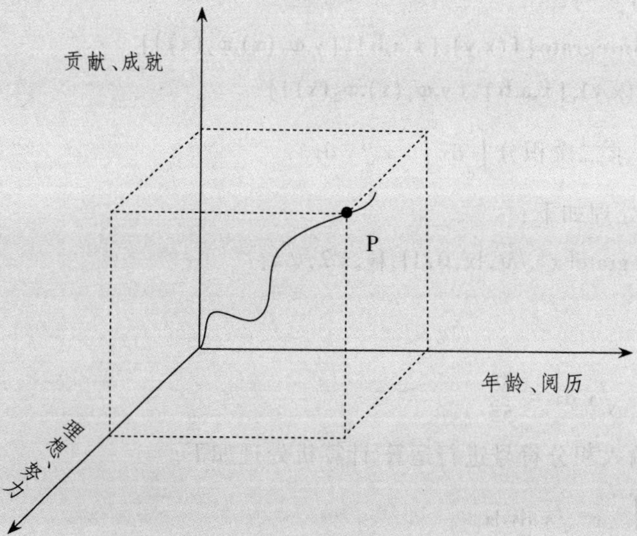

图 7-22　人生坐标系

对一个积极向上的人，就可以用位于第一卦限的点作为起点来记录自己的人生轨迹.尽管个人的努力会因各种因素而时多时少，获得的成绩也会随之升降，但是整个趋势一直是向上的，这就代表着正能量.

而当一个人发现自己轨迹有下降趋势时，也不必惊慌，应该及时反省，自我调整各方面因素，一步一个脚印，踏踏实实地实现自己的人生目标.

党的二十大报告提出："从现在起，中国共产党的中心任务就是团结带领全国各族人民全面建成社会主义现代化强国、实现第二个百年奋斗目标，以中国式现代化全面推进中华民族伟大复兴."这为祖国的发展和建设指明了方向，也指引我们设置好自己的人生坐标，设定好人生起点和每个阶段的目标点，把个人的人生目标与祖国的发展和建设联系在一起，从而使自己的生活丰富多彩、充满朝气，让青春在全面建设社会主义现代化国家的伟大实践中绽放绚丽之花！

核心素养：积极向上　脚踏实地

思考：试为自己的人生建立一个三维坐标系.

伟大的数学家
7-1

吴文俊：让全世界重新认识中国数学！

本章小结

● 偏导数的求法

在求二元函数对某个自变量的偏导数时，只需要把另一自变量看作常数，然后直接利用一元函数的求导法则来计算.

设函数 $z=f(x,y)$，求 $\frac{\partial z}{\partial x}$ 时，只需要把自变量 y 看作常数，对 x 求导.同样求 $\frac{\partial z}{\partial y}$ 时，只需要把自变量 x 看作常数，对 y 求导.

● 高阶偏导数

二阶及二阶以上的偏导数统称为高阶偏导数.二元函数的二阶偏导数有四个：

$$\frac{\partial^2 z}{\partial x^2}=f_{xx}(x,y)=z_{xx}=\frac{\partial}{\partial x}\left(\frac{\partial z}{\partial x}\right)$$

$$\frac{\partial^2 z}{\partial x\partial y}=f_{xy}(x,y)=z_{xy}=\frac{\partial}{\partial y}\left(\frac{\partial z}{\partial x}\right)$$

$$\frac{\partial^2 z}{\partial y\partial x}=f_{yx}(x,y)=z_{yx}=\frac{\partial}{\partial x}\left(\frac{\partial z}{\partial y}\right)$$

$$\frac{\partial^2 z}{\partial y^2}=f_{xx}(x,y)=z_{xx}=\frac{\partial}{\partial x}\left(\frac{\partial z}{\partial x}\right)$$

当二阶混合偏导数是 x,y 的连续函数时，有 $\frac{\partial^2 z}{\partial x\partial y}=\frac{\partial^2 z}{\partial y\partial x}$.

● 全微分

设函数 $z=f(x,y)$，函数的全微分 $\mathrm{d}z=\frac{\partial z}{\partial x}\mathrm{d}x+\frac{\partial z}{\partial y}\mathrm{d}y$，$\mathrm{d}z$ 是 Δz 的主要线性部分.Δz 与 $\mathrm{d}z$ 的差为 $o(\rho)$（$\rho=\sqrt{(\Delta x)^2+(\Delta y)^2}$）.

● 求二元函数的极值

如果函数 $z=f(x,y)$ 具有二阶连续偏导数，则求 $z=f(x,y)$ 的极值的一般步骤如下：

(1)解方程组$\begin{cases} f_x(x,y)=0 \\ f_y(x,y)=0 \end{cases}$,求出函数$z=f(x,y)$的所有驻点;

(2)求出函数$z=f(x,y)$的二阶偏导数,依次确定各驻点处A,B,C的值;

(3)根据B^2-AC的大小判定驻点是否为极值点;

(4)求出函数$z=f(x,y)$在极值点处的极值.

对于偏导数不存在的点,也有可能存在极值,此时按照定义判别.

● 求二元函数的条件极值

求函数$z=f(x,y)$在条件$g=\varphi(x,y)=0$下的极值的拉格朗日乘数法的基本步骤为:

(1)构造拉格朗日函数$L(x,y,\lambda)=f(x,y)+\lambda\varphi(x,y)$,其中$\lambda$为某一常数;

(2)由方程组

$$\begin{cases} L_x=f_x(x,y)+\lambda\varphi_x(x,y)=0 \\ L_y=f_y(x,y)+\lambda\varphi_y(x,y)=0 \\ L_\lambda=\varphi(x,y)=0 \end{cases}$$

解出x,y,λ,其中x,y就是所求条件极值的可能的极值点;

(3)根据问题本身的性质来判定所求的点是不是极值点.

● 二重积分

二重积分是一种和式的极限,它的计算可归结为计算两次定积分.

二重积分的计算步骤为:

(1)作积分区域的草图.

(2)选择积分区域的类型(选择的原则是:尽可能使D分的块数越少越好).

(3)化二次积分:

若D为x-型,即$D=\{(x,y)|a\leqslant x\leqslant b,\varphi_1(x)\leqslant y\leqslant\varphi_2(x)\}$,则:

$$\iint_D f(x,y)\mathrm{d}x\mathrm{d}y=\int_a^b\mathrm{d}x\int_{\varphi_1(x)}^{\varphi_2(x)}f(x,y)\mathrm{d}y$$

若D为y-型,即$D=\{(x,y)|\psi_1(y)\leqslant x\leqslant\psi_2(y),c\leqslant y\leqslant d\}$,则:

$$\iint_D f(x,y)\mathrm{d}x\mathrm{d}y=\int_c^d\mathrm{d}y\int_{\varphi_1(y)}^{\varphi_2(y)}f(x,y)\mathrm{d}x$$

(4)计算定积分,求得二重积分的值.

主要概念

偏导数(p.176)　偏弹性(p.179)　条件极值(p.182)　二重积分(p.184)

基本训练

● 知识题

7.1　偏导数的几何意义是什么?

7.2　偏导数有哪些应用?试举三个案例.

7.3　条件极值与无条件极值可以转化吗?

● 技能题

7.1　求下列函数的一阶偏导数:

(1)$z = xy^2$　　(2)$z = xy + \frac{x}{y}$

(3)$z = \frac{ye^x}{x^2}$　　(4)$z = x\sin(x + y)$

(5)$z = e^{x^2 + y^2}$　　(6)$z = \ln(x^2 + y^2 - 1)$

(7)$z = e^{\arctan\frac{y}{x}}$　　(8)$z = xye^{\sin xy}$

(9)设$f(x,y) = x + y - \sqrt{x^2 + y^2}$,求$f_x(3,4)$及$f_y(3,4)$

(10)$z = \ln(x + \frac{y}{2x})$,求$\left.\frac{\partial z}{\partial x}\right|_{\substack{x=1\\y=0}}$,$\left.\frac{\partial z}{\partial y}\right|_{\substack{x=1\\y=0}}$

7.2　求下列函数的二阶偏导数:

(1)$z = x^4 + y^4 - 4x^2y$　　(2)$z = \ln(1 + xy)$

7.3　求下列函数的全微分:

(1)$z = \ln(2x + y^3)$　　(2)$z = e^{x^2 + y^2}$

(3)$z = \arctan xy$

7.4　某工厂生产两种不同的产品,其数量为x,y,总成本函数为$C(x,y) = 3x^2 + 7x + 1.5xy + 6y + 2y^2$.

(1)求两种不同产品的边际成本.

(2)确定当$x = 5, y = 3$时,对x的边际成本.

7.5　设两种商品的价格分别为P_1,P_2,这两种相关商品的需求函数分别为$Q_1 = e^{P_2 - 2P_1}$,$Q_2 = e^{P_1 - 2P_2}$,求边际需求函数,并说明这两种商品是替代商品还是互补商品.

7.6　设两种商品的需求函数分别为$Q_1 = 20 - 2P_1 - P_2$,$Q_2 = 9 - P_1 - 2P_2$,求需求的直接价格偏弹性和交叉价格偏弹性.

7.7　求下列函数的极值:

(1)$z = 4(x - y) - x^2 - y^2$　　(2)$z = x^3 + y^3 - 3xy$

7.8　利用拉格朗日乘数法求函数$z = xy$在约束条件$x + y = 1$下的可能极值点.

7.9　某工厂生产A,B两种产品,当产品A,B的产量分别为x,y时,总成本函数为$C(x,y) = 8x^2 + 6y^2 - 2xy - 40x - 42y + 180$,求两种产品的产量各为多少时,总成本最小?

7.10　设商品甲的需求量为Q_1,价格为P_1,需求函数为$Q_1 = 26 - P_1$;商品乙的需求量为Q_2,价格为P_2,需求函数为$Q_2 = 10 - \frac{1}{4}P_2$,生产两种商品的总成本函数为$C = Q_1^2 + 2Q_1Q_2 + Q_2^2$,问两种商品各生产多少时,才能获得最大利润?最大利润为多少?

7.11　某工厂生产两种商品的日产量分别为x,y,总成本函数$C(x,y) = 8x^2 - xy + 12y^2$(元),产量的限额为$x + y = 42$,求最小成本.

7.12　欲围一个面积为60平方米的矩形场地,正面所用材料每米造价10元,其余三面每米造价5元.求场地长、宽各为多少时,所用的材料费最少?

7.13 计算二重积分:

(1) $\iint\limits_D \frac{x^2}{1+y^2}\mathrm{d}x\mathrm{d}y$,其中$D$是由直线$x=0,x=1,y=0$及$y=1$所围成的区域.

(2) $\iint\limits_D \cos(x+y)\mathrm{d}x\mathrm{d}y$,其中$D$是由直线$x=0,y=\pi$及$y=x$所围成的区域.

参考答案7-1

基本训练

(3) $\iint\limits_D (x+6y)\mathrm{d}x\mathrm{d}y$,其中$D$是由直线$y=x,y=5x$及$x=1$所围成的区域.

(4) $\iint\limits_D (2x-y)\mathrm{d}x\mathrm{d}y$,其中$D$是由直线$y=1,2x-y+3=0$及$x+y-3=0$所围成的区域.

(5) $\iint\limits_D xy\mathrm{d}x\mathrm{d}y$,其中$D$是由抛物线$y^2=x$及直线$y=x-2$所围成的区域.

单元实训

7.1 实训目的和要求

1)掌握Mathematica中多元函数偏导数的求解方法;

2)掌握Mathematica中多元函数全微分的求解方法;

3)掌握Mathematica中函数多元函数极值的求解方法;

4)掌握Mathematica中函数多元函数积分的求解方法.

7.2 实训设备和环境

配置Windows 7(或更高版本)的操作系统并安装了Mathematica 5.0(或更高版本)应用软件的计算机.

7.3 实训内容

1)利用Mathematica软件计算技能题7.1中(1)至(8)小题.

(1)求x的偏导数,输入:________________

计算结果:________________

求y的偏导数,输入:________________

计算结果:________________

(2)求x的偏导数,输入:________________

计算结果:________________

求y的偏导数,输入:________________

计算结果:________________

(3)求x的偏导数,输入:________________

计算结果:________________

求y的偏导数,输入:________________

计算结果:________________

(4)求x的偏导数,输入:________________

计算结果:________________

求y的偏导数,输入:________________

计算结果:________________

(5)求 x 的偏导数,输入:______
计算结果:______
求 y 的偏导数,输入:______
计算结果:______
(6)求 x 的偏导数,输入:______
计算结果:______
求 y 的偏导数,输入:______
计算结果:______
(7)求 x 的偏导数,输入:______
计算结果:______
求 y 的偏导数,输入:______
计算结果:______
(8)求 x 的偏导数,输入:______
计算结果:______
求 y 的偏导数,输入:______
计算结果:______
2)利用 Mathematica 软件计算技能题 7.2.
(1)求 x 的二阶偏导数,输入:______
计算结果:______
求 y 的二阶偏导数,输入:______
计算结果:______
求二阶混合偏导数,输入:______
计算结果:______
(2)求 x 的二阶偏导数,输入:______
计算结果:______
求 y 的二阶偏导数,输入:______
计算结果:______
求二阶混合偏导数,输入:______
计算结果:______
3)利用 Mathematica 软件计算技能题 7.3.
(1)求全微分,输入:______
计算结果:______
(2)求全微分,输入:______
计算结果:______
(3)求全微分,输入:______
计算结果:______
4)利用 Mathematica 软件计算技能题 7.13 中的二次积分.
(1)计算二次积分,输入:______

计算结果:______________________________

(2)计算二次积分,输入:______________________________

计算结果:______________________________

(3)计算二次积分,输入:______________________________

计算结果:______________________________

(4)计算二次积分,输入:______________________________

计算结果:______________________________

(5)计算二次积分,输入:______________________________

计算结果:______________________________

7.4　练习和思考题

利用Mathematica软件计算技能题7.7.

参考答案7-2

单元实训

复习提高

7.1　单项选择题:

(1)若函数$f(x,y)=\dfrac{x-y}{x+y}$,$f\left(\dfrac{1}{x},-y\right)=$(　　).

A.$\dfrac{x-y}{x+y}$　　B.$\dfrac{1-xy}{1+xy}$

C.$\dfrac{1+xy}{1-xy}$　　D.$\dfrac{1-y}{x}$

(2)设$f(x,y)=\arctan\dfrac{y}{x}$,$g(x,y)=\ln\sqrt{x^2+y^2}$,则下列各式成立的是(　　).

A.$\dfrac{\partial f}{\partial x}=\dfrac{\partial g}{\partial x}$　　B.$\dfrac{\partial f}{\partial x}=\dfrac{\partial g}{\partial y}$

C.$\dfrac{\partial f}{\partial y}=\dfrac{\partial g}{\partial x}$　　D.$\dfrac{\partial f}{\partial y}=\dfrac{\partial g}{\partial y}$

(3)点(x_0,y_0)使$f_x(x,y)=0$且$f_y(x,y)=0$成立,则(　　).

A.(x_0,y_0)可能是$f(x,y)$的极值点

B.(x_0,y_0)是$f(x,y)$的极值点

C.(x_0,y_0)是$f(x,y)$的最大值点或最小值点

D.以上结论都不对

(4)设二重积分的积分区域D为$1\leqslant x^2+y^2\leqslant 4$,则$\iint\limits_D \mathrm{d}x\mathrm{d}y=$(　　).

A.π　　B.2π

C.3π　　D.4π

7.2　填空题:

(1)函数$z=\dfrac{1}{\ln(x+y)}$的定义域是______________.

(2)设$z=(1+xy)^y$,则$\dfrac{\partial z}{\partial x}=$______________,$\dfrac{\partial z}{\partial y}=$______________.

(3)设 $z=\arcsin\frac{x}{y}$,则 dz=________________.

(4)二元函数 $f(x,y)=x^2+xy-2y^2$ 的驻点为________________.

7.3　计算下列各题:

(1)设 $f(x,y)=x+y-\sqrt{x^2+y^2}$,求 $f_x(3,4)$.

(2)设 $z=\sin\frac{x}{y}+x\mathrm{e}^{-xy}$,求 $\frac{\partial z}{\partial y}$.

(3)$z=x^2y\mathrm{e}^y$,求 $\frac{\partial^2 z}{\partial x^2},\frac{\partial^2 z}{\partial y\partial x}$.

(4)$f(x,y)=x+(y-1)\arcsin\sqrt{\frac{x}{y}}$,求 $\left.\frac{\partial z}{\partial x}\right|_{\substack{x=\frac{1}{2}\\ y=1}}$.

(5)设 $z=x^2+\mathrm{e}^{xy}$,求 $\left.\mathrm{d}z\right|_{\substack{x=1\\ y=2}}$.

(6)计算 $\iint\limits_D xy\mathrm{d}x\mathrm{d}y$,其中区域 D 是由直线 $x=4,y=1$ 及 $x=y$ 所围成的区域.

(7)计算 $\iint\limits_D (x^2+y^2)\mathrm{d}x\mathrm{d}y$,其中区域 D 是由直线 $y=x,y=x+a,y=a$ 及 $y=3a(a>0)$ 所围成的区域.

7.4　设函数 $z=\ln(\sqrt{x}+\sqrt{y})$,证明:$x\frac{\partial z}{\partial x}+y\frac{\partial z}{\partial y}=\frac{1}{2}$.

7.5　求函数 $f(x,y)=x^3-y^3+3x^2+3y^2-9x$ 的极值.

7.6　某种数码相机的销售量 Q_A,除与它自身的价格 P_A 有关外,还与彩色喷墨打印机的价格 P_B 有关,$Q_A=120+\frac{250}{P_A}-10P_B-P_B^2$,求 $P_A=50,P_B=5$ 时,Q_A 对 P_A 的直接偏弹性及 Q_A 对 P_B 的交叉偏弹性.

7.7　某公司在生产中使用甲、乙两种原料,已知甲、乙两种原料分别使用 x 单位和 y 单位可生产 Q 单位的产品,函数关系为:$Q=Q(x,y)=10xy+20.2x+30.3y-10x^2-5y^2$,已知甲原料单价为20元/单位,乙原料单价为30元/单位,产品单位售价为100元,产品的固定成本为1 000元.求该公司的最大利润.

7.8　某公司为销售产品需要做两种方式的广告,设这两种方式的广告费分别为 x_1 和 x_2,其销售金额 y 与 x_1,x_2 的函数关系为 $y=\frac{200x_1}{5+x_1}+\frac{100x_2}{10+x_2}$.若销售产品所得的利润是销售金额的1/5减去总的广告费,计划两种方式的广告费合计为25万元.应怎样分配这两种方式的广告费可使利润最大?最大利润为多少?

参考答案7-3

复习提高

参考书目

[1]LAURENCE,GERALD.Calculus[M]. 5th ed.London:McGraw Hill,Inc.,1992.

[2]GREG.Business mathematics[M]. New York:An International Thomson Publishing Company,1997.

[3]哈雷特,克莱逊,等.微积分[M]. 胡乃冏,等译. 北京:高等教育出版社,2000.

[4]冯珍珍.高等数学计算试验教程[M]. 上海:华东理工大学出版社,2001.

[5]霍伊,利弗诺,麦克纳,等.经济数学[M]. 张伟,等译. 2版. 北京:中国人民大学出版,2006.

[6]斯图尔特丁.微积分[M]. 张乃岳,译. 6版. 北京:中国人民大学出版社,2009.

[7]于伟红,王义东.微积分[M]. 北京:清华大学出版社,2012.

[8]沃泊格,柏塞尔,等.微积分[M]. 刘深泉,等译. 北京:机械工业出版社,2013.

附录
数学软件Mathematica简介

Mathematica是一种应用广泛的数学软件包，了解并逐渐掌握它的各种功能，有助于我们学好数学，用好数学．这里我们就Mathematica的主要功能作一些介绍．

（1）Mathematica具有突出的符号运算功能：在微积分中它能求函数的极限、导数以及积分，也能进行幂级数展开，求解微分方程；在线性代数中可进行向量、矩阵的各种计算，包括矩阵的线性运算、矩阵的乘积、求特征多项式和特征值等．由于Mathematica具备符号运算功能，所以能对上述问题进行精确运算．

（2）Mathematica有精确的数值计算功能：可以作任意位数的整数或分子分母为任意大整数的有理数的精确计算，作具有任意位数精度的数值（实、复数）的计算．

（3）Mathematica有快捷的数学作图功能：它可进行二维平面图形与全方位的三维立体图形的描绘．

（4）Mathematica有简单的命令操作功能：它不但具有上述功能，而且只需要简单的命令即可实现这些功能，免去了复杂的编程，这就使我们有可能在本课程中使用Mathematica，并且还可使数学与实际更紧密地结合，提高读者解决实际问题的能力，这对于以后的学习和工作是很有好处的．

通过下面几个例子，我们可以看到Mathematica方便、快捷和实用的功能．

【例1】求出具有50位有效数字的π近似值．只需输入命令：N[Pi,50]，即可执行得到：

N[Pi,50]

3.1415926535897932384626433832795028841971693993751

【例2】要画出一滴水落到平静的水面后所产生的涟漪，只需输入命令：

Plot3D[Sin[Sqrt[x^2+y^2]]/Sqrt[1+x^2+y^2],{x,-30,30},{y,-30,30},PlotPoints→45,PlotRange→{-1,1},Lighting→True]

即可得到附图1.

Mathematica 有各种不同的版本，从 Mathematica8.0 开始引入中文版本．从Mathematica 3.0起的版本，可以使用面板填写方式与内部命令书写方式来输入命令．面板填写方式比较简单，它将各种常用命令做成了各种与普通的数学书写格式一致的面板，使用者只要选用相应的面板，并按格式填写执行即可求解．这使初学者学习Mathematica

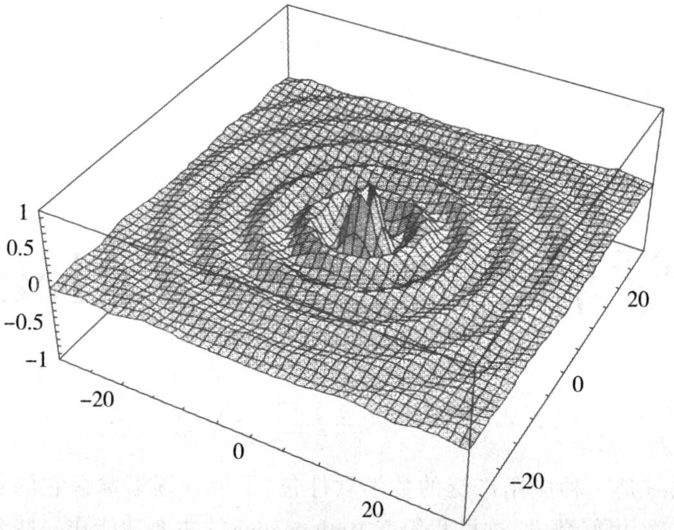

附图1

更加容易,但要实现更复杂的操作,则需用另外一种方式——内部命令书写方式.内部命令书写方式适用于各种版本的Mathematica系统,相对来说更难记忆,但更广泛适用.以下我们主要以内部命令书写方式介绍这一系统的使用.(本书以Mathematica 5.0版本为例.就经济数学涉及的内容来说,使用较为成熟的Mathematica 5.0版已经足够了,其特点是适用于多种版本的操作系统,运行时占用计算机的资源较少,因而对配置要求比较低.)

一、Mathematica的启动及运行方法

Mathematica作为标准的Windows程序,其启动方式与Windows下其他程序的启动方式是一样的,用鼠标左键依次单击"开始""程序""Mathematica",即可进入Mathematica.

进入Mathematica窗口后,可打开"Help"窗口,了解Mathematica的操作和使用方法;也可用鼠标单击"File"菜单中"Open/Import"选取文件,即可打开已经建立的Mathematica文件.如要进行数学运算,可直接输入函数或相应的命令语句后按下"Shift"+"Enter"键,Mathematica便会对键入的函数或语句进行运算并且将结果自动输出,Mathematica将每次输入记录在案,且按进行计算的先后次序给输入用"In[n]"编号,给计算结果用"Out[n]"编号.例如,键入1+1,然后同时按下"Shift"键和"Enter"键,就会在窗口出现计算后的结果(如附图2所示).

本书在叙述到上述运算时,写成:

In[1]:=1+1

Out[1]=2

必须注意的是:Mathematica中的执行命令不是用通常的"Enter"键,而是同时按下"Shift"键与"Enter"键.

这样我们一次可以输入多条命令,而且在输入行过长时可以用"Enter"键换行以免影响我们观察(为避免引起歧义,一般应在标点符号后换行).

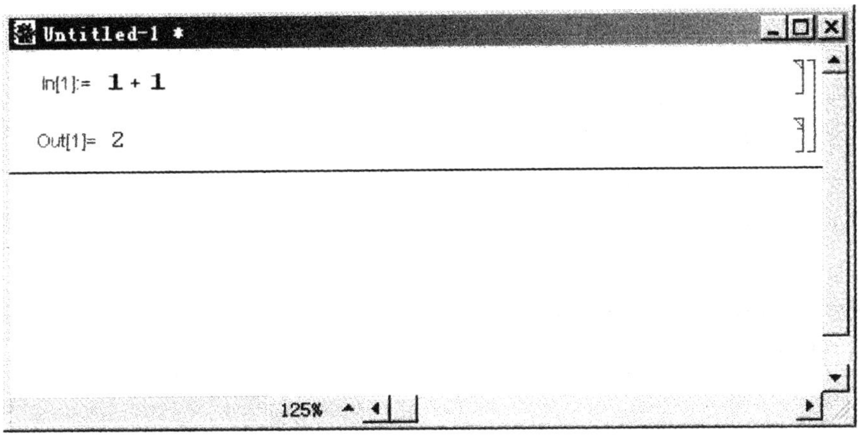

附图2

二、Mathematica的基本运算功能

1.数的表示

Mathematica中,数的表示方式有精确数与浮点数两种.除几个常用的数学常数外,与通常的表示方式基本相同.

常用数学常数的表示:π用Pi表示,e=2.7182818…用E表示,角度1度用Degree表示,虚数单位i用I表示,∞用Infinity表示,等等.

2.算术运算

在Mathematica中,加、减、乘、除及乘方分别用+、-、*、/、^来表示.其中,乘也可以用空格来表示;减号可用来表示负数的符号,并直接写在数的前面.

Mathematica中数的运算规则与我们通常数的运算规则相同,其先后次序由高到低依次为:乘方、乘(除)、加(减),连续几个同级运算(除乘方外)从左到右进行.

注意:在Mathematica中只能用小括号来改变运算次序,其他括号都有其具体含义,不可随意使用.

(1)整数、分数等不带小数点的数,它们所组成的算式,将被系统认可为求精确值.例如,2/3的结果为$\frac{2}{3}$,6/10的结果为$\frac{3}{5}$,等等.

(2)算式中若有一个参与运算的数是浮点数(带有小数点的数),而且算式本身的值又是一个确定的数值,Mathematica系统将求出整个算式的近似值,其结果以浮点数的形式给出(试比较【例4】中的结果).

【例3】计算 $-32\times\left[2\times\left(\frac{3}{7}\right)^{0}\right]^{-1}\times\left[16^{0.25}+\left(4+\frac{4}{7}\right)^{-\frac{1}{3}}\right]^{\frac{1}{2}}$的值.

In[1]:=-3^2*(2*(3/7)^0)^-1*(16^0.25+(4+4/7)^(-1/3))^(1/2)

Out[1]=-7.25957

【例4】计算 $\sin\frac{\pi}{4}+\ln 5-\tan\frac{\pi}{8}+e^{2}$的值.

In[2]:=Sin[Pi/4]+Log[5]-Tan[Pi/8]+E^2

$\text{Out}[2]=\frac{1}{\sqrt{2}}+e^2+\text{Log}[5]-\text{Tan}[\frac{\pi}{8}]$

In[3]:=Sin[Pi/4]+Log[5.0]-Tan[Pi/8]+E^2

Out[3]=9.29139

In[4]:=N[Sin[Pi/4]+Log[5]-Tan[Pi/8]+E^2]

Out[4]=9.29139

若要计算精确值,也可以用如下的语句进行运算:

In[5]:= N[Sin[Pi/4]+Log[5]-Tan[Pi/8]+E^2,20]

Out[5]:=9.2913872301782030774

(设定20位有效精确数值)

三、基本数学函数

Mathematica中有很多内部函数,附表1列出了基本初等函数和常用函数的命令格式.

附表1　　Mathematica中的普通数学函数

函数名	表达式	命令格式
幂函数	x^μ	x^μ
指数函数	a^x	a^x
	e^x	E^x或Exp[x]
对数函数	$\log a^x$	Log[a,x]
	$\ln x$	Log[x]
正弦函数	$\sin x$	Sin[x]
余弦函数	$\cos x$	Cos[x]
正切函数	$\tan x$	Tan[x]
余切函数	$\cot x$	Cot[x]
正割函数	$\sec x$	Sec[x]
余割函数	$\csc x$	Csc[x]
反正弦函数	$\arcsin x$	ArcSin[x]
反余弦函数	$\arccos x$	ArcCos[x]
反正割函数	$\arctan x$	ArcTan[x]
反余割函数	$\text{arccot}\, x$	ArcCot[x]
双曲正弦函数	$\sin hx$	Sinh[x]
双曲余弦函数	$\cos hx$	Cosh[x]
双曲正切函数	$\tan hx$	Tanh[x]
反双曲正弦函数	$\arcsin hx$	ArcSinh[x]
反双曲余弦函数	$\arccos hx$	ArcCosh[x]
反双曲正切函数	$\arctan hx$	ArcTanh[x]
平方根函数	$\sqrt{x}$	Sqrt[x]或x^(1/2)
绝对值函数	$\lvert x\rvert$	Abs[x]

注意:Mathematica中函数的自变量都在方括号内,函数名称必须都以大写字母开头.

四、比较算符和逻辑运算符

Mathematica中共有6个比较算符,其表达方式见附表2.

附表2　　Mathematica中的比较算符

算符名称	等号	大于	小于	小于等于	大于等于	不等于
表示方法	==	>	<	<=	>=	! =

注意:在Mathematica中,等号的输入方法是输入两个等号"==".

Mathematica中的逻辑运算符有"与""或""非",它们的表示方法见附表3,其中A,B表示条件、表达式或数.

附表3　　Mathematica中的逻辑运算符

名称	与	或	非
符号	&&	||	!
用法	A&&B	A||B	! A

五、代数运算

1.赋值与代入

Mathematica中用"x=a"表示把数a赋予x.执行该语句后,x即代表一个值为a的数,只要不再对x进行赋值或清除,也没有退出Mathematica系统,x将恒为a值.试比较下面两种结果:

In[5]:=x^2-4x-12

Out[5]=-12-4x+x^2

In[6]:=x=6

Out[6]=6

In[7]:=x^2-4x-12

Out[7]=0

有时在运算中需要使用同一变量,这时需要消除该变量原来的值,可用命令"Clear[变量名]"执行.若要清除多个变量,将这些变量用逗号隔开.

In[8]:=Clear[x]

命令"表达式/.x→a"表示把表达式中的x全部换成a时的结果.

In[9]:=x^2-4x-12/.x→6

　　　x^2-4x-12/.x→4

Out[9]=0

Out[10]=-12

2.多项式的展开、因式分解和化简

Mathematica中可以进行多项式的展开、因式分解和化简运算.分别用命令语句:Expand[表达式],Factor[表达式],Simplify[表达式].

【例5】将$(1+2x+3y)^3$展开,然后再进行因式分解.

输入以下命令：

In[11]:=Expand[(1+2x+3y)^3]

Out[11]= $1+6x+12x^2+8x^3+9y+36xy+36x^2y+27y^2+54xy^2+27y^3$

即可得到.

再输入命令：

In[12]:=Factor[%]

得到：

Out[12]= $(1+2x+3y)^3$

这里，[]内的"%"表示调用上一个输出的结果，若要调用某一个（如第 n 个）输出的结果，可用"%n"表示.例如将Out[11]的结果进行化简，则输入如下命令便可得到结果.

In[13]:=Simplify[%11]

Out[13]= $(1+2x+3y)^3$

3.解代数方程或方程组

Mathematica中主要有两个命令语句求解代数方程或方程组：

(1)Solve [{方程1，方程2，…，方程n}，{未知量1，未知量2，…，未知量m}]或Solve [方程1&&方程2&&…&&方程n，{未知量1，未知量2，…，未知量m}]

(2)Reduce [{方程1，方程2，…，方程n}，{未知量1，未知量2，…，未知量m}]或Reduce [方程1&&方程2&&…&&方程n，{未知量1，未知量2，…，未知量m}]

【例6】 解方程 $x^2+5x-7=0$.

在Mathematica中这样表示：

In[14]:=Solve[x^2+5x-7== 0,x]

Out[14]= $\{\{x\to\frac{1}{2}(-5-\sqrt{53})\},\{x\to\frac{1}{2}(-5+\sqrt{53})\}\}$

即方程的解为：$x_1=-\frac{-5-\sqrt{53}}{2}$，$x_2=-\frac{-5+\sqrt{53}}{2}$

若要求出近似值，可按下面的命令输入：

In[15]:=NSolve[x^2+5x-7== 0,x]

Out[15]={{x→-6.14005},{x→1.14005}}

也可用下面的命令语句解该方程：

In[16]:=Reduce[x^2+5x-7== 0,x]

Out[16]= $x==\frac{1}{2}\left(-5-\sqrt{53}\right)||x==\frac{1}{2}\left(-5+\sqrt{53}\right)$

可以看到，除了输出结果的形式与上面有所不同外，其他没有太大的差别.若要求近似解，可将上述输出结果按下面格式执行：

In[17]:=N[%]

Out[17]=x==-6.14005||x==1.14005

【例7】 解方程组 $\begin{cases}x^2+y^2=2xy+4\\x+y=1\end{cases}$.

In[18]:=Solve[{x^2+y^2==2x*y+4,x+y==1},{x,y}]

Out[18]={{x→-$\frac{1}{2}$,y→$\frac{3}{2}$},{x→$\frac{3}{2}$,y→-$\frac{1}{2}$}}

或者In[19]:=Reduce[{x^2+y^2==2x*y+4,x+y==1},{x,y}]

Out[19]=x==-$\frac{1}{2}$&&y==$\frac{3}{2}$||x==$\frac{3}{2}$&&y==-$\frac{1}{2}$

注意:上述输出的结果中出现了逻辑运算符,表示方程组的解为:

$$\begin{cases} x = -\frac{1}{2} \\ y = \frac{3}{2} \end{cases} \text{或} \begin{cases} x = \frac{3}{2} \\ y = -\frac{1}{2} \end{cases}$$

以上我们简单地介绍了Mathematica软件的一些基本知识,对于Mathematica中其他众多的内容,读者可参看有关书籍.